Cristiano Militello

Giulietta è 'na zoccola FOREVER

Dagli anni Settanta a oggi, cinquant'anni di calcio negli striscioni più esilaranti degli stadi italiani

CAIRO

Per info e contatti
www.ridens.it
info@ridens.it

ISBN 978-88-309-0370-8
Prima edizione: ottobre 2023

Sommario

A Carletto Mazzone

Ricordo nitidamente che per l'introduzione del primo libro pensai subito a Lei. Come poteva essere altrimenti? Cuore, passione e ironia. Innamorato del calcio ma fuori dal coro. Praticamente un manifesto vivente.
L'idea La divertì molto ma declinò signorilmente: per non mancare di rispetto a tutti coloro ai quali, negli anni, aveva già detto di no.

A Paolo Rossi

Il 15 gennaio 2004 presentai il primo Giulietta è 'na zoccola *al Museo del calcio di Coverciano. Ero emozionato come un bimbo alla recita delle elementari. Ma dietro di me avevo una tua foto gigante dell'82 a darmi coraggio.*

«Guardi Militello, detto tra noi, degli striscioni non frega un cazzo a nessuno.»

(Risposta del responsabile editoriale della Varia di una notissima casa editrice, 9 ottobre 2002)

Introduzione

... e invece non è andata esattamente così. Dopo tanto peregrinare, partendo col bussare alle *major*, un giorno i mitici Gino & Michele, sfogliando quei pochi fogli A4 che avevo buttato giù come *demo*, capirono al volo che quegli irresistibili striscioni potevano diventare le *Formiche** del calcio.

E così fu, ne nacque una trilogia fortunata. La prima *Giulietta* è di vent'anni fa precisi. Finalmente la passione insana che, fin da bimbetto, avevo riversato nel trafficare con altri *malati* come me – fotografando, acquistando e catalogando, centinaia di foto di striscioni ironici, bruciando anni di paghette di mamma e papà – trovava uno sbocco naturale.

E un tagadà di emozioni si mise in moto. L'invito al *Costanzo show* proprio la sera prima che uscisse il libro, la presentazione a Coverciano, il primo weekend

* *Anche le formiche nel loro piccolo si incazzano* (1991), raccolta delle battute più belle del mondo, straordinario bestseller a cura di Gino & Michele e Matteo Molinari.

in libreria con *Giulietta* in vetrina a sandwich tra Harry Potter e Camilleri, Aldo Grasso che ne scrive in prima pagina sul *Corriere* e il lunedì seguente con il libro già esaurito in tutta Italia.

A quel punto, sempre più in balìa degli eventi, cominciarono ad *accadere cose*, un sacco di cose che nella mia già pluriennale carriera, spesso vissuta da *underdog*, non erano accadute.

Paolo Beldì, ideatore e regista di *Quelli che il calcio...* si battè leoninamente, ma senza esito, per farmi scritturare come inviato.

Arrivò l'interessamento di *Striscia la Notizia,* dove ero già rimbalzato tempo prima. Determinante nel perorare il format un autore che si chiama Meazza, come il leggendario bomber: un chiaro segno del destino. Ricordo ancora bene i due numeri zero – due servizi di prova per aggiustare il tiro –, un Bologna-Milan e un Inter-Palermo con San Siro invaso dai tifosi rosanero alla prima trasferta in serie A dopo 31 anni di astinenza. È passato un bel po' ma faccio ancora parte del cast, ed è come se giocassi in Nazionale da allora.

Sono stato all'esterno di centinaia di campi di calcio italiani, dai più celebrati fino ai più polverosi, dalla A all'Eccellenza, a cercare di intercettare e mostrare quello che da sempre amavo e sapevo riconoscere bene: la goliardia dei tifosi.

E alcune cose mi preme dirle.

Spesso mi chiedo: riuscirò mai a restituire l'affetto che ho ricevuto in questi anni in giro per l'Italia? La risposta è no.

L'accoglienza calda, divertita, riservata solo ai portatori sani di buonumore, che trovo in lungo e in largo per il Paese, è in taluni casi travolgente.

Attraversare con leggerezza, a volte quasi miracolosamente, un mondo che si è spesso preso troppo sul serio, proponendone un controcanto ironico, è un esercizio di grande gratificazione artistica e umana. Ritengo che poter continuare a giocare coniugando i miei due mondi preferiti – calcio e comicità – davanti a una platea così vasta sia un ulteriore dono.

Ma una delle cose che – per il mio vissuto – più mi ha dato soddisfazione, è stata quella di aver contribuito a creare, mio malgrado, uno spazio che ha gettato (finalmente) una luce diversa sul mondo del tifo. Le curve hanno da sempre offerto uno spettacolo nello spettacolo (gratuito), dando vita a un campionato parallelo, basato non su gol e classifica ma su colore, calore e satira.

In passato, mi è sempre parso incredibile che striscioni folgoranti, geniali, non avessero almeno la stessa eco mediatica dello striscione trucido che si guadagnava invece, senza sforzi, fiumi di inchiostro o servizi nei Tg.

La domanda di tanta gente comune, anche non appassionata di pallone, riferita ai tanti striscioni meravigliosi letti sui libri o visti in tv – «Ma dove li trovi?» – era una piccola agrodolce vittoria.

Aspra perché in realtà quei capolavori – liberi, irriverenti, corrosivi – ci sono sempre stati. Solo che per una perversa – e peraltro nient'affatto invertita – tendenza, per i media era molto più pratico stigmatizzare gli scivoloni delle curve, dando risalto vieppiù alle cadute di stile.

Così a vent'anni dall'uscita del primo libro, eccomi a partorire l'antologia definitiva del *medium* calcistico per eccellenza: lo striscione.

Quelli storici, concepiti dal direttivo delle curve – a supporto di derby e sfide sentite, magari a corredo di coreografie imponenti – fino allo spontaneismo dei due aste, gli striscioni *prêt-à-porter* sorretti da un singolo tifoso.

E il risultato ha una doppia valenza. È certamente una corposa raccolta di irresistibili, graffianti battute ma è anche un saggio sociologico, un documento la cui ricchezza consente di ripercorrere, con pennellate di controinformazione, la storia del costume degli ultimi cinquant'anni dello stivale. Perché di tutto si è trattato sugli spalti, non di solo calcio: politica, fatti di cronaca, persino guerre, cinema, cucina, musica, amore, storia, sesso. Talvolta con sarcasmo, altre con poesia, altre ancora in modo acido.

Sarò il vostro Caronte in un pirotecnico viaggio che parte dagli albori di questa originalissima e dissacrante forma di comunicazione da stadio e ci accompagna fino a oggi, concludendosi alle porte dei *meme*, sostituti-scorciatoia tecnologici con cui si arriva a un'audience potenzialmente illimitata.

È il segno dei tempi: una volta per ribattere a uno striscione dovevi aspettare mesi, la partita di ritorno o comunque l'incrocio successivo coi rivali, c'era il gusto sadomaso dell'attesa per esibire finalmente la meditata risposta, talvolta il ping pong tra certe curve si protrae fino a noi da decenni. Oggi viviamo l'epoca in cui nessuno attende più, è tutto-subito, nel breve volgere di un clic. E lo sfottò virtuale ti permette di replicare in tempo reale.

Sono mutate molte altre cose: la fase storica è forse

la meno indicata per un'operazione del genere, è cambiata la sensibilità, alle volte in modo pretestuoso, ci si indigna molto di più per molto meno, sono nate nuove professioni (gli spacciatori di *fake news* e i *debunker*, coloro che le smascherano), il tribunale dei social non va mai in ferie e ha bisogno della sua *shit storm* quotidiana, su qualsiasi argomento si suole dire che ci si divide (guarda caso) in curve e la prima pietra, nel dubbio, si scaglia sempre, soprattutto se si ha peccato.

Il *politically correct* sta stravincendo la sua partita contro il buon senso, il suo aspetto degenere porta a dover elargire continui distinguo e trasparenze pleonastiche, ad abiurare cose ovvie, a dover (ri)sottoscrivere cose per me altrettanto ovvie (lo giuro, vostro Onore: non sono razzista, non sono sessista, non discrimino altre religioni...) che dovrebbero far parte naturale del nostro DNA, in un'estenuante gimkana fatta di mani avanti e cavillosità, alla ricerca della verginità perfetta.

Alla luce di tutto questo è bene ricordare che la parola tifoso deriva dal greco *thifos*, che vuol dire delirare, essere annebbiato, come in preda a febbre alta. Allo stadio, sul divano – ma direi piuttosto nella vita – quando si parla di tifo si sospendono le regole di ingaggio comuni.

Dunque, è corretto precisare che nel libro troverete anche contenuti discriminatori, perché il tifo è per sua stessa natura intriso di discriminazione: territoriale, condominiale, parentale addirittura! Il tifo è rivendicare in modo più o meno giocoso la propria orgogliosa differenza in base a dati oggettivi: il campanile, il colore di una maglia, l'appartenenza a una comunità.

Alcuni striscioni possono risultare parecchio scorretti.

Con buona pace del *body shaming*, a volte si ironizza su giocatori sovrappeso, su difetti fisici o, peggio, si gode dell'infortunio dell'avversario.

Si evocano battaglie storiche o catastrofi del passato.

Si è spietati nei confronti sia di ex idolatrati e ora divenuti i nemici pubblici #1, sia di presidenti che all'inizio hanno fatto bene e poi sono caduti in disgrazia, specialità del nostro Paese. Nessuna indulgenza per campioni ora in declino o per vip – naturalmente sostenitori avversari – scivolati sulle bucce di banana della vita.

Striscioni spesso esposti non con reale cattiveria, ma piuttosto per esorcizzare la pericolosità degli antagonisti, per innervosire il rivale al limite del lecito; il ricorso a termini sopra le righe o a riferimenti al vetriolo a mo' di spauracchio, rientra nella logica di una partita vista come riproduzione parodistica di una battaglia.

Tutto questo però avendo sempre come faro il talento (in alcuni casi l'arte) di dire cose, mandare messaggi, trattare argomenti sdrucciolevoli, in modo creativo.

Eccoci infatti a una precisazione, questa sì, davvero sentita e necessaria. Ogni selezione segue una bussola. La mia, così come nella produzione precedente, ha l'intento di salvare gli striscioni che abbiano almeno un elemento umoristico. Niente spazio per i messaggi violenti *tout court*. Tuttavia, si può essere irriguardosi, persino feroci, con *sense of humor* e creatività.

Ci sono battute che approvo di più e altre che approvo di meno ma che, con l'intento della raccolta, abbiamo scelto comunque, perché fanno ridere; le posso anche giudicare offensive ma soddisfano i minimi criteri di costruzione comica.

Rimane quindi un sistema metrico soggettivo, senza contare che noi comici siamo un po' schiavi del presunto dogma secondo cui l'inventiva e l'ironia nobilitano tutto. Il dibattito sulla libertà di satira poi è molto più vecchio di questo libro ed è, a tutt'oggi, lì, su un crinale ripido ai confini dell'opinabile.

Rischio di essere banale nell'aggiungere che la quasi totalità degli striscioni è figlia del preciso momento storico in cui gli stessi vengono licenziati. Questo per invitare a non seguire due pratiche molto in voga al giorno d'oggi: decontestualizzare e isolare. Riteniamo che il valore dell'opera risieda nel suo essere compendio. Oltre duemila mattoncini che edificano un vero teatro nazional-popolare, un'arena dove si programma di tutto: la commedia, i grandi classici, l'assurdo, l'opera lirica, l'avanspettacolo, l'operetta, la guittata. E in questa messa in scena, nel cosiddetto «tifo all'italiana», siamo maestri indiscussi.

Un patrimonio di sagacia e fantasia che nessuna Arabia Saudita potrà mai comprare.

Godetevelo.

P.S. Ogni tanto, quando passo da Verona, vado a trovare Giulietta, le porto un fiore, la accarezzo, le sussurro qualcosa: mi ha portato fortuna.

Tra un po' torno a trovarti.

Giuro.

Prima parte
DERBY

Lazio-Roma

QUANNO MI' NONNO ERA DELLA LAZIO VOI NON C'ERAVATE

Striscione laziale. La Lazio è nata nel 1900, la Roma nel 1927. (Lazio-Inter 2005/06)

SIETE COME LE NUVOLE: SE VE LEVATE DAR CAZZO ESCE 'NA BELLA GIORNATA

I romanisti ai laziali.
(Lazio-Roma, Coppa Italia 2002/03)

3€ TASSA TURISTA. 3.20€ DE' CASELLO. TE CONVIÈ STA AR PAESELLO

Striscione romanista. (Roma-Lazio 2010/11)
Vecchia storia: nell'immaginario collettivo giallorosso i tifosi della Lazio sono "burini", perlopiù di fuori Roma, provenienti dal resto della regione.

ROMANISTA VERME SOLITARIO

Scritta su un muro firmata Ultras Lazio.

LAZIALE MERDA ALATA

Replica sottostante degli Ultras della Roma.

MA LA ROMA?

Striscione laziale.

CRAGNOTTI NEI GUAI: NON HA DENUNCIATO 11 IMMOBILI

Battuta romanista circolante dopo il derby di andata 1999/2000 vinto sulla Lazio per 4 a 1.
Cragnotti era il presidente laziale.

NOI AL CIRCO MASSIMO, VOI MASSIMO AL CIRCO

Scritto su un muro dai tifosi della Roma dopo la vittoria dello Scudetto 2001.

MAMMA, GRAZIE PER AVERMI FATO ROMANISTA

Botta...

E ANALFABETA

... e risposta su un muro della capitale nel 2009.

LAZIALE GIGI D'ALESSIO

Scritta su un muro di Roma. (Aprile 2016)

SALVIAMOLI SONO IN VIA D'ESTINZIONE

Striscione laziale accompagnato dalle immagini di un panda e del lupo stilizzato simbolo della A.S. Roma. Ripreso in modo pressoché identico l'anno seguente dai carrarini contro i massesi. (Lazio-Roma 1994/95)

AS TRONZI

Con un due aste i laziali ribattezzano l'A.S. Roma.
(Roma-Lazio 2005/06)

QUI SI VENDE LA FAMOSA COPPA DI PARIGI

Un salumiere romanista espose questo cartello il giorno dopo la sconfitta laziale nel maggio '98 in finale di Coppa Uefa a Parigi.

36000 ABBONATI: MANCO ER TRICOLORE VE SMOVE DAR TRATTORE

Striscione romanista. Nel primo derby dopo lo Scudetto laziale, i giallorossi evidenziano quanto modesto sia stato l'effetto sugli abbonati biancocelesti.
(Lazio-Roma 2000/01)

BU... BU... BURINI!

Striscione romanista. Parte dei laziali era solita rivolgere buu razzisti verso i giocatori di colore, emblematica la risposta... (Roma-Lazio 1999/2000)

VERONPEREMO ER CULO

I laziali ai cugini. Juan Sebastián Verón, centrocampista all'epoca in forza agli aquilotti.

SE FATE CINQUINA, VE COSTERÀ 'NA TOMBOLA

Striscione ammonitore che i tifosi giallorossi esposero all'ultimo allenamento romanista a Trigoria prima del derby di andata del 1998/99, dopo l'infausta stagione precedente in cui la Lazio aveva vinto 4 derby su 4...

ROMA: ALZA GLI OCCHI E GUARDA IL CIELO: L'UNICA COSA PIÙ GRANDE DI TE

Striscione romanista. (Roma-Lazio, Coppa Italia 1984/85)
I laziali rispondono immediatamente:

INFATTI È BIANCAZZURRO!

C'HAI PIÙ COMPLESSI TE CHE ER CONCERTO DER 1° MAGGIO

Striscione romanista. (Lazio-Roma 2003/04)

AVVISO: VISTO IL RISULTATO DEL DERBY DI IERI SERA OGGI NON SI PRELEVA IL SANGUE AI ROMANISTI PERCHÉ SI PRESUME CHE SIA AVVELENATO. IL DIRETTORE SANITARIO

Avviso affisso il 16/1/2021 fuori da un ambulatorio della Capitale. La sera prima la Lazio aveva vinto 3 a 0.

IRR... ICUCIBILI

Due aste romanista. È il giorno dello Scudetto 2001, scucito appunto alla Lazio. Gli Irriducibili sono il principale gruppo ultrà laziale e il vessillo è completato da uno Scudetto tratteggiato come per essere ritagliato.

SE L'AEREO COSTA CARO VAI IN TRASFERTA COL SOMARO

WWW.MANDOSTATE.IT

Striscioni romanisti. (Anni Novanta)

VE SE POSSA SECCA' LU RACCOLTU

Striscione romanista anni Novanta.
La Sud rinfaccia ai laziali le presunte origini burine.
Innumerevoli, negli anni, i reperti dal leitmotiv agreste.

CO' UN CANTANTE DE CAMPOBASSO, 'NA SPOGLIARELLISTA DE FIANO, UN PRESIDENTE MARCHIGIANO, HAI FESTEGGIATO DA NAPOLETANO E TE VANTI DE ESSE ROMANO?

I laziali rispondono demolendo la presunta romanità di tanti simboli dell'opposta fazione (Venditti, Ferilli, Sensi), smascherandone le origini forestiere, e riferendosi ai festeggiamenti per lo Scudetto 2001.
(Lazio-Roma 2001/02)

LAZIALE CESSO OTTURATO

Scritta sulla porta di un bagno di Autogrill.
(Settembre 2016)

VOI COME I POMODORI CIRIO... "ROBBA PASSATA"

Striscione romanista anni Novanta. Cirio era lo storico sponsor della Lazio di Cragnotti.

VE VEDO 'NSICURI

Striscione romanista per i laziali.
(Roma-Lazio 1998/99)

50 MILIARDI SPESI? TE CREDO, SO' ANNI CHE IL MERCOLEDÌ RISPARMIATE

La Lazio da molti anni non partecipava alle coppe europee, dunque il mercoledì era spesso per loro un giorno di tutto riposo... (Lazio-Roma 1992/93)

T'HO PRESTATO LA CITTÀ PE' 'NA GIORNATA E IN SAGRA DE PAESE L'HAI TRASFORMATA

Striscione romanista nel primo derby dopo lo Scudetto laziale. (Lazio-Roma 2000/01)

DAMMI 3 PUNTI, NON CHIEDERMI NIENTE, DIMMI CHE HAI BISOGNO DI ME, TU SEI SEMPRE MIA, ANCHE QUANDO VADO VIA, C'È SOLO L'A.S. ROMA PER ME

Coro romanista sull'aria di *Tu sei l'unica donna per me* di Alan Sorrenti. (Anni Novanta)

SFONNA, SPARA, AMMAZZA MA NUN SAI 'NTIGNE ER BISCOTTO NELLA TAZZA

Striscione laziale per il tifoso medio romanista, ispirato a un sonetto di Trilussa del 1916: *L'eroe al caffè*. (Roma-Lazio 1988/89)

ADDIO, LAZIO, QUESTO GOBBO NON PORTA FORTUNA

Striscione romanista. Giorgio Chinaglia, curvo centravanti ed eroe del primo Scudetto laziale, all'epoca dei fatti è il presidente dei biancazzurri, che, penultimi al momento del derby, retrocederanno da lì a poco. (Lazio-Roma 1984/85)

MA COS'È CHE VE FA SENTI' IMPORTANTI ANCHE SE NUN CONTATE UN CAZZO?

Striscione laziale che parafrasa una celebre strofa di *Grazie Roma*, vero e proprio inno giallorosso di Venditti.

LAZIALE ADOTTATO

Striscione romanista. (Lazio-Roma 2013/14)

Per Lazio-Roma del 1995/96 la curva laziale preparò una coreografia piena di stelle di cartone e lo striscione:

DI TUTTO IL FIRMAMENTO SEI LA PIÙ BELLA

Ma il contenuto della stessa evidentemente era trapelato tra i romanisti, tant'è che la Sud espose prontamente il suo commento:

LE STELLE SONO TANTE, MILIONI DI MILIONI, CHE MASSA DI COGLIONI

ADRIANO IPPOPOTAMO

I laziali sulla mole dell'attaccante romanista Adriano. (Lazio-Roma 2010/11)

L'AQUILA VOLA, TUTTO IL RESTO... STRISCIA

Striscione laziale in Lazio-Roma 2010/11. Sullo stesso adagio: **CHI VALE VOLA, CHI NON VALE ABBAIA**.

OLYMPIA ZOCCOLA

Ormai è un format. I romanisti attentano alla virtù dell'aquila reale americana che dal settembre 2010 volteggia nel cielo dell'Olimpico in occasione dei match casalinghi della Lazio. (Lazio-Roma 2010/11)

A NOI OLYMPIA, A VOI DODÒ

Striscione laziale. Dodò è il pupazzo di un uccello parlante, mascotte dello storico programma Rai per ragazzi *L'albero azzurro*. (Lazio-Roma 2012/13)

A' CAZZARI

Striscione romanista. (Roma-Lazio, Coppa Italia 1984/85)

SS LAZIO 1900, NON VALI MANCO UN EURO

Striscione romanista. Se un euro vale 1936,27 lire… (Lazio-Roma 2001/02, poco dopo il passaggio alla moneta unica).

SS LAZIO 1900: NOI PRIMI VOI AVANZI

Striscione laziale: la SS Lazio è nata nel 1900, ventisette anni prima della Roma.

NATI PRIMA, CHIAMÀTI LAZIO... PENSA CHE GAGGI!

Striscione romanista in un derby anni Novanta. I giallorossi si stupiscono che la società dei cugini, pur essendo nata ventisette anni prima, si sia chiamata Lazio... anziché Roma!

PER VOI LA PARTITA È... IVA

I romanisti rimproverano ai laziali lo sfruttamento commerciale del merchandising legato al tifo.

NESTA ALZA LE COPPE, TOTTI LE MAGLIE

Striscione laziale. Totti dopo un gol alla Lazio in un derby aveva alzato la maglietta e mostrato la scritta:

VI HO PURGATO ANCORA

Così i biancazzurri, ancora a proposito di quella maglietta, durante il primo derby dopo lo Scudetto laziale:

LA PURGA HA FATTO EFFETTO, TRE COPPE E UNO SCUDETTO

(Lazio-Roma 2000/01)

BANDA NOANTRI CARICA, CURVA SUD BRISCOLA

In Roma-Lazio 2003/04 il feudo giallorosso ironizza
sulla Banda Noantri, gruppo ultrà laziale
che ha tappezzato la città con le scritte spray:
BANDA NOANTRI CARICA

LA LAZIO HA CAMBIATO SPONSOR. NON SARÀ PIÙ LA CIRIO: I SUGHI VANNO SUI PRIMI...

Battuta circolante tra i romanisti.

4 SALTI IN PADELLA CIRIO: COTTI IN 31 MINUTI

Striscione romanista che celebra il memorabile derby vinto
5 a 1, in cui la Roma vinceva già per 3 a 0 dopo 31 minuti.
(Lazio-Roma 2002/03)

A LAZIALE VIETTE A PIÀ STI 2 MATERASSI, 2 RETI L'HAI GIÀ PRESE

Strascichi neorealisti del derby: scritta apposta su due
materassi gettati in discarica il giorno dopo Lazio-Roma 1 a 2,
maggio 2015.

PEGGIO DI DESPACITO C'È SOLO LOTITO

Due romanisti hanno deliberato. (Roma-Lazio 2016/17)

NESTALGIA CANAGLIA

I romanisti ricordano ai cugini laziali, storpiando la canzone di Al Bano, la recente perdita della loro bandiera Alessandro Nesta, passato al Milan. (Lazio-Roma 2002/03)

CURVA NORD CARICA, CURVA SUD CARITAS

Striscione laziale.

A SBIADITI

Due aste (e due parole) giallorosso. (Roma-Lazio 2011/12)

A TRISTI

Due aste (e due parole) laziale. (Roma-Lazio 2011/12)

STATECE A 'N PARMO DAR CULO

Due aste romanista. (Lazio-Roma 2011/12)

ROMANISTA NATO PE 'NA SVISTA

Striscione laziale.

NESTA, MÀRCATE NEGRO
e
FIGO, PALLONE D'ORO... NEGRO, TAPIRO D'ORO

Striscioni romanisti. Nel derby di andata Paolo Negro aveva segnato un autogol decisivo: la Roma vinse quella partita 1 a 0! (Roma-Lazio 2000/01)

ZITTI VOI, DISERTORI DELLA VANGA

Striscione romanista. (Roma-Lazio 1992/93)

TOTTI CASSANO ADDIO ITALIANO

Striscione laziale.

IERI ULTRÀ, OGGI AVANZI, DOMANI QUARK

Striscione laziale. Il film *Ultrà* racconta di una trasferta della Roma; *Avanzi* era una trasmissione satirica che aveva fra i suoi personaggi un improbabile opinionista sportivo innamorato dell'attaccante giallorosso Rizzitelli. *Quark* è lo storico programma Rai di divulgazione scientifica... (Lazio-Roma 1991/92)

SIETE COME IL DENTIFRICIO: PER... DENTI

I romanisti ai laziali.

STACCATEJE ER CATETERE

Saluto dei romanisti all'ingresso in campo del plurinfortunato laziale Okon. (1996/97)

LAZIO COME LA POLO: IL BUCO CON LA MAGLIA INTORNO

Un grande orgoglio dei romanisti è quello di aver scucito lo Scudetto dal petto dei laziali, avendolo vinto proprio l'anno successivo. (Roma-Lazio 2001/02)

CASSANO COMPRATE ER TOPEXAN

Striscione laziale. (Roma-Lazio 2001/02)

NOI DI ROMA,
VOI DI... NTORNI

Striscione romanista. (Lazio-Roma 2002/03)

I POMODORI NEL VOSTRO DESTINO: OGGI SULLE MAGLIE, IERI IN GIARDINO

Lo sponsor della Lazio in quella stagione era la Cirio. I tifosi della Roma accusano ancora i rivali biancazzurri di essere figli dell'inurbamento dalle campagne laziali, rivendicando per sé la maggioranza dei tifosi di Roma città. (Lazio-Roma 1999/2000)

I laziali risposero con:

CIRIO... PURE I PISELLI
PE' TU MADRE

WE ARE THE CHAMPIONS
YOU ARE THE SCEMPIO

Striscione romanista. (Lazio-Roma 2001/02)

OGGI 'NFROCIATE

Striscione laziale. "Infrociare" in romanesco vuol dire scontrarsi, andare a sbattere. (Lazio-Roma 1992/93)

PE' NUN FAVVE SENTI' LA NOSTALGIA DE CASA: BEE, OIK, QUA QUA, COCCODÈ

Striscione romanista.

VOI DE ROMA... VESPASIANI

Striscione laziale. (Lazio-Roma 1994/95)

LA ROMA NON SI DISCUTE: VI PAGA!

I laziali riscrivono un celebre motto romanista ("La Roma non si discute, si ama") fomentando la polemica tra le due curve che si accusano reciprocamente di essere più o meno sovvenzionate dalle società. (Roma-Lazio 1992/93)

A ERIKSSON PIA I FRATINI CHE SE MISCHIAMO!

Un romanista suggerisce al tecnico laziale di riequilibrare le squadre, come spesso si fa in allenamento, dopo il quarto gol alla Lazio nel derby che finì 1 a 5. I fratini sono le casacche colorate che si usano appunto nelle partitelle infrasettimanali. (Lazio-Roma 2001/02)

CORE DE ROMA, CORE DE 'STA CITTÀ, MA 'NDO STAVI 95 ANNI FA?

I laziali sottolineano la differenza tra la spuria genesi giallorossa e quella più antica e unigenita biancazzurra. La Roma, infatti, nasce nel 1927 dalla fusione di tre società, mentre nel gennaio del 1900 una decina di amici fondano la Società Podistica Lazio. (Lazio-Roma 1994/95)

I romanisti troveranno il modo di rispondere così ai rivali (Roma-Lazio 1995/96):

PODISTICA LAZIO 1900: GIÀ NELL'ANTICHITÀ T'ALLENAVI A SCAPPA'

27 ANNI DOPO: A PRONIPOTI!

I romanisti nel 2000 dopo il secondo Scudetto della storia della Lazio. Il primo lo vinse nel 1973.

SS LAZIO 1900, QUELLI CHE HANNO PORTATO IL CACIO A ROMA

Striscione romanista. Il refuso è voluto. I laziali si vantano di essere "la squadra che ha portato il calcio a Roma". (Roma-Lazio 2010/11)

SS LAZIO, LA SQUADRA CHE HA PORTATO IL GHIACCIO A ROMA

Adesivo romanista al termine della stagione 2007/08 che vide la Roma concludere a 82 punti e la Lazio a 46.

7-1 QUELLI CHE HANNO PORTATO IL TENNIS A ROMA

T-shirt laziale. Nel derby di ritorno dell'annata 2007/08 c'è ancora modo di sfottere i romanisti per la disfatta di Manchester dell'anno prima.

IL MERCOLEDÌ A NOI L'EUROPA A VOI TWIN PEAKS

Striscione romanista. *I segreti di Twin Peaks*, serie tv di enorme successo firmata da David Lynch, trasmessa il mercoledì da Canale 5. (Roma-Lazio 1990/91)

TORNA A CASA, LAZIE...

I romanisti amano prendere in giro i cugini storpiando la parola Lazio secondo la pronuncia ciociara. A questo punto balza all'occhio l'accostamento al celebre blockbuster canino *Torna a casa, Lassie*.

A LAZIA' MA È VVERO CHE A PARIGI CE STA L'AEROPORTO CHARLES TREGOL?

Battuta romanista dopo la finale di Coppa Uefa 1998 persa a Parigi per 3 a 0 contro l'Inter.

TROVATEVE 'N ARTR' HOBBY

Striscione romanista. (Roma-Lazio 1994/95)

RINNEGO LE DONNE, VINCENZO TI AMO, GRAZIE VINCENZO D'ORA IN POI AMERÒ SOLO TE

Spezzone della radiocronaca di Carlo Zampa dopo il quarto gol personale di Montella in Lazio-Roma 2001/02, terminata 1 a 5. Dal 1999, per 6 anni, è stato lo storico speaker delle partite casalinghe della Roma. È colui che per primo ha caratterizzato la lettura della formazione, in un modo oggi imitato da molti. In uno Juve-Roma ebbe a dire che lo juventino Mandžukić "è uguale identico a Militello, è brutto quanto lui". Ma detto da Zampa per me fu un complimento.

DA 100 ANNI IMMIGRATI A ROMA

Striscione romanista. Nel 2000 la Società Podistica Lazio festeggiava i suoi cento anni di vita. (Lazio-Roma 1999/2000)

STAGIONE 98/99 LA RIVOLTA DEGLI SCHIAVI

Striscione romanista. La Lazio stava andando forte. (Roma-Lazio 1998/99)

IL CICLO È FINITO, LEVATEVE ER TAMPAX

Striscione romanista che auspica la fine
del ciclo di vittorie biancazzurre (2001).

VOI CE L'AVETE INSEGNATO L'IMPORTANTE È AVER PARTECIPATO

Striscione laziale. (Lazio-Roma 1994/95)

LIVERPOOL, INTER, TORINO: L'ILLUSIONE DER CRETINO

Nella stessa partita, per amor di rima, i laziali citano tre squadre che in passato hanno battuto la Roma in altrettante finali: Coppa dei Campioni, Coppa Uefa, Coppa Italia.

Più avanti la Sud risponderà con:

CERTE ILLUSIONI: CHI LE VIVE, CHI LE SOGNA

PERCHÉ I LAZIALI GIOCANO A SCOPA CON 30 CARTE? PERCHÉ NON CONOSCONO LE COPPE

Striscione romanista. (Roma-Lazio 1992/93)

LAZIALE EMARGINATO

Striscione romanista. (Lazio-Roma 2012/13)

CERCASI COATTA PER AITANTE BORO DI PORTA METRONIA

Prima dell'avvento di Ilary Blasi, i laziali si prodigavano per trovare una fidanzata al pupone. Porta Metronia è il quartiere d'origine di Totti.
Poi sappiamo come è finita...

NOI IN BORSA, VOI PER BORSE

Dopo l'ingresso della S.S. Lazio a Piazza Affari i tifosi biancazzurri ritraggono i cugini come scippatori.

HAI PRESO PIÙ PIZZE TE CHE UN FORNO A LEGNA

Striscione romanista per il cugino laziale.
(Roma-Lazio 2006/07)

SS LAZIO 1900... KM DA ROMA

Striscione romanista. (Lazio-Roma 2012/13)

HO PRESO CASA A GLASGOW

Striscione romanista in Real Madrid-Roma di Champions League 2001/02. La finale di quell'anno (che la Roma alla fine non raggiunse) sarebbe stata a Glasgow. Così risposero i laziali dopo l'eliminazione dei giallorossi:

VENDESI APPARTAMENTO A GLASGOW, TELEFONO 00/0000000 COME I TROFEI

1 SELLA PER 11 SOMARI

Striscione laziale. Ezio Sella era l'allenatore della Roma che subentrò a Bianchi alla 27esima giornata. (Roma-Lazio 1996/97)

LAZIALE BACAROZZO

Striscione romanista. (Lazio-Roma 2012/13)

DOPO BIANCHI E TROTTA MANDATE ALTRI PUPAZZI CHE FANNO RIDERE TANTO

Striscione laziale. Carlos Bianchi era un allenatore della Roma, accolto con grandi aspettative, che ottenne invece un clamoroso flop. Il giocatore Trotta condivise la sua sorte. La frase allude a un tormentone televisivo dell'epoca, lanciato da Tullio Solenghi e Gene Gnocchi in *Striscia la notizia*, nella parodia "albanese" del loro programma. (Roma-Lazio 1996/97)

ER RIGORE ERA BONO

Due aste laziale. Roma-Siviglia, finale di Uefa League andata agli spagnoli, è stata contraddistinta da diversi episodi a sfavore dei giallorossi, tra cui un presunto rigore non dato per tocco di mano di Fernando.
Alla prima occasione i rivali spargono sale sulla ferita. (Empoli-Lazio 2022/23)

VI SIETE PORTATI LA SABBIA, SIETE ALL'ULTIMA SPIAGGIA

Striscione laziale. (Roma-Lazio 1996/97)

IL TUO ULTIMO SCONTRO VERO? C'ERA ANCORA IL TG IN BIANCO E NERO

Striscione laziale. (Lazio-Roma, Coppa Italia 2002/03)

I romanisti replicano ai laziali con

L'ULTIMO SCONTRO IN BIANCO E NERO? TV A COLORI L'HA VISTO IL MONDO INTERO

Ricordando i recenti scontri in tribuna Tevere nel derby di Coppa Italia che furono trasmessi in diretta dal TG1 delle 20. (Roma-Lazio 2002/03)

GRAZIE ROMA CHE CI FAI RIDERE ABBRACCIATI ANCORA

Basta cambiare una parola perché i laziali possano ribaltare la poesia della storica *Grazie Roma*.

LAZIALE SHAMPISTA

Striscione romanista. (Lazio-Roma 2014/15)

LAZIALE BARBAPAPÀ

Idem. (Lazio-Roma 2014/15)

LAZIALE BARBARA D'URSO

Vedi sopra. (Roma-Lazio 2014/15)

VOI ROMA? SI INCAZZEREBBE ANCHE GIULIO CESARE

Striscione laziale. (Lazio-Roma 1996/97)

Stagione 1997/98: dopo il quarto derby
su quattro vinto dalla Lazio in un anno
i biancazzurri srotolano:

**TRANQUILLI STATE SU
SCHERZI A PARTE**

a cui i romanisti, al primo derby dell'anno seguente,
rispondono ricordando ai cugini gli anni
della loro militanza in B:

**MEJO 1 ANNO
SU SCHERZI A PARTE
CHE 11 ANNI
SU CHI L'HA VISTO**

**È VENUTO MEJO PINOCCHIO
CO' NA SEGA CHE VOI
CO' NA SCOPATA**

Striscione romanista. (Lazio-Roma 1995/96)

LAZIALE FABRIS

Adesivo romanista per tifosi cinefili. Fabris in questo caso è
il personaggio deriso e oggetto di scherno interpretato
da Fabio Traversa nel capolavoro di Carlo Verdone
Compagni di scuola. (Aprile 2017)

ILARY E TOTTI: UNA LETTERINA PER UN ANALFABETA

Forse non tutti sanno che Ilary Blasi ha esordito in tv come "letterina" a *Passaparola*, storico quiz preserale di Canale 5. (Lazio-Roma 2002/03)

ER CHIEVO HA UN QUARTIERE, LA LAZIO NO

Scritta romanista, 2008.

LAZIALE MINORANZA ETNICA

Scritta romanista fotografata nel deserto del Sahara, 2008.

PAESE CHE VAI... LAZIALE CHE TROVI

Striscione giallorosso sul luogo comune del laziale burino. (Lazio-Roma 2003/04)

VE PAGAMO NUN SCAPPATE

Nel precedente derby di Coppa Italia i laziali indietreggiarono durante i tafferugli.
Certamente una soffiata aiutò i laziali a rispondere al volo: **PRIMA PAGATE I BUFFI** (i debiti).
(Roma-Lazio 2003/04)

UNA SQUADRA DI NEGRI HA REGALATO LO SCUDETTO A QUESTA CITTÀ

È la fiera risposta a un pesantissimo striscione laziale, esposta da tifosi di colore alla festa per lo Scudetto giallorosso 2001.

ROMANISTA SOLANGE

Striscione laziale. (Lazio-Roma 2012/13)

FERILLI NUDA PER LO SCUDETTO? PENSA CHE SCHIFO A 70 ANNI

Striscione laziale. L'attrice Sabrina Ferilli aveva appena promesso che avrebbe fatto uno spogliarello se la Roma avesse vinto lo Scudetto. (2000/01)

Infatti l'anno seguente la Sud verificò e rispose:

FERILLI A 70 ANNI È ANCORA BONA

VOI 4 SU 4 MANCO COR VIAGRA
e
FAMOSE 'N GIRO A TERESINA

I laziali non si stancano di rinfacciare ai rivali la mitica stagione precedente, in cui la Lazio ha battuto la Roma nei due derby di campionato e nei due di Coppa Italia, realizzando uno storico *en plein*. La teresina è il poker a carte scoperte. (Lazio-Roma 1998/99)

A VOLTE I FAGIANI RITORNANO

Striscione romanista nel derby 2009/10,
fagiano in questo caso vuol essere il dispregiativo di aquile.

LO TIRA FLOCCARI

Derby Lazio-Roma 2009/10, sull'1 a 0 per la Lazio, Floccari ha l'occasione di raddoppiare su rigore ma lo sbaglia. La Roma vincerà 2 a 1 in rimonta. In tutta Roma compare questa scritta.

LOTITO SEI PIÙ TIRCHIO DE ZIO PAPERONE

Due aste laziale. (Roma-Lazio 2009/10)

VOI PE LOTITO, NOI PE LO TITOLO

Striscione romanista. (Lazio-Roma 2009/10)

DISCRIMINAZIONE LAZIALE

Striscione giallorosso. (Roma-Lazio 2009/10)

AS LOMA MELDA

Striscione laziale a Pechino: Inter-Lazio, finale di Supercoppa italiana, agosto 2009.

LA VOSTRA BENIAMINA LA FALCHI, IL VOSTRO SIMBOLO L'AQUILA, SE' CAPITO CHE VE PIACE L'UCCELLO

Striscione romanista. (Lazio-Roma 2009/10)

FATECE ER CAZZO DER PIACERE, NUN DITE CHE SEMO CUGINI

Striscione laziale.

PERUZZI-NESTA-NEGRO: CO' 3 PASSAGGI IN PORTA

I romanisti fanno riferimento all'autogol col quale la Roma vinse al 70° la partita di andata. I tre citati sono i difensori della Lazio coinvolti nella dinamica della frittata. (Roma-Lazio 2000/01)

LAZIALE MALEDUCATO, LE SPALLE NUN SE DANNO

I romanisti si riferiscono agli scontri avvenuti in tribuna Tevere nel corso del derby precedente. (Roma-Lazio 2002/03)

LAZIALE LAPO ELKANN

Striscione romanista. (Lazio-Roma 2016/17)

ROMANISTA LAPO ELKANN

Striscione laziale, stessa partita.

TE SEI SCOPERTA LAZIALE, MA SE VINCEVA L'ACIREALE, TU TE SPOGLIAVI UGUALE

I romanisti all'attrice Anna Falchi, che aveva fatto lo strip alla festa per lo Scudetto 2000 della Lazio.

MEJO UN GO...TTARDI CHE MAI

Striscione laziale. Nel ritorno di un derby di Coppa Italia Guerino Gottardi aveva segnato il gol della vittoria biancazzurra al 94° minuto…
(Roma-Lazio 1998/99)

LAZIALE OLIO DI PALMA

Scritta figlia dei tempi, gennaio 2020.

CHE DIO VE SE RACCORGA

Striscione romanista. (Lazio-Roma 1991/92)

CURVA SUD: 4,5 ANTIESTETICA

Pagella laziale per i dirimpettai giallorossi.
(Roma-Lazio 2003/04)

SU DE VOI NUN CE SE PO' CONTÀ: OGGI CE SETE, DOMANI NUN SE SA

Striscione romanista. (Roma-Lazio 1988/89)

FATE PIÙ FERMATE DELLA METRO B

I romanisti ironizzano sull'andamento altalenante della Lazio, stagione 2001/02.

Prima di un derby romano, sul megaschermo appare l'attrice Sabrina Ferilli: boato della curva romanista, che subito srotola il pecoreccio striscione:

E VOI TROMBATEVI SUOR PAOLA

La religiosa è una nota tifosa laziale.

PEPPINO SEI TU?... PEPPINO? PPPRRRRRRR!!!

I romanisti citano una celebre scena del film *Il marito*, in cui Alberto Sordi spernacchia un amico laziale al telefono. (Roma-Lazio 2002/03)

OGNI VOLTA CHE SCENDO STI SCALINI E VI VEDO ME GRATTO

Un romanista scaramantico. (Roma-Lazio 2011/12)

NUN VE SEGUE NESSUNO MANCO SU TWITTER

Un romanista smanettone ai laziali. (Roma-Lazio 2011/12)

VOI UNA CURVA UNITA... DA UNA CATENA DI NEGOZI

(Roma-Lazio 2002/03) Il gruppo degli Irriducibili della Lazio è stato spesso accusato di essersi dedicato più al merchandising che all'organizzazione del tifo. Addirittura a Lisbona, nei preliminari di Champions League dell'estate 2003, i laziali si sono trovati dinanzi uno striscione dei tifosi del Benfica che recitava:

ULTRA$ LAZIE? NO MERCANTI

Dei romanisti manca solo la firma!

DALLE STALLE A CRACOVIA IL TANFO NON CAMBIA

Striscione romanista. La Lazio aveva appena affrontato in Coppa Uefa una dura trasferta in casa del Wisla. Il terreno di gioco era ghiacciato, e la società polacca lo aveva fatto cospargere di letame, dicendo che avrebbe fatto miracoli... (Roma-Lazio 2002/03)

ANVEDI QUANTI PELLEGRINI, MA CHE C'È ER GIUBILEO DEI CONTADINI?

I romanisti nel primo derby post Scudetto laziale. (Lazio-Roma 2000/01)

ROMA È STORIA, LAZIO SOLO GEOGRAFIA

Striscione romanista. (Lazio-Roma 2012/13)

A MALVESTITI!

Striscione laziale. (Roma-Lazio 2014/15)

IL MARE MI RILASSA MA A TE QUANDO TE PASSA?

Striscione laziale attaccato a un aereo da turismo che, nell'estate 2013, sorvola il litorale romano. Il riferimento è al derby Lazio-Roma finale di Coppa Italia del 26 maggio precedente, vinto dalla Lazio con gol di Lulić al 71°.

IL PIAVE MORMORÒ... A STRONZI

Striscione romanista. (Lazio-Roma 2017/18)

SE LEGGEMO ER MESSAGGERO, SE LEGGEMO ER MESSAGGERO...

Coro laziale intonato durante la quarta delle quattro sfide vinte contro la Roma nel 1997/98. A risultato acquisito tutta la Nord laziale prese in mano un giornale e cantò la propria assoluta superiorità e tranquillità dinanzi a una Sud insolitamente attonita.

QUEL DITO ALZATO ERA UN'ILLUSIONE: CHIEDEVA SE TORINO FOSSE IN QUELLA DIREZIONE

Striscione romanista. In Lazio-Roma del 1988/89 il laziale Di Canio aveva esultato col dito alzato dopo il suo gol vittoria sotto la Sud giallorossa. Ma due anni dopo l'astro laziale era già alla Juve… (Lazio-Roma 1990/91)

CONTADINI A ORE 12

Un romanista avvista i dirimpettai…
(Roma-Lazio 2004/05)

ER GREGGE CHI V'O REGGE?

Dall'agricoltura alla pastorizia. Due aste romanista.
(Lazio-Roma 2011/12)

… SETE COSÌ BRUTTI, CHE MANCO LI SOFFICINI VE SORIDENO…

Striscione romanista rivolto agli Irriducibili in Lazio-Roma 1999/2000. In uno spot tv i sofficini sorridevano a chi li tagliava con una forchetta.

TOTTI, TITOLO DI STUDIO: BATTESIMO

Striscione laziale.

MANCO ZELIG FA RIDE' COME VOI

Striscione romanista. (Roma-Lazio 2003/04)

10-03-02 ESTRAZIONE SULLA RUOTA DI ROMA: 12-29-36-63-71 CINQUINA

I romanisti si giocano i minuti dei gol dell'ultimo derby finito 5 a 1 per loro. (Lazio-Roma 2002/03)

QUANTI SIETE? SIETE TANTI? 'TACCI VOSTRI A TUTTI QUANTI!

Striscione giallorosso. (Lazio-Roma 1992/93)

ROMA NUN VE CONOSCE

I romanisti ai laziali.

LAZIO 1 ROMA 5: MONTELLA 4 GOL, 2 DI TESTA E 2 DI NESTA

Striscione romanista che ricorda il derby stravinto dai "lupi" nel marzo 2002. Nesta ebbe alcune responsabilità sui gol. (Lazio-Roma 2002/03)

ROMANISTA METTI ER PARAFLU

Consigli per gli acquisti laziali ai cugini: evidentemente il liquido antigelo è ottimo per la manutenzione di una squadra che in quel periodo era a –14 rispetto a loro... (Roma-Lazio 1998/99)

NOI RUSSELL CROWE, VOI AMENDOLA

Striscione laziale che rivendica la supremazia dello spessore dei cosiddetti tifosi vip: Russell Crowe, ospite in tribuna in occasione di un derby, si era dichiarato simpatizzante della Lazio. Claudio Amendola è un attore italiano, grande tifoso romanista. (Roma-Lazio 2001/02)

AI LAZIALI IO RICONOSCO A MALAPENA I DIRITTI CIVILI

Attribuita a Giulio Andreotti, tifoso giallorosso.

Per la campagna abbonamenti 1991/92, la Lazio affigge in tutta la capitale dei giganteschi manifesti con la scritta a caratteri cubitali

IO CI CREDO

Nottetempo un romanista con la bomboletta replica

BRAVO STRONZO

ALTRE SETTE RETI

Solitamente, è Associazione Sportiva Roma. I laziali ironizzano sull'acronimo e sulla recente sconfitta dei rivali contro il Bayern per 1 a 7. La Roma ne prese sette in coppa già otto anni prima in casa dello United. (Roma-Lazio 2014/15)

SPOSTA 'STI TRE PUNTI

Il presidente laziale Lotito chiede di spostare la partita (poi persa) per avere un giorno in più per riposare dopo la finale di Coppa Italia. Al 90° i romanisti sfottono. Sui social intanto spunta l'hashtag #LotitoSpostaEventi. (Lazio-Roma 2014/15)

LOTITO MI SPOSTI L'ESAME?

Due lupacchiotti rincarano. (Lazio-Roma 2014/15)

LAZIALE POSTO DE BLOCCO

Scritta, giugno 2017.

ROMANISTA SCIUSCIÀ

Scritta laziale, anno 2009.

MA LO SANNO LE VOSTRE MAMME CHE SIETE QUI?

Striscione romanista in Roma-Lazio
di Coppa Italia 1984/85.

LA FOSSA L'AVETE GIÀ: SEPPELLITEVI

Striscione interista: si riferisce allo storico gruppo milanista Fossa dei Leoni. (Milan-Inter 2004/05)

SIETE PUNTUALI COME GLI SVIZZERI MA SOLO NELLE FIGURE DI MERDA

Striscione milanista. (Milan-Inter 2004/05)

MANCINI COME WANNA MARCHI, ILLUDI DEI POVERI PIRLA

Striscione milanista per l'allora tecnico interista che, attardato in classifica, parlava di "rimonta". (Inter-Milan 2004/05)

AL VOSTRO ULTIMO SCUDETTO CANTAVANO I RIGHEIRA ALL'ULTIMA COPPA DEI CAMPIONI NILLA PIZZI

Striscione milanista. (Milan-Inter 2004/05)

IL VOSTRO OBBIETTIVO: EUROPA, OCEANIA E UN TERZO CONTINENTE A SCELTA

L'astinenza interista di trofei europei fa sì che i cugini suggeriscano il Risiko. (Milan-Inter 2004/05)

ORE 15:00 PRANZO NERAZZURRO ANTIPASTO: OLIVEIRA, PORZIONE MOLTO SCARSA! PRIMO: NON PERVENUTO VINO: MALDINI MOLTO INVECCHIATO SECONDI: TRIPPA ALLA RONALDO E PAPERA ALLA DIDA DOLCE: TORTA DELLA NONNA COSTACURTA E POI TUTTI A KAKÀ

Uno chef interista scatenato in Inter-Milan 2006/07.

MILAN DUE VOLTE IN B: LA 1° PAGANDO LA 2° GRATIS

Sciarpa interista. Nel 1980 i diavoli sono scesi per lo scandalo scommesse, nel 1982 per demerito sportivo. Citazione attribuita al mitico avvocato interista Peppino Prisco.

TI TE DOMINET TIRANA

Striscione milanista per i cugini. Si cita il verso della canzone *O mia bela Madunina* (...) *ti te dominet Milan*. Traduzione: "Tu domini Milano". (Milan-Inter 12/13)

CON MORATTI E FACCHETTI SI VINCE SOLO IL TROFEO MORETTI

Striscione milanista. In anni di vacche magre per i nerazzurri ci si riferisce al tradizionale torneo estivo Moretti disputato ininterrottamente dal '97 al 2008. (Milan-Inter 2003/04)

L'ULTIMA VOLTA CHE UN AEREO VI HA RIPORTATO CON LA COPPA LO GUIDAVA IL BARONE ROSSO

Striscione milanista, sempre a proposito delle vacche magre.

NOI BOYS, VOI GAYS

Striscione interista. I Boys sono stati per decenni il principale gruppo ultrà interista. (Milan-Inter 1993/94)

NOI A MANCHESTER VOI ALL'HOLLYWOOD

Striscione appeso in curva milanista subito dopo la fine dell'inedito derby di ritorno di Champions League 2002/03 che sancì l'approdo in finale del Milan (a Manchester batté la Juve ai rigori). L'Hollywood è un noto locale milanese.

DEL DIAVOLO AVETE SOLO LE CORNA

Striscione interista in Milan-Inter 1993/94.

UNO SPONSOR DI SALUMI... COSA NON SI FA PER UNA COPPA

Striscione milanista. Quell'anno lo sponsor dell'Inter era Fiorucci, azienda produttrice di salumi, appunto. (Milan-Inter 1992/93)

RONNY + BOBO = SCEMO + SCEMO

Due aste milanista. Riferimento a Ronaldo e Vieri come Jim Carrey e Jeff Daniels nel film *Scemo più scemo*. (Inter-Milan 1999/2000)

INTER CLUB 13° SCUDETTO AUGURI PER IL VOSTRO 15° ANNO

Striscione milanista. L'Inter era ferma da un po' a 13 Scudetti. (Milan-Inter 2003/04)

LEONARDO CERCAVI UN SOGNO, HAI TROVATO IL MIO

Striscione milanista in Milan-Cagliari 2010/11, sera del trionfo tricolore. Nel dicembre 2010 l'allenatore brasiliano Leonardo accetta di sedersi sulla panchina dell'Inter dopo aver allenato il Milan sino al maggio precedente (e aver militato nei rossoneri da giocatore per cinque stagioni). In conferenza stampa dichiara: "Non cercavo un lavoro, cercavo un sogno".

LEONARDO E ADESSO CHI LO CAMBIA IL NOME A MIO FIGLIO?

Stessa partita.

CARO LEO, SOGNAVI WEMBLEY, HAI CONOSCIUTO WIMBLEDON: 7-3

Striscione milanista all'indomani dell'eliminazione dell'Inter in Champions a opera dello Schalke 04: sconfitta per 5 a 2 all'andata e per 2 a 1 al ritorno. (Milan-Samp 2010/11)

LEONARDO CONOSCI 6 LINGUE? TRADUCI QUESTO: クソ男, MIERDA DE HOMBRE, MERDA HOMEN, SHIT MAN, HOMME MERDE, UOMO DI MERDA

Striscione milanista la sera del primo derby in cui i milanisti si trovano di fronte il loro ex allenatore. Leonardo oltre al portoghese e all'italiano se la cava egregiamente anche con spagnolo, francese, inglese e "un po' di giapponese".
(Milan-Inter 2010/11)

FORMENTINI: DOPO IL LEONKA LA SUD

Striscione interista. Il Leoncavallo è uno storico centro sociale milanese che l'allora sindaco leghista Formentini aveva fatto sgomberare. La Sud per la quale gli interisti si augurano la stessa fine è la curva dei milanisti.
(Milan-Inter 1994/95)

NON VI CRESTA CHE PIANGERE

Striscione interista. In quella stagione il Milan annoverava tre giocatori col taglio alla moicana ovvero con una cresta di capelli centrali: Niang, Balotelli ed El Shaarawy.
(Inter-Milan 2012/13)

SQUADRA DI CRESTE, CURVA DI GALLINE

La Nord alla Sud. (Inter-Milan 2012/13)

CRESTA DI... CAZZO

Due aste interista con l'effigie di Mario Balotelli. (Milan-Inter 2012/13)

LA VITA È BELLA NON BRUCIATELA CON L'INTER

Striscione milanista che si rifà allo slogan di una campagna sociale di lotta alla droga. (Milan-Inter 1990/91)

APPREZZIAMO I VOSTRI SFORZI MA RESTERETE SEMPRE MEDIOCRI

Striscione milanista. (Inter-Milan 1990/91)

SE VI FA SENTIRE PIÙ SICURI... A TORINO CI SI VA INSIEME!!

Gli interisti si propongono come scorta in prossimità della trasferta milanista a Torino contro la Juve. (Milan-Inter, Champions League 2002/03)

ORE 20.30 RAITRE: MI MANDA LUGANO

Striscione milanista. Il Lugano aveva appena eliminato l'Inter dalla Coppa Uefa: chiaro il rimando alla storica trasmissione di RaiTre *Mi manda Lubrano*.
(Inter-Milan 1995-96)

COMINCIA LO SPETTACOLO... GUARDATEVI ALLO SPECCHIO FACCE DA CULO

Striscione nerazzurro con relativa coreografia.
Molti interisti, infatti, tenevano in mano uno specchio.
(Milan-Inter 1995/96)

CURVA NORD TRIPLETE, CURVA SUD TRE PIRLA

Striscione interista. (Inter-Milan 2010/11)

GIUDA INTERISTA

Coreografia della curva sud in Milan-Inter, 2 aprile 2011.

GIUDA ERA INTERISTA? LO STIMO

Due aste nerazzurro proposto la settimana seguente.
(Inter-Chievo 2010/11)

INCENTIVI 2009 BONUS ROTTAMAZIONE: MILAN APPROFITTANE

Striscione nerazzurro. (Inter-Milan 2008/09)

VOI SENZA KAKÀ PER 90 MINUTI, NOI DA 12 ORE

Striscione affisso nel derby da tifosi interisti provenienti dal Sud. (Inter-Milan 2008/09)

NON TUTTO È COME APPARE MA VOI SIETE PROPRIO DELLE MERDE

Rivelazione interista nel derby. (Inter-Milan 2008/09)

A MILANO CI SONO DUE SQUADRE: L'INTER E LA PRIMAVERA DELL'INTER

Sciarpa nerazzurra. La frase è un celebre aforisma di Peppino Prisco, mitico vicepresidente nerazzurro.

OTTANTUNO-OTTANTATRE... LA TRIPLETTA ADESSO TOCCA A TE

Novembre 2010: freschi di *triplete* gli interisti sperano nella terza retrocessione del Milan. (Inter-Milan 2010/11)

A MANCHESTER DI CULO A YOKOHAMA *DE BOCA!*

Striscione interista. A Manchester il Milan aveva vinto la Champions ai rigori, a Yokohama aveva perso, sempre ai rigori, la Coppa Intercontinentale contro gli argentini del Boca Juniors. (Milan-Inter 2003/04)

CURVA NORD: GENTE OSCENA IN LUOGO PUBBLICO

Milanisti sulla curva dirimpettaia. (Inter-Milan 2011/12)

FINANZIARIA '12: TASSE SULLE VINCITE. VOI NON CORRETE RISCHI

Milanisti agli interisti. (Milan-Inter 2011/12)

CHE MILANO È ROSSONERA CE LO DICI DA ANNI, MA NON È CHE TI SEI SEMPRE CONFUSO CON SESTO SAN GIOVANNI?

Interisti ai milanisti. (Milan-Inter 2011/12)

Nel settembre del 2011 il centrocampista del Milan Gennaro Gattuso è costretto a interrompere l'attività agonistica a causa di una malattia oculare che ne condizionerà buona parte della stagione. Nel novembre dello stesso anno il rossonero Cassano si sottopone a un intervento chirurgico al cuore e si ferma per qualche mese. Nel derby del gennaio 2012 gli interisti ci vanno giù pesante:

GATTUSO FURIA CIECA

GATTUSO FACCI UN NO-LOOK

GATTUSO FA BALÀ L'OEUCC

Tipico ammonimento del dialetto milanese – fai ballare l'occhio – traducibile in "stai in guardia, tieni gli occhi aperti".

GATTUSO-CASSANO: OCCHIO NON VEDE, CUORE NON DUOLE

Nell'estate 2012 Cassano passa all'Inter dichiarando: "La maglia che sognavo. Ho sempre tifato Inter". Nei due derby 2012/13 l'accoglienza milanista è ricca di perfidia:

CASSANO ALL'INTER?
AUGURI DI CUORE

CASSANO BRAVEHEART

CASSANO, DIO CE L'HA CON TE!!
PRIMA IL CERVELLO, POI IL CUORE
E ADESSO L'INTER

MONTOLIVO PLAYMAKER,
CASSANO PACEMAKER

A NOI IL PAZZO, A VOI LO SCEMO

Nella trattativa che ha portato Cassano all'Inter, Giampaolo Pazzini ha compiuto il percorso inverso: dall'Inter si trasferisce al Milan. Questa la sintesi dell'operazione per la curva rossonera.
(Milan-Samp 2012/13)

CURVA SUD ROLEX CURVA NORD CASIO

Striscione milanista. La cantante Shakira, nel suo brano *BZRP*, si scaglia contro l'ex marito Piqué e la di lui nuova compagna, definendo quest'ultima un Casio, in confronto a se stessa, autoproclamatasi un Rolex (Inter-Milan 2022/23).

I VOSTRI STRISCIONI VANNO DI MODA... LI HANNO TUTTI

Striscione milanista in Milan-Inter 1995/96. Poco tempo prima gli juventini avevano sottratto ai nerazzurri i vessilli Viking, Irriducibili Inter e Nuova Guardia.

MILANISTA FASHION BLOGGER

Adesivo interista, 2018/19.

GATTUSO VA RINGHIUSO

Striscione interista dedicato al beniamino rossonero Gennaro "Ringhio" Gattuso.

ARRIGO 6-1 MITO

COMPLIMENTI PER DOMENICA, STASERA SECONDO SET!!!

Striscioni interisti. La domenica precedente il Milan di Arrigo Sacchi era stato battuto per 6 a 1 in casa dalla Juve. (Inter-Milan 1996/97)

L'ERA GLACIALE –16

Due aste milanista prima di Milan-Inter 2003/04.

L'ERA GLACIALE –19

Lo stesso due aste aggiornato al novantesimo!
Il Milan ha vinto 3 a 2.

L'OTTIMISMO È IL PROFUMO DELLA VITA, IL VOSTRO PUZZA DI MERDA

Striscione milanista, citazione di un famoso spot con protagonista il poeta Tonino Guerra. (Milan-Inter 2003/04)

INTER 1 – MBK 0

Striscione milanista. In una partita contro l'Atalanta i tifosi dell'Inter avevano lanciato dagli spalti di San Siro uno scooter MBK. (Inter-Milan 2000/01)

Anche altre tifoserie italiane hanno ironizzato su questo episodio. La domenica seguente i torinisti scrivono:

INTERISTA? POVERINO! PICCHIA SOLO IL MOTORINO

Mentre i bresciani aspettano di incontrare i nerazzurri l'anno seguente per esporre il loro annuncio:

AAA CERCASI MOTORINI PER FAR DIVERTIRE INTERISTI BAMBINI

E i romanisti chiosano:

ONORE AL MOTORINO CADUTO

BERTI: IL MILAN È QUELLA COSA CHE STA 16 PUNTI SOPRA DI VOI!

Striscione milanista. Il centrocampista dell'Inter, in un'intervista infrasettimanale, aveva dichiarato in tono sbruffone: "Il Milan? Cos'è il Milan?". (Milan-Inter 1993/94)

FINALI: C'È CHI LE COMPRA (MARSIGLIA) CHI LE GIOCA (NOI) E CHI LE SOGNA (VOI)

Striscione milanista, stessa partita. Un anno prima il Milan aveva perso la finale di Coppa dei Campioni contro l'Olympique Marsiglia.

DERBY NELLE COPPE, DERBY DA SCUDETTO SOLO GRAZIE A NOI NESSUN DERBY CADETTO

Striscione interista nell'insolito derby Milan-Inter di Champions League 2002/03.

CASSANO GARGANO HANDANOVIC PROBLEMI DI CULO?

Sul due aste milanista sono tutti calciatori dell'Inter. (Milan-Inter 2012/13)

RONALDO E VIERI SOLO PER PLAYSTATION

Striscione milanista. I due campioni interisti attraversavano una stagione di infortuni. (Inter-Milan 2001/02)

PIÙ CHE PANZER SIETE STURMTRUPPEN

Striscione milanista. L'Inter in quell'anno era "colonizzata" da giocatori tedeschi: Matthäus, Brehme, Klinsmann. *Sturmtruppen* è la parodia a fumetti dell'esercito tedesco di Bonvi. (Milan-Inter 1989/90)

SILVIO DÀ L'ESEMPIO, GATTUSO RIFATTI CHE SEI UNO SCEMPIO!

Striscione interista subito dopo il lifting di Berlusconi. (Milan-Inter 2003/04)

È MORTA CITA, GATTUSO SU CON LA VITA

Striscione interista. Nel dicembre 2011 si spegne Cita, il famoso scimpanzé amico di Tarzan. (Milan-Inter 2011/12)

CAMPIONI SENZA INTERCETTAZIONI

Le tossine di Calciopoli sono dure a smaltirsi. Coreografia della curva rossonera la sera della conquista dello Scudetto numero 18, evidentemente rivolta ai cugini interisti. (Milan-Cagliari 2010/11)

IL 5 MAGGIO NON SI PRESCRIVE

Striscione milanista che miscela due grandi item degli sfottò sugli interisti. Lo psicodramma del 5 maggio 2002 e la caduta in prescrizione dei fatti riguardanti la violazione degli articoli dell'illecito sportivo da parte dell'Inter e di Giacinto Facchetti. (2002)

RUI VI COSTA MA NON BASTA

Striscione interista. Il portoghese Rui Costa, alla sua prima stagione rossonera dopo sette anni in maglia viola, sta deludendo le attese. (Milan-Inter 2001/02)
I milanisti, nella partita interna contro l'Atalanta della stessa stagione, avevano affisso:

RUI: BASTA LACRIME VIOLA, ORA SPUTA SANGUE ROSSONERO

MILAN SQUADRA + TITOLATA D'EUROPA? MA CONTATE LA MITROPA!

Striscione interista. La Mitropa Cup (il Milan la vinse nell'82) è il trofeo al quale partecipavano le squadre vincenti dei campionati di B. Non si disputa più da anni. (Milan-Inter 2003/04)

81-83: 100 DI QUESTI ANNI

Due aste interista. Sono gli anni dei due campionati milanisti tra i cadetti. (Milan-Inter 2004/05)

SIETE COME LE SPICE: CANTATE IN 5

Striscione interista rivolto alla curva del Milan. Le Spice Girls furono una celebre band inglese tutta al femminile degli anni Novanta.

BASTA BENEFICENZA, MASSACRIAMOLI

Striscione interista. Comparso in curva nord al derby di ritorno, dopo quello famoso in cui l'Inter crollò per 0 a 6. Per la cronaca: in tale circostanza persero "solo" 4 a 2.

NOI REALIZZIAMO I VOSTRI SOGNI

Striscione milanista. (Inter-Milan 2003/04)

14/12/03 GRAZIE DI AVER REALIZZATO I NOSTRI SOGNI

Gli interisti rispondono così, riferendosi alla sconfitta rossonera in Coppa Intercontinentale. A loro volta i rossoneri replicheranno:

REALIZZIAMO I VOSTRI SOGNI, MA RIMANIAMO I VOSTRI INCUBI

(Milan-Inter 2003/04)

81 e 83 SENZA IL DERBY E SAI PERCHÉ

Striscione interista: si citano le due annate dei milanisti in serie B. (Milan-Inter 2004/05)

CURVA NERD

Striscione milanista *versus* la Nord interista. (Inter-Milan 2011/12)

DA GIOVEDÌ L'ERBA DI SAN SIRO È PIÙ WERDER

Gli interisti dopo l'eliminazione del Milan dalla Uefa League a opera del Werder Brema.
(Inter-Roma 2008/09)

NOI MONDIALI IN GIAPPONE VOI AMICHEVOLI IN REGIONE

Striscione milanista. Il Milan ha da qualche mese conquistato la Coppa Intercontinentale a Tokyo.
(Milan-Inter 1989/90)

DOPO 15 ANNI FINALMENTE QUALCOSA DI POSITIVO: KALLON

Striscione milanista. L'interista Kallon era stato trovato positivo al doping poco tempo prima.
(Milan-Inter 2003/04)

ALL'INTERISTA NON FAR SAPERE QUANTO È BUONO UN DERBY CON 6 PERE

Striscione milanista nel derby che segue la tremenda sconfitta dell'Inter per 0 a 6. (Inter-Milan 2001/02)

LA VOSTRA CHAMPIONS LEAGUE ERA IL TERZO SEGRETO DI FATIMA

Milanisti nel derby post triplete nerazzurro. (Inter-Milan 2010/11)

GETTATE IL TAMPAX, IL CICLO È FINITO

L'inizio della stagione seguente al triplete fu per gli interisti assai sofferto. I tifosi del Milan incalzano. Concetto simile a quello espresso dai tifosi romanisti ai laziali circa dieci anni prima. (Inter-Milan 2010/11)

RAFA SCAPPA FINCHÉ SEI IN TEMPO

La pesante eredità di Mourinho sulla panchina interista – dopo la stagione dei trionfi del 2010 – fu raccolta da Rafa Benítez. L'avvio in campionato non soddisfa e i milanisti pungono. (Inter-Milan 2010/11). Alla Vigilia di Natale – e nonostante la vittoria del Mondiale per club – Benítez fu effettivamente sollevato dall'incarico.

STRA MARCIONI

Due aste milanista su Andrea Stramaccioni, da poche giornate promosso allenatore della prima squadra dell'Inter. (Inter-Milan 2011/12)

STRAMERDONI

Striscione milanista. (Milan-Inter 2012/13)

CUORE NERO SANGUE AZZURRO? ANDATE DA UN MEDICO

Striscione milanista in risposta a uno storico striscione interista: **CUORE NERO SANGUE BLU**. (Milan-Inter 2003/04)

RETNI ADREM

Due aste milanista apparentemente indecifrabile, finché non lo si guarda allo specchio. (Milan-Siena 2011/12)

MILANISTA BIRRA PICCOLA

Adesivo interista, 2017/18.

INTERISTA BILLY ELLIOTT

Adesivo milanista del 2019. Billy Elliott è il protagonista del film omonimo.

MA NON ERA FOGGIA-PISA?

Nel 2014/15 la stracittadina è un derby da metà classifica, i milanisti provano a sdrammatizzare. (Milan-Inter 2014/15)

Juventus-Torino

SIETE PIÙ BRUTTI DELLA MULTIPLA

Striscione realizzato dai viola contro la Juve (1999/2000), ripreso dai torinisti (Juventus-Torino 2001/02).

SIETE COME I CAPELLI DI CONTE: FINTI

Striscione granata. (Torino-Juventus 2001/02)

JUVE, GOBBI A PRESCINDERE

Anche se la partita è contro la Juve Stabia, i tifosi granata non hanno dubbi. (Torino-Juve Stabia 2011/12)

GRANATA: RASSERENATEVI

Gli juventini in Torino-Juventus 1985/86. Aldo Serena da Montebelluna è stato l'unico giocatore ad aver indossato la maglia di entrambe le torinesi ed entrambe le milanesi. Allora era appena arrivato alla Juve, dopo essere stato il centravanti granata, e in quella partita segnò il primo dei due gol della vittoria juventina. Soffiandolo ai cugini, la Juve inflisse loro un grande smacco, e i granata salutarono il loro ex giocatore scrivendo eloquentemente: **SERENA PUTTANA L'HAI FATTO PER LA GRANA**

NOI A ROMA, VOI IN POLTRONA

Striscione torinista. Il Toro ha appena battuto i bianconeri nella semifinale di Coppa Italia, guadagnando il diritto di affrontare la Roma in finale. (Juventus-Torino 1992/93)

MEGLIO A PEZZI CHE A STRISCE

Striscione granata. (Torino-Fiorentina 2016/17)

'91 AJAX –
'92 DINAMO –
'93 DIXAN?

Striscione juventino per i granata.
Nel 1991/92 il Toro aveva perso la finale di Coppa Uefa contro l'Ajax; nella stagione successiva era uscito al secondo turno di Uefa, eliminato dalla Dinamo Mosca.
(Juventus-Torino 1992/93)

FILADELFIA:
... AUCHAN O CARREFOUR?
SCEGLI TU

Gli juventini sfottono i granata sul progetto di trasformare il vecchio stadio del Toro in un centro commerciale.
(Juventus-Torino 2002/03)

ABBIAMO CAPITO PERCHÉ I TORI SONO SENZA COGLIONI. NE HANNO UNA CURVA PIENA!

Striscione juventino anni Ottanta.

GRANATA: VORREI INCONTRARTI TRA 100 ANNI... IN A

Citando la canzone di Ron, gli juventini ironizzano sulla disastrosa classifica dei granata. (Torino-Juventus 1995/96)

IL PROSSIMO DERBY ALLA PROSSIMA ALLUVIONE. MAI PIÙ

Striscione juventino in Juventus-Torino, amichevole a scopo benefico per le città colpite dalla violenta alluvione del 2000. Il Torino è in serie B.

GRAZIE MEGICO BERI

Striscione torinista dopo l'eliminazione della Juventus dalla Coppa Italia a opera del Bari, all'epoca in C1, nel 1983/84.

NUOVA FIAT FIGHTERS DA 0 A 100 IN 10"

Striscione granata contro i Fighters, uno dei gruppi storici del tifo juventino. (Torino-Juventus 1999/2000)

URLATE PIÙ FORTE CHE DA TOKYO NON VI SI SENTE

Striscione juventino. La Juve stava per disputare la finale della Coppa Intercontinentale a Tokyo, che peraltro avrebbe vinto. (Torino-Juventus 1985/86)

ROMERO, LA CITTÀ VUOL SAPERE: MA CHI È IL TUO PARRUCCHIERE

Striscione juventino. Romero era lo scapigliatissimo presidente del Toro. (Juventus-Torino 2001/02)

SAN FRANCESCO PARLAVA AGLI UCCELLI, DEL PIERO PURE

Striscione dei tifosi del Torino.

92'.54" PIRLO

Con questo due aste gli juventini ricordano ai granata minuto e matchwinner del derby di andata. (Lazio-Juve 2014/15)

PRIMA IN UN OCEANO DI PASSIONE ORA IN UN MARE DI MERDA!

Gli juventini, col Toro straultimo, parafrasano una coreografia granata dell'anno precedente che recitava: **UN OCEANO DI PASSIONE**. (Juventus-Torino 2002/03)

ASINI IN PIGIAMA

Striscione granata per i bianconeri. (Torino-Juventus 2001/02)

MUUUU...

Juventini ai cugini del Toro. (Juve-Toro 2012/13)

PIEMONTE: NOI ONORIAMO QUESTA TERRA, LE VOSTRE MADRI LA BATTONO

Striscione juventino. (Juve-Toro 1993/94)

DOMENICA ECOLOGICA? BASTA FARVI GIOCARE ALTROVE E A TORINO SI RESPIRA

Striscione juventino. (Juventus-Torino 2002/03)

TORO MERDA

Scritta murale classica per mano bianconera prima di un derby della Mole anni Settanta, poi vinto dal Toro sulla Juve per 2 a 0... Dopodiché la scritta fu corretta in

TORO 2 MERDA 0

JUVE-POIRINO IL DERBY È VICINO

Calciopoli: stanno per arrivare le condanne, i tifosi del Toro si auspicano un derby in provincia per la Vecchia Signora. (Torino-Rimini 2005/06)

Genoa-Sampdoria

AVETE PIÙ COLORI CHE SCUDETTI

I genoani ai blurossobianconeri della Sampdoria, meglio noti come blucerchiati. (Samp-Genoa 2015/16)

BENVENUTI A GENOVA. VOI DI DOVE SIETE?

Striscione genoano. (Genoa-Sampdoria 2002/03)

SI GIOCA A CALCIO NON A CRICKET RUMENTE

Striscione blucerchiato contro i cugini del Genoa CFC (Cricket e Football Club 1893). Rumenta è il termine ligure per spazzatura. (Sampdoria-Genoa 2002/03)

VOI AL GRANDE FRATELLO, NOI CON LE VOSTRE SORELLE

Striscione genoano. Romeo, un partecipante alla seconda edizione del *Grande fratello*, era un acceso tifoso doriano. (Genoa-Sampdoria 2001/02)

GRAZIE PER LA BELLA SERATA, ARRIVEDERCI... FORSE

A tre giornate dalla fine c'è il derby della lanterna. Il Genoa lo vince al 92°, dando una vigorosa spinta ai cugini verso la serie B. Al triplice fischio dell'arbitro Tagliavento appare questo striscione. (Genoa-Samp 2010/11)

BIBIDI BOBIDI B

La Sampdoria la settimana precedente è retrocessa, i genoani nell'ultima di campionato sfottono citando la Fata Smemorina di *Cenerentola*. (Genoa-Cesena 2010/11)

GENOANO TERRAPIATTISTA

Striscione doriano. (Samp-Genoa 2018/19)

ORA AVETE LA BENZINA: DATEVI FUOCO!

Striscione genoano. La Sampdoria è stata rilevata dalla Erg. (Genoa-Sampdoria 2003/04)

NOI SIAMO NORDICI
VOI SUDICI

Striscione genoano. La gradinata genoana è la gradinata nord, quella sud è doriana. (Sampdoria-Genoa 1983/84)

AMARO A BERNA
SCALDA IL CUORE

I genoani ai doriani dopo la finale di Coppa delle Coppe persa a Berna nel 1989.

IN VIA DEL CAMPO
C'È UNA GENOANA

Lo striscione doriano fa riferimento a una strofa della canzone di De André: "Via del Campo c'è una puttana...". (Genoa-Sampdoria 2001/02)

POZZI E PAZZO
MI STATE SUL CAZZO

Due aste genoano. Nicola Pozzi e Giampaolo Pazzini, coppia d'attacco blucerchiata. (Samp-Genoa 2009/10)

A GENOVA: O SAMPDORIA...
O PSICANALISI!

Scritta su un muro a Genova.

GENOANI TALEBANI

Striscione sampdoriano.

CON LA CHIAVE DEL 19 VI SMONTO LO STADIO

e

CERCASI IDRAULICO PER LA SUD

I genoani dopo i fatti di Sampdoria-Bologna
di Coppa Italia. Dalla gradinata sampdoriana
piovvero rubinetti in campo.
(Genoa-Sampdoria 1999/2000)

NÉ COPPA NÉ SCUDETTO: AUGURI PER LA MILANO-SANREMO

Nel corso degli anni i genoani hanno affibbiato
ai sampdoriani il nomignolo di "ciclisti":
la maglia blucerchiata ricorderebbe vagamente
quella dei campioni iridati delle due ruote.
Di contro, i doriani chiamano i tifosi del grifone
"i bibini", ovvero i tacchini.

NON SIETE IN QUESTURA POTETE ANCHE CANTARE

Striscione genoano. (Genoa-Sampdoria 2002/03)

LA DIFFERENZA È UNA: NOI VINCIAMO PERCHÉ ESISTIAMO, VOI ESISTETE SOLO SE VINCETE

Striscione genoano in Genoa-Sampdoria 2002/03.

DORIANE TRANQUILLE PATO NON PARLA

I genoani rassicurano le sampdoriane su Pato Aguilera idolo genoano che nei giorni precedenti al derby era stato coinvolto e inquisito in una storia di droga e prostituzione. (Sampdoria-Genoa 1989/90)

LA SQUADRA PIÙ ANTICA PRESA PER IL CULO DA UNA VITA

Striscione sampdoriano. Il Genoa CFC 1893 è la squadra più antica d'Italia. (Genoa-Sampdoria 2002/03)

GRAZIE PER ESSERC1 VENUTI A SALUTARE

Striscione doriano in Genoa-Sampdoria 2002/03 di serie B. La Samp è prima in classifica e il Genoa è nei bassifondi.

IN B PER FARVI IL CULO

Appena retrocessi, i tifosi doriani guardano il "bicchiere mezzo pieno": nella serie cadetta potranno affrontare in derby i rivali genoani. (1999/2000)

NON TI VUOLE NESSUNO

Striscione sampdoriano. Il Genoa è da poco in vendita. (Sampdoria-Genoa 2002/03)

COME I CANI HANNO LE PULCI GENOVA HA I DORIANI

Striscione genoano. (Sampdoria-Genoa 1999/2000)

DAVANTI A NOI? SOLO COSÌ!

Striscione doriano. Sottintende la possibilità di trovarsi davanti i genoani solamente allo stadio da una curva all'altra e non, ad esempio, in classifica e/o per eventuali scontri. (Genoa-Sampdoria 1999/2000)

FINALMENTE IN TRASFERTA

Striscione genoano nella stessa partita: si sfottono i rivali, che essendo "ospiti" in quel derby finalmente possono – a detta dei genoani – vantare un buon numero di tifosi in trasferta.

SEI COME L'ERBA GRAMA: HAI 110 ANNI E NON MUORI MAI

Striscione sampdoriano. (Genoa-Sampdoria 2002/03)

11/10/99 NOI RUBINETTI IN CAMPO, VOI CESSI SUGLI SPALTI

I tifosi doriani, effettuando un lancio di oggetti in campo – tra cui anche i rubinetti dei bagni della propria curva – avevano causato la sospensione della partita di Coppa Italia contro il Bologna. (Genoa-Sampdoria 1999/2000)

SE DIO AVESSE VOLUTO CHE LA SAMP VOLASSE, L'AVREBBE FATTA NASCERE CON LE ALI

Due aste genoano illustrato dal grifone alato, simbolo del Genoa.

FALQUI. BASTA LA SAMPDORIA

Si cita il claim del celebre lassativo ("basta la parola"). Due aste genoano 2013/14.

ANCHE SE ERA IN FUORIGIOCO, GRAZIE RAGAZZI

Striscione doriano. La settimana prima la Samp aveva vinto il derby grazie a un gol di Gabbiadini giudicato irregolare dall'allenatore genoano Gasperini. (Samp-Atalanta 2014/15)

GASPERINI: HAI PIANTO COSÌ TANTO CHE SI È ALLAGATO IL CAMPO

Nel derby successivo i sampdoriani tornano a modo loro sull'argomento. (Samp-Genoa 2014/15)

MEGLIO UNO VISTO E VISSUTO CHE NOVE EREDITATI

Murales sampdoriano sui nove Scudetti genoani, vinti tutti prima del 1925.

PIÙ CHE BENZINAI ADDETTI ALLE POMPE

Striscione genoano. La Erg è la proprietaria della Sampdoria. (Sampdoria-Genoa 2001/02)

– BENZINA + GIOCATTOLI

Due aste genoano 2003/04. Meno benzina perché la Sampdoria appartiene alla Erg, e più giocattoli perché il presidente rossoblù è Preziosi, quello dei giochi.

1995-1999 INVECCHIATO MALE

Striscione doriano. Dal 1995, anno della retrocessione in B, il Genoa non è riuscito a risalire in A. Sopra lo striscione c'è un drappo dove il Genoa è raffigurato come una bottiglia di whisky. (Genoa-Sampdoria 1999/2000)

AJAX 3X2

Scritta sampdoriana dopo la semifinale di Coppa Uefa 1992, in cui il grifone perde con l'Ajax per 3 a 2.

LA FUSIONE? PER ME VA BENE: FONDIAMO I SAMPDORIANI

Battuta di Franco Scoglio, più volte allenatore del Genoa, sulla possibilità di una fusione tra Genoa e Sampdoria.

NON C'È DUBBIO, IERI A BREMA DOMANI A GUBBIO

I genoani sottolineano come la stagione 2010/11 sia iniziata con la Sampdoria impegnata in Champions League e terminata con la retrocessione in B.
(Genoa-Cesena 2010/11)

SI È PERSO UN BAMBINO SAMPDORIANO... GUAI A CHI LO RITROVA!

Battuta attribuita al comico genoano Carlo Pistarino.

MEGLIO NOVE SCUDETTI DAI NONNI EREDITATI CHE UNO FESTEGGIATO DA CICLISTI OSSIGENATI

Striscione genoano. Tutta la squadra sampdoriana si era tinta i capelli di biondo nell'ultima partita di campionato contro la Lazio per festeggiare il primo Scudetto blucerchiato. I genoani (che hanno vinto nove Scudetti tra il 1898 e il 1924) chiamano con dispregio i doriani "ciclisti" per la maglia caratteristica. (Genoa-Juventus 1990/91)

Livorno-Pisa

SEI UN PISANO, TE NE RENDI CONTO?

Scritta su un muro a Livorno.

DERBY STITICO

I pisani solidarizzano con gli storici rivali nel derby contro il Livorno. Agli ospiti fu vietata la trasferta a Pisa. (Pisa-Livorno 2008/09)

SCHIAVI DI MAMMA FRANCA

Striscione pisano. Mamma Franca, titolare di Roberta Pelle, è stata un'antesignana delle televendite. Livornese doc, look trash, ha venduto pellicce a generazioni di toscani regalando perle tipo: "Un saluto agli amici del Friuli, della Venezia e anche della Giulia!". Ai clienti più affezionati prometteva anche "un bel cacciucchino". (Pisa-Livorno 1999/2000)

ЛИВОРНО МЭРДА

Il Livorno ha la curva più a sinistra d'Italia: l'allenatore è chiamato "vodz" (guida), bandiere con falci e martello, bolscevismo militante... I pisani pensano dunque di scrivere il classico "Livorno merda" direttamente in cirillico. (Livorno-Pisa 2001/02)

TRUMP VUOLE IL MURO TRA PISA E LIVORNO, LO PAGANO I PISANI

Striscione livornese. Durante la campagna per le presidenziali 2016 Trump sostenne di voler costruire un muro tra Usa e Messico come deterrente all'immigrazione clandestina e che il Messico avrebbe pagato le spese. (Gennaio 2017)

S'È PARLATO CON TRUMP, IL MURO TRA PISA E LIVORNO LO PAGANO I LIVORNESI

Striscione pisano di risposta.

VIRUS. NOI SU INTERNET, VOI ADDOSSO

Striscione dei tifosi nerazzurri per i livornesi. (Pisa-Livorno 2000/01)

LIVORNO, SEI STATO NOMINATO

Striscione pisano. Effetti del *Grande fratello*.
(Livorno-Pisa 2000/01)

SIETE PISANI. VI SI BATTE LE MANI MA... NELLA GHIGNA

Striscione livornese. La "ghigna" è la faccia e all'epoca era da poco uscito un volume sulla storia del tifo a Pisa dal titolo: *Siamo pisani, batteteci le mani...*
(Pisa-Livorno 2000/01)

SEGA PERDONA, FAVA NO

Striscione livornese: nel Pisa gioca Sega e nel Livorno Fava. (Livorno-Pisa 1969/70)

SIETE COME I JALISSE

I pisani consideravano le minacce dei cugini solo *Fiumi di parole* in Pisa-Livorno 1996/97, incontro che vedeva i labronici tornare a Pisa in una gara di campionato dopo 18 anni di assenza. A distanza di anni i livornesi rispondono:

NOI COME I JALISSE??... VOI CUGINI DI CAMPAGNA

CLONIAMO TUTTO, I PISANI NO

Slogan livornese.

COMO ESTAS?

Lo striscione pisano affonda il coltello in una piaga recente: qualche mese prima il Livorno era stato eliminato dal Como nella finale playoff per l'accesso alla serie B. (Livorno-Pisa 2001/02)

VESCOVO, SCHIACCIALI TUTTI

Striscione livornese. La settimana precedente l'arcivescovo di Livorno aveva investito una donna. (Livorno-Pisa 2000/01)

NOI AI PLAYOFF, VOI ALLA PLAYSTATION

Il Pisa in quel momento andava bene e ambiva a un posto nei playoff, a differenza del Livorno, che stava in bassa classifica. (Livorno-Pisa 1999/2000)

LIVORNESI: 4 MORI, IL RESTO BIONDI TINTI!

I Quattro Mori sono il principale monumento di Livorno. I pisani appioppano ai livornesi lo stereotipo dell'uomo di mare, sempre abbronzato, biondo, in canottiera e zoccoli. (Livorno-Pisa 1999/2000)

Vedi anche:

MA QUALI STALINISTI: SOLO BAGNINI E SURFISTI

dove gli ultras pisani (anche loro di sinistra!) ironizzano sull'estremismo politico dei cugini sottolineandone invece l'attitudine marina. (Livorno-Pisa 2001/02)

Dopo sei anni insieme in C, nel 1978/79 il Pisa torna in B e l'anno dopo a Livorno appare la scritta:

FORZA LIVORNO LA B È VICINA... A 20 KM

LIVORNESI RIPESCATI COME I MUGGINI

Scritta su un muro a Pisa. Per due volte il Livorno è stato "ripescato" e riammesso in categorie sportive superiori.

GERBI CI ROVINA MA SAN RANIERI VI INCULA

Striscione pisano. Enrico Gerbi era il presidente del Pisa (i labronici, nei match della stagione precedente, avevano cantato "Gerbi, rovinali").
A fine stagione il Livorno disputò la finale playoff per la promozione in serie B il 17 giugno, giorno intitolato a san Ranieri, patrono di Pisa.
Forse fu per la sua intercessione che perse la finale... (Pisa-Livorno 2001/02)

CARICATE SÌ ... MA I CONTAINER

Striscione pisano rivolto ai livornesi, ritenuti per definizione portuali. (Pisa-Livorno 1999/2000)

PERCHÉ I LIVORNESI NON HANNO L'AIDS? PERCHÉ ANCHE I VIRUS HANNO UNA LORO DIGNITÀ

Scritta anni Ottanta su un muro a Pisa.
Ogni epoca ha la sua pandemia.

POLPETTE AVVELENATE A GUNTHER

Letta su un muro di Livorno. Riferita al pastore tedesco Gunther IV, presidente onorario del Pisa dal 2002. La storia vorrebbe che nel 1992 la fantomatica contessa tedesca Liebenstein in punto di morte, lasci in eredità a Gunther III l'equivalente di 84 milioni di euro. La cronaca italiana in realtà l'ha bollata come una riuscita operazione di marketing dell'imprenditore Maurizio Mian per pubblicizzare la sua Gunther Foundation.
Sul tema segnaliamo anche:

CON UN CANE COME PRESIDENTE FORSE È MEGLIO CHE NON DITE NIENTE

(Florentia Viola-Pisa, Coppa Italia 2002/03)

CI SIETE VENUTI A NOIA

Striscione livornese. (Livorno-Pisa 2001/02)

Nell'anno della prima promozione del Pisa in serie A – 1968 – uno dei primi striscioni ironici di cui si abbia memoria. Rappresenta una triglia livornese che dice: **VENGO ANCH'IO** e la Torre che risponde **NO, TU NO**.

L'anno seguente (dopo la partita persa dal Pisa a Napoli che ne sanciva, dopo appena un anno, il ritorno in B) i livornesi replicarono con:

VEDI NAPOLI E POI MUORI

– 26: CI VOLE LE ’ATENE

Due aste livornese. Traduzione: “Ci vogliono le catene”. Il Livorno si presentò in quel derby con ben 26 punti di vantaggio sul Pisa. (Pisa-Livorno 2001/02)

C ERAVATE, C SIETE E C RIMARRETE

I pisani, che tra il 1982 e il 1991 hanno disputato sei tornei di serie A, ricordano ai cugini livornesi che da 32 anni filati vivacchiano in serie C. (Livorno-Pisa 2001/02)

PINSOGLIO SANTO SUBITO

Due aste pisano. La sera precedente il portiere del Livorno Carlo Pinsoglio, con un’uscita sbagliata, ha causato il gol del pareggio del Lanciano che condanna gli amaranto alla Lega Pro. (Pisa-Pordenone, playoff Lega Pro 2015/16)

Altri derby

ACEDDU 'NTA IAGGIA NON CANTA P'AMURI MA PI' RAGGIA

I tifosi catanesi rispolverano un antico proverbio ("L'uccello in gabbia non canta per amore ma per rabbia") riferendosi all'aquila, simbolo del Palermo, e alla "gabbia" del settore ospiti. (Catania-Palermo 2002/03)

NOI GIACOMO, VOI GIOVANNI... E ALDO?

Striscione etneo nel derby di Sicilia. Nel Catania gioca Giacomo Tedesco, nel Palermo milita il fratello Giovanni. (Catania-Palermo 2008/09)

IL DERBY? MA NON ERA UN SUCCO DI FRUTTA?

Striscione napoletano. (Napoli-Salernitana 2002/03)

TUTTI IN MAGLIA DI COTONE

Striscione pistoiese nella sfida contro Prato, capitale italiana della lana. (Pistoiese-Prato 1994/95)

GRAZIE PER L'ALLENAMENTO A PORTE APERTE

Striscione napoletano nel derby di Coppa Italia contro la Salernitana terminato 3 a 1, stagione 2008/09.

Nell'intervallo del derby tra Cosenza e Catanzaro (stagione 2008/09), con trasferta vietata agli ospiti, tre tifosi catanzaresi hanno sorvolato lo stadio San Vito con dei deltaplani a motore, lasciando cadere dei volantini e uno striscione con scritto

LE AQUILE VI SOVRASTANO SEMPRE

Durante la performance volante dei rivali, i cosentini espongono lo striscione

ANCHE I CONIGLI VOLANO

NUN ESTI PAISI, NUN ESTI CITTÀ, ESTI NU BUORGU CHI FICI PIETÀ

Cosentini ai catanzaresi (Cosenza-Catanzaro 2008/09). Traduzione: "Non siete paese, non siete città, siete un borgo che fa pietà".

CERCASI AVVERSARIO DEGNO PER DERBY DECENTE

Striscione catanese. Otto mesi prima gli etnei avevano travolto il Palermo per 4 a 0. Citazione forse involontaria ma quasi letterale di uno striscione del 1995/96 a firma dei tifosi della Civitanovese. (Catania-Palermo 2011/12)

MESCOLIAMO I COLORI: ROSSO + VERDE = MARRONE. SARÀ UN CASO?

I perugini in versione *Art Attack* in Perugia-Ternana 2014/15.

VOSTRO PADRE È SCIALPI, VOSTRA MADRE PLATINETTE

Striscione reggiano. (Reggiana-Parma 2016/17)

OLTRE LA R ANCHE IL CAZZO È MOSCIO

I reggiani in riferimento alla r moscia parmense nel derby emiliano.

A VOI COPPE E DENARI
A NOI SPADE E BASTONI

I reggiani contro il Parma,
squadra molto più titolata della rivale.

VI ODIO PIÙ DELLA SUOCERA

I perugini in Ternana-Perugia 2004/05.

NOI CULI E TANGA
VOI ZAPPA E VANGA

Striscione riminese in Cesena-Rimini, semifinale dei playoff di C1 2003/04. Si mette in risalto goliardicamente la differenza delle due economie: turistica per i riminesi, agricola per i cesenati. L'interesse primario di questi ultimi però è il raggiungimento della finale del 13 giugno, tant'è che espongono:

13/06/04: VOI IN SPIAGGIA A SUDARE
NOI IN CURVA A CANTARE
SPERIAMO CHE PIOVA

SE PESTARE UNA MERDA
PORTA FORTUNA... FATEVI SOTTO!

Striscione parmense in Parma-Reggiana.

DESPERADOS SÌ, MA DALLE SEGHE

Striscione pistoiese contro i Desperados Empoli. (Pistoiese-Empoli 2000/01)

A NOI LE MELE A VOI LE PERE

Striscione cesenate. A Cesena c'è una grande produzione di mele. (Rimini-Cesena 2003/04)

NOI FIGLI DI ACHILLE VOI FIGLI DI TROIA

La popolazione di Chieti, affezionata alla leggenda di Achille, ha consacrato l'eroe sullo stemma della città. (Chieti-Pescara 2002/03)

IN TRASFERTA STRINGO I DENTI CON I SOLDI DEI PARENTI

Due aste parmense. (Piacenza-Parma 2001/02)

NAPOLETANO CHEST TIEN È BELL... NIENT!!!

Striscione salernitano. (Salernitana-Napoli 2001/02)

VI INVIDIAMO IL PANORAMA

Striscione messinese per i dirimpettai.
(Messina-Reggina 2001/02)

PONTE?
FACEMULU CHI VOSTRI CORNA

Messinesi ai reggini nel derby dello Stretto.
(Messina-Reggina 2014/15)

A NOI UNA CURVA,
A VOI UNA DRITTA...
ANDATE A FANCULO

Striscione teatino. (Chieti-Lanciano 2005/06)

NOI SIAMO NEL FORMAGGINO,
I BUI SO' INTORNO

Striscione senese. A Firenze lo spicchio di stadio destinato agli ospiti è chiamato il "formaggino". (Fiorentina-Siena 2004/05)

TERNI
L'ISOLA DEI BAVOSI

Striscione perugino. (Ternana-Perugia 2004/05)

SIETE SIMPATICI COME LA MERDA PESTATA CON LE GEOX

Striscione senese per i viola di Della Valle, proprietario di marchi di calzature TOD'S e Hogan. I senesi sfottono citando il principale brand corrente – Geox – noto per lo slogan "la scarpa che respira". Per gli autori dunque, oltre alla "simpatia" normale del pestare una merda, c'è da aggiungere uno sgradito effetto aerosol.
(Siena-Fiorentina 2006/07)

SALVE SIAMO LA MATEMATICA

Striscione reggino in Reggina-Messina 2005/06.
I siciliani, pur malmessi in graduatoria, sostenevano di non essere ancora retrocessi matematicamente…

NOI SOLO LATTE GRANAROLO

In Parma-Bologna del 2003/04, i bolognesi cavalcano il recente crack Parmalat difendendo il latte cittadino.

IL CAPOLUOGO VI ONORA DELLA SUA PRESENZA

Gli ultras dell'Aquila in trasferta a Pescara.
(Pescara-L'Aquila 2001/02)

MANGIA RICCIARELLI E CAHA PIPPO BAUDO

Striscione viola sugli effetti collaterali dei tipici dolcetti senesi. All'epoca Pippo Baudo e Katia Ricciarelli erano marito e moglie. (Siena-Fiorentina 2006/07)

EEECCCCCC...... ALLERGIA CATANIA!

Striscione della curva del Palermo in occasione del derby di serie B del 19/04/03 con il Catania in piena zona retrocessione.

TUTTA LA VITA RIMINESE? IO NON RESISTEREI UN MESE

Striscione cesenate.
(Cesena-Rimini, playoff C1 2003/04)

BIANCOVERDE, LE CAPRETTE TI FANNO CIAO

Coro salernitano per i cugini avellinesi sulle note di *Heidi*. Lo schema di questa rivalità è: avellinese-montagnaro/pecoraio e salernitano-pesciaiolo. Nel 2016/17 a Salerno, la curva di casa si tinse dei colori rivali per poi srotolare un mega striscione:
CURVA SUD AGNELLINO

MAMMA LI TIRCHI!

Due aste pisano a Lucca. I lucchesi hanno fama di essere i genovesi della toscana.

SE L'AMAZZONIA È IL POLMONE DEL MONDO CARRARA È IL BUCO DEL CULO

Striscione dei massesi "dedicato" ai carrarini. In origine, l'odiosa "dedica" fu rivolta ai napoletani dagli juventini.

FIGLI DI UNA NOTTE DI MEZZ'ESTATE

Striscione dei tifosi del Giulianova nel derby col Teramo. Molti teramani vanno in ferie a Giulianova, da lì l'insinuazione. (Giulianova-Teramo 2007/08)

IL MODENESE È COME IL CESENATE, FIGLIO DI BOLOGNESI IN VACANZA

Striscione bolognese 2015/16.
Insomma, sull'Adriatico non si scherza per niente.

VI SI SEGA L'OMBRELLONI
e
A GIUGNO NON VI SALVA NEMMENO IL BAGNINO

Grossetani a Siena. Sono tanti i senesi ad andare al mare in provincia di Grosseto. (Siena-Grosseto, Coppa Italia 2009/10)

SALUTIAMO LA 3ª SQUADRA DI FIRENZE

Per offendere i rivali, i senesi non esitano a considerare Empoli un sobborgo di Firenze, che oltre alla Fiorentina ha anche la Rondinella. (Empoli-Siena 2001/02)

VOI RONDINELLE NOI CACCIATORI

Striscione atalantino. Il Brescia è conosciuto anche come la squadra delle rondinelle.

LA SAI L'ULTIMA?
LA SALERNITANA

Due aste avellinese, stagione 2002/03. Gli irpini stanno dominando il campionato di C1, e sfottono i cugini che sono ultimi nella categoria superiore. A fine stagione l'Avellino sale in B, la Salernitana retrocede in C1 ma viene ripescata insieme ad altre tre squadre. L'anno seguente, nella partita Avellino-Salernitana, lo scenario cambia, l'Avellino è ultimo e lo striscione viene beffardamente riproposto a parti inverse dai rivali:

LA SAI L'ULTIMA?
L'AVELLINO

CATANZARO: MAL DI TESTA?
VIVIN C2

Striscione dei cosentini dopo l'ennesima mancata promozione in C1 del Catanzaro.

U NAPULILL
È NU GUAPP 'I CARTON!

Striscione salernitano. (Salernitana-Napoli, Coppa Italia 1999/2000)

IERI... WEMBLEY, DOMANI... PENNE

Striscione dei tifosi anconetani rivolto ai bianconeri. L'Ascoli aveva disputato nello storico stadio londinese di Wembley la finale del torneo angloitaliano; i tifosi dell'Ancona auspicano per i rivali un declino immediato e una prossima trasferta a Penne, piccolo paese abruzzese. (Ancona-Ascoli 1994/95)

ARNO RITENTA SARAI PIÙ FORTUNATO

Due aste senese con sciagurato riferimento all'alluvione del '66. (Fiorentina-Siena 2004/05)

7 ANNI IN RISAIA

I novaresi sbeffeggiano i vercellesi parafrasando il film *Sette anni in Tibet.* (ProVercelli-Novara 1997/98)

MA LO STADIO KE L'AVETE PRESO ALL'IKEA?

Ironia viola sulle dimensioni e la struttura del Castellani di Empoli: 19.000 spettatori, una tribuna e una gradinata in muratura e cinque settori disgiunti in ferro. (Empoli-Fiorentina 2006/07).

OCIO AL GATO SPONGIFORME

Striscione veronese per i rivali vicentini, ai quali la tradizione popolare ha affibbiato il nomignolo di "magnagati". Si fa riferimento al morbo della Mucca Pazza, nome comune dell'encefalopatia spongiforme bovina, di cui si registravano i primi casi in quei giorni.
(Verona-Vicenza 2000/01)

SI VIENE ANCHE NOI ALLA VOSTRA FESTA SCUDETTO. QUAND'È?

Tifosi empolesi punzecchiano i viola.
(Empoli-Fiorentina 2015/16)

SIX AND THE CITY

Meme partorito in seguito all'umiliante 1 a 6 inflitto dal City ai cugini dello United nel derby di Manchester dell'ottobre 2011.

Nella stagione 1993/94, per l'incontro Vicenza-Padova (derby veneto tra i più sentiti) incredibilmente la curva vicentina, invece della suggestiva coreografia che sarebbe stata prevedibile, accende una sola torcia e srotola lo striscione:

PADOVANI SFIGATI, PER VOI PIÙ DI UNA TORCIA SON SOLDI BUTTATI!

IL DIVARIO DILAGA, METTO IL DITO NELLA PIAGA

Siamo nel campionato nazionale dilettanti e, come a volte accade, una squadra meno blasonata, il Gladiator di Santa Maria Capua Vetere (CE), è di gran lunga in vantaggio sulla più titolata Casertana. Il Gladiator a fine anno salì in C2. (Gladiator-Casertana 2001/02)

TUA MADRE È L'ANGELO DEL FOCOLARE AL KM 5 DELLA STATALE

Striscione salernitano. (Salernitana-Napoli 2001/02)

NOI CHE GUEVARA VOI CHE MERDE

Striscione anconetano. (Ascoli-Ancona 1994/95)

CE RODE LU CULO

I ternani a Perugia. La prima fila di tifosi ternani si abbassò i calzoni. (Coppa Italia 1999/2000)

2/11/03 AUGURI CADAVERI

Striscione dei tifosi del Cesena. La partita fu disputata proprio il 2 novembre. (Rimini-Cesena 2003/04)

SALENNO 'NCOPP E CCUORN TUOIE, ALLUCC A 'O PADRETERNO

Striscione visto nel derby della provincia di Salerno tra Sarno e Siano. Traduzione: "Salendo sulle tue corna si fa il solletico al Padreterno".

SALERNO È REALTÀ NAPOLI È COMMEDIA

Striscione salernitano. (Salernitana-Napoli 1999/2000)

GLI ANNI PASSANO MA IL DUBBIO RESTA: CU SPACCHIU SITI?

Striscione catanese. Traduzione: "Chi cazzo siete?". Nel corso degli anni Novanta il fallimento del Catania ha fatto vivere un periodo di gloria all'Atletico Catania, secondo club calcistico della città, fuso con la squadra della vicina Lentini, l'Atletico Leonzio, che nel 1992/93 aveva raggiunto la serie C1. L'Atletico Catania tentò di proporsi come prima squadra etnea, potendo già contare sulla presenza in C, ma i tifosi hanno sempre sperato che si ricostituisse "il" Catania. (Catania-Atletico Catania 1999/2000)

LA NOSTRA STORIA
È IMMENSA COME IL CIELO,
SALERNITANA NUVOLA DI PASSAGGIO

Striscione napoletano. (Napoli-Salernitana 2002/03)

VOI L'A14
NOI 14 ANNI IN A

Gli ascolani si difendono dai continui sfottò anconetani che accusano i cugini di non avere neanche l'autostrada.

STATE INGRIFATI?
APPARECCHIATE LU CULU
CHE ARRIVA LA CARNE

Striscione ternano. Gli Ingrifati sono un gruppo ultrà del Perugia. (Ternana-Perugia, Coppa Italia 1999/2000)

MA QUALE ACQUA & SAPONE?
PER VOI CI VUOLE L'ACETONE

Striscione maceratese che commenta l'ipotesi da poco ventilata dell'acquisto della Civitanovese da parte dell'azienda Acqua & Sapone. (Civitanovese-Maceratese 2001/02)

ANCONA, PIÙ SPENDI PIÙ NEL CULO LO PRENDI

I fanesi deridono l'Anconitana, che tutti gli anni allestiva squadroni ma che raccoglieva solo sconfitte tutte le volte che si presentava allo stadio di Fano.

SAN GENNÀ RICORDATI CHE SEI NATO A BENEVENTO

Striscione sannita a Napoli.
(Napoli-Benevento 2017/18)

GLI ULTIMI SARANNO... IRPINI

Striscione salernitano.
(Avellino-Salernitana 2003/04)

PARLI ROMANO GRIDI LITTORIA QUANDO IL TUO POPOLO NON CONOSCE STORIA

Striscione frusinate. I ciociari ironizzano sui recenti natali della città di Latina, fondata in periodo fascista.
(Latina-Frosinone 2002/03)

LA CLASSIFICA VACILLA? PROVATE COI PUNTI BARILLA

Striscione parmense in Parma-Reggiana.
Aggressiva fu la risposta dei reggiani al ritorno:

NOI COI PUNTI BARILLA, VOI COI PUNTI DI SUTURA!

A TU SUORU MELISSA, 100 COLPI 'NTA FISSA

Striscione palermitano. Traduzione:
"A tua sorella Melissa 100 colpi...".
I rosanero sfottono *100 colpi di spazzola prima di andare a dormire*, il pruriginoso bestseller della catanese Melissa P. (Catania-Palermo 2003/04)

ORRICO HAI PREPARATO LA GABBIA? METTICI LI PECURI

Striscione salernitano. Corrado Orrico, trainer degli irpini, faceva allenare le proprie squadre in una gabbia appositamente studiata. (Avellino-Salernitana 1995/96)

QUANDO I MUSSI I VOLERÀ FAREMO EL DERBY IN SERIE A

I tifosi dell'Hellas Verona contro i cugini "poveri" del Chievo. I "mussi" sono gli asini. Il derby in serie A c'è stato eccome… (Derby del 1995/96 in serie B)

PIERONI, PER RIEMPIRE LO STADIO METTICI I MANICHINI

Striscione ascolano. Ermanno Pieroni era il presidente dell'Ancona. (Ancona-Ascoli 2002/2003)

RIDATECI IL CRIC

Striscione brindisino. In uno scontro evidentemente i brindisini hanno tirato un cric contro gli avversari. (Brindisi-Fidelis Andria 2003/04)

TORNERETE IN A...CQUA

Striscione mestrino. (Mestre-Venezia 1983/84)

SIAMO TUTTI UN PO' ANIMALI, MA NON SIAMO TUTTI UGUALI... NOI LEONI, VOI...?

Striscione bresciano contro gli atalantini.

I NOSTRI 30 EURO DI MEDICINE

Il biglietto costa caro? In trasferta a Lecce per il derby, i baresi lanciano l'anatema. (Lecce-Bari 2010/11)

LODI PROVINCIA? NO GRAZIE, MEGLIO IL NUCLEARE

I tifosi del Sant'Angelo Lodigiano nel derby contro il Fanfulla Lodi, dicembre 2010.

INTERISTA SEI COME LA FORFORA: STAI IN TESTA MA FAI SCHIFO

I comaschi nell'anno dello Scudetto nerazzurro 1988/89.

TRANQUILLI OGGI NON VI PICCHIAMO

Striscione interista, lo stesso anno. (Como-Inter 1988/89)

NON SIETE TANTI, SIETE TUTTI

I senesi rinfacciano agli empolesi in trasferta di non essere proprio numerosi...

A NAPOLI PULCINELLA, A BERGAMO ARLECCHINO, A PESCARA IL CHIETINO

Striscione pescarese. (Pescara-Chieti 2002/03)

1926-2002 A.C. FIORENTINA R†POSA IN PACE!

Agosto 2002: l'A.C. Fiorentina fallisce, si costituisce con l'imprenditore Della Valle a tempo di record la Florentia Viola, iscritta al campionato C2. Il primo incontro ufficiale della "nuova" Fiorentina è il derby di Coppa Italia di serie C contro l'odiato Pisa, che militando in C1 può – una volta tanto – guardare il capoluogo dall'alto in basso.

BOLOGNA-MEDICINA IL DERBY SI AVVICINA

Striscione modenese. Mancano quattro partite alla fine, il Bologna ha solo 26 punti e infatti retrocederà in C1. Medicina è un piccolo paese in provincia di Bologna. (Bologna-Modena 1992/93)

NOCERINA, SAVOIA, JUVE STABIA E TURRIS... PACCO, DOPPIOPACCO E CONTROPACCOTTO

Striscione dei tifosi della Cavese ai propri nemici storici. Si cita l'omonimo film a episodi di Nanni Loy, una grottesca antologia di truffe d'autore.

FOLZA PLATO

Striscione pistoiese. A Prato vive una grossa comunità cinese. (Prato-Pistoiese 1992/93)

GUIDOLIN, UNO DI NOI

Striscione modenese. La domenica precedente Francesco Guidolin, allenatore del Bologna, era stato beccato dalle telecamere mentre urlava verso la tribuna della sua squadra "Città di merda". (Modena-Bologna 2002/03)

TITTI L'UNICO CANARINO CHE SI SALVA...

In un derby, i reggiani minacciano i modenesi (detti canarini).

I' PALIO FA CAARE

Campanilismo sacrilego degli empolesi.
(Empoli-Siena 2000/01)

0862 PREFISSO X LA C2

Striscione del Teramo. 0862 è il prefisso dell'Aquila.
(Aquila-Teramo, serie C1 2002/03)

MASSA... RETE RIDICOLI?

Gioco di parole pisano per i "cugini" massesi.
(Pisa-Massese 2005/06)

TSUNARNO

Caustico striscione senese. (Siena-Fiorentina 2004/05)

FM... COME LA FREGNA DE MAMMETA

Striscione ascolano. La città di Fermo – che fino al 2009 sarà in provincia di Ascoli Piceno – già rivendicava lo status di provincia proponendo FM come sigla. (Fermana-Ascoli 2001/02)

SCHIAVI DELL'OVONDA

Striscione senese per i viola, ottobre 2004.
L'Ovonda è stata per anni l'incubo del traffico fiorentino.
Un percorso obbligato a forma ovoidale intorno
allo snodo cruciale della Fortezza Da Basso,
in attesa del completamento della nuova viabilità.

PER DARVI UNA MANO VI ABBIAMO RIEMPITO LO STADIO...

Striscione potentino esposto a Matera
nel derby lucano del 1993/94.

SIENA CLUB VITTORIO CECCHI GORI GRAZIE DI TUTTO

Striscione senese stagione 2001/02. Classico esempio
di tifo "contro", si inneggia a chi con la sua gestione
aveva contribuito alla retrocessione in B
dei rivali storici fiorentini.

NOI 12° IN CAMPO, VOI 12 IN TUTTO

Striscione cesenate. (Cesena-Rimini,
playoff C1 2003/04)

QUANDO PENSO AI VIOLA VO A CAÀ NELL'AIOLA

Striscione empolese. (Empoli-Fiorentina 2006/07)

NAPOLI 1943, SBARCO DEGLI ALLEATI: NASCONO GLI ESPOSITO

Striscione salernitano. Esposito, uno dei più diffusi cognomi napoletani, era anticamente dato ai trovatelli esposti, cioè abbandonati dai genitori. (Salernitana-Napoli, Coppa Italia 2003/04)

AAA CERCASI DEGNO RIVALE PER VERO DERBY

Striscione civitanovese. (Civitanovese-Maceratese 1995/96)

VOI DELL'ALTRA SPONDA: RICCHIONI!

Striscione lecchese nel "derby del lago". (Lecco-Como 1999/2000)

SE VOI SIETE LA STORIA, MEGLIO PERDER LA MEMORIA

Striscione del Chievo contro i tifosi dell'Hellas che, un po' snob verso i rivali, hanno sempre sostenuto di aver fatto la storia del calcio a Verona. (Chievo-Hellas Verona 2001/02)

E GLI ALTRI?

Striscione cosentino. Evidentemente i cosentini si aspettavano più tifosi ospiti (Cosenza-Catanzaro, Coppa Italia 1997/98).

PERCHÉ DOPO 3 MESI? ZAMPOGNARI E ZINGARELLI ARRIVANO A NATALE!

Striscione salernitano. (Salernitana-Avellino 1995/96, disputata il 10 marzo)

DOPO LE PANCHINE DI SALERNO NAPOLI E AVELLINO TI RIMANE SOLO QUELLA DEL LUNGOMARE

Striscione salernitano per Zdeněk Zeman, allora allenatore irpino e già mister del Napoli e della stessa Salernitana. (Avellino-Salernitana 2003/04)

PIÙ PASSA IL TEMPO, PIÙ INGIALLITE

(Pistoiese-Prato 1994/95) I pistoiesi ai pratesi, che ospitano una delle più grandi comunità cinesi d'Italia.
I pratesi si difendono rispondendo tempo dopo:

MEGLIO GIALLI CHE ARANCIONI

cioè "Meglio cinesi che pistoiesi", l'arancione è il colore sociale della Pistoiese. (Pistoiese-Prato)

IN PALIO LE VOSTRE MAMME

Striscione viola. (Fiorentina-Siena 2004/05)

EMPOLI SENZA STORIA E SENZA TARGA

Striscione viola in Fiorentina-Empoli 2005/06.
Immediata la risposta empolese in difesa della qualità della vita di una piccola cittadina:

MEGLIO SENZA TARGA CHE A TARGHE ALTERNE

CI STATE SNOBBANDO O FATE COSÌ CAGARE?

Striscione modenese per i bolognesi.
Nel derby dell'anno precedente questi ultimi non avevano preparato coreografie e non avevano tifato nel primo tempo per rimarcare la loro indifferenza nei confronti dei primi.
(Modena-Bologna 2003/04)

VU SERVIHE SOLO PE ANDÀ IN SARDEGNA

I fiorentini riducono la funzione di Livorno a quella di mero imbarcadero per l'isola.
(Livorno-Fiorentina 2005/06)

Uno dei gruppi portanti del tifo nocerino si chiama "Estranei alla massa". In occasione del derby di Coppa del 1997/98, i tifosi della Cavese espongono uno striscione con il quale ribattezzano il gruppo rivale:

ESTRANEI ALLA CIVILTÀ

A SALERNITANA È COMME 'O PUORCO: DURA 'N ANNO

Striscione napoletano seguente la retrocessione in serie B della Salernitana nella stagione 1998/99, dopo un solo anno di permanenza nella massima serie.
(Napoli-Monza 1998/99)

IN CONTRADA SÌ... MA VANESSA

I viola ironizzano sul palio di Siena e sulla divisione della città in 17 contrade.
(Siena-Fiorentina 2004/05)

RAVENNATI ROMAGNOLI TAROCCATI

Striscione cesenate.

DIME PORCO DIME CAN, MA MAI FURLAN

A un triestino al limite puoi offendergli la mamma ma guai a chiamarlo friulano.
(Triestina-Udinese, "amichevole" 2001/02)

SIETE COME I BASTONCINI (RI)PESCATI E SURGELATI

Striscione empolese. Per Calciopoli la Fiorentina in primo grado era stata condannata alla retrocessione in B, dopodiché era stata fatta partire da –15 punti nel campionato di serie A. (Empoli-Fiorentina 2006/07)

CON NOI SEI STATO SFORTUNATO: 4 TRASFERTE IN UN CAMPIONATO

Gli esodi cesenati a Rimini sono stati così massicci che – secondo gli stessi tifosi cesenati – le quattro partite con il Rimini, due di campionato e due di playoff, si sono trasformate in incontri "casalinghi". (Cesena-Rimini, playoff C1 2003/04)

ESISTI SOLO IN TEORIA... MA DI FATTO NON SO CHI TU SIA

Striscione salernitano per il tifoso avellinese.

CON I PUNTI DEL SUPERMERCATO NON SI VINCE IL CAMPIONATO

Striscione pavese nel derby Voghera-Pavia 2000/01 di serie D. Lo sponsor del Voghera – la catena di supermercati SuperGulliver – regalava biglietti omaggio ai clienti che avevano raccolto un tot di punti/premio.

NATI IN BARCA

Due aste trevigiano per i veneziani. (Venezia-Treviso 2004/05)

LECCO VI AUGURA LA B... S.E.

In epoca di morbo della Mucca Pazza (Bovine Spongiform Encephalopathy – BSE), i lecchesi così camuffano gli auguri ai rivali comaschi in lotta per la B. (Lecco-Como 2000/01)

RETRO (SEGUE DISEGNO DI TRE CESSI)

Striscione "rebus" dei tifosi dell'Ancona rivolto agli ascolani. (Ancona-Ascoli 1994/95)

PEGGIO DEL LUNEDÌ? FARE PROVINCIA CON FORLÌ

Striscione riminese. (Cesena-Rimini 2022/23)

FORTITUDO MEA IN... FUGA

I massesi deformano il motto carrarese "*Fortitudo mea in rota*". (Massese-Carrarese 1992/93)

NOI SERIE B TIM, VOI SERIE B TAR

Gli avellinesi si riferiscono all'inusitato ripescaggio della Salernitana dell'estate precedente. (Avellino-Salernitana 2003/04)

PRATESE PIÙ VELOCE DI PATRESE

I pistoiesi ai pratesi. Riccardo Patrese è un ex pilota di Formula 1.

ECOSISTEMA: CATALIZZATE I NAPOLETANI

Striscione salernitano della fine degli anni Ottanta che fa riferimento alle ecologiche marmitte catalitiche da poco diventate obbligatorie.

SLEGATE LU PORCU

I ternani ai perugini. (Ternana-Perugia 2004/05)

ODIO IL CACCIUCCO E BACCALÀ, MEGLIO LA MINESTRA COL DADO

Striscione senese a Livorno. (Livorno-Siena 2005/06)

IL LUPO PERDE IL PELO... E ANCHE IL DERBY

Striscione napoletano per i lupi avellinesi.

BELLO QUESTO PARCHEGGIO

Striscione empolese allo stadio di Siena. Il Franchi di Siena infatti, già *Rastrello*, fatto salvo per i lavori di ampliamento per la promozione in A, è sempre stato piccolo e ubicato in modo infelice per gli ospiti: centralissimo, a ridosso della Fortezza, circondato dal parcheggio auto più ambito per recarsi in Piazza del Campo. (Siena-Empoli 2000/01)

BOSKOV GRAZIE DEL DERBY

Striscione sambenedettese il giorno che l'Ascoli, sotto la guida di Boškov, retrocesse in B alla fine del campionato 1984/85, "raggiungendo" così i cugini.

LU TAGADÀ VI DA A MAGNÀ

I tifosi del Chieti sul luogo comune del pescarese giostraio.
Il tagadà è una nota giostra meccanica.
(Pescara-Chieti 2002/03)

WHISKAS

Striscione veronese per i vicentini, ai quali la tradizione popolare ha affibbiato la nomea di *magnagati*.
(Verona-Vicenza 2000/01)

BABBO ANDAVA A TROIE. SAREMO FRATELLI?

Dilemma senese per i viola,
in Siena-Fiorentina 2004/05.

RISOLTO IL PROBLEMA RIFIUTI: NOCERA DISCARICA

Striscione dei tifosi del Savoia.
(Savoia-Nocerina 1999/2000)

OGGI 2° SET, BATTETE VOI?

In Livorno-Siena 2005/06 i senesi sfottono i padroni di casa. Ne hanno ben donde, visto che l'anno precedente avevano vinto 6 a 3.

ROTOLONI REGGINA

Striscione messinese. La compagine calabrese come la carta igienica. (Reggina-Messina 2005/06)

U' CAVALLUCC' C'HA MIS' 'NCUL O' CIUCC'

Il cavalluccio marino è il simbolo salernitano, il ciuccio è l'asino del Napoli.

EMPOLESI INVISIBILI

I senesi la settimana dopo Empoli-Siena. (Siena-Parma 2003/04)

PONTE? NO GRAZIE, VOGLIAMO UNA DIGA CHE CI DIVIDA

Striscione messinese in Reggina-Messina 2001/02. Al ritorno, con la Reggina lanciata verso la A e il Messina nei bassifondi, i reggini replicano con:

QUESTA È LA DIGA CHE C1 DIVIDE

IL PANFORTE 'UN LO MANGIA NEMMENO IL MAIALE

Sentenza fiorentina sul tipico dolce senese.
(Siena-Fiorentina 2006/07)

FORZA BAULI

I tifosi dell'Hellas Verona pur di andare contro il Chievo, la cui società è di proprietà del titolare della Paluani, fanno il tifo per la concorrenza.

IL FRANCESE, LO SPAGNOLO, L'AMERICANO... MA SEI SICURO DI ESSERE NAPOLETANO?

Striscione salernitano. Si rammentano ai partenopei le varie dominazioni e occupazioni susseguitesi nella storia del capoluogo campano. (Salernitana-Napoli 2001/02)

PER AGLIANA USCITA PRATO OVEST

Striscione pratese per i fiorentini seguente la retrocessione di questi ultimi in C2, a sottolineare l'umiliazione viola che dopo dieci giorni avrebbero dovuto andare in trasferta ad Agliana (Pt), raggiungibile per l'appunto uscendo dalla A11 a Prato Ovest... (Florentia Viola-Prato, Coppa Italia 2002/03)

GNOCCO FRITTO 3
PIADINA 0

Striscione dei tifosi del Carpi (Mo) a Cervia (Ra), stagione 2006/07. In campo è andata ancora meglio: il Carpi ha vinto 5 a 0.

VIENI AVANTI...
CHIETINO

Striscione pescarese. (Chieti-Pescara 2001/02)

PROBLEMI DI INSONNIA?
CONTATEVI LE PECORE

Striscione sannita per gli avellinesi. (Benevento-Avellino 2004/05)

INCREDIBILE AL DEL DUCA:
L'ANCONA AL DERBY CON I TIFOSI
AL SEGUITO!!

Striscione ascolano. Il Cino e Lillo Del Duca è lo stadio di Ascoli. (Ascoli-Ancona 2002/03)

MONZESI VIA DAI SEMAFORI

Striscione dei tifosi della Pro Sesto.
(Pro Sesto-Monza 1993/94)

VU AVETE PIÙ CONTRADE CHE PUNTI IN CLASSIFICA

Fiorentini ai senesi. Peraltro, il Siena in quel campionato partì con sei punti di penalizzazione.
(Fiorentina-Siena 2012/13)

DATEVI ALL'ITTICA

Striscione teatino. (Pescara-Chieti 2002/03)

1260: NOI TIFAVAMO PER L'ARBITRO

Gli empolesi si riferiscono alla battaglia di Montaperti tra Siena e Firenze, celebrata anche nella *Divina Commedia*. Odiando entrambe le città, tifavano per il direttore di gara!
(Empoli-Siena 2003/04)

CUCÙ... MA NON DOVEVAMO VEDERCI PIÙ?

I salernitani dopo la retrocessione del Napoli.
(Salernitana-Napoli 2001/02)

I LUPI CATTIVI? SOLO NELLE FIABE...

Striscione reggino. I cosentini sono i "lupi". (Cosenza-Reggina 2001/02)

CHI NON MUORE SI RIPESCA

Il Vittoria era stato ripescato nel Campionato Nazionale Dilettanti. (Ragusa-Vittoria 2003/04)

SIAMO TIFOSI ROSSOBLÙ, MA IN QUESTI ANNI NE ABBIAMO FATTE DI TUTTI I COLORI

I tifosi di Sassari nel quindicesimo anniversario della nascita del gruppo ultrà Indians. (Torres-Olbia 1997)

IL VOSTRO SIMBOLO = LA VOSTRA CULTURA

Striscione salernitano. Il simbolo del Napoli è il *ciuccio*, il somaro. (Salernitana-Napoli 2002/03)

CIRCO CITTÀ DI CATANIA ESIBIZIONE DI ELEFANTI, CONIGLI E PAGLIACCI: SPETTACOLO CONTINUATO

Striscione messinese. L'elefante è il simbolo di Catania. (Messina-Catania 1998/99)

DIO NON SALVI LA REGGINA!

Striscione cosentino. (Cosenza-Reggina 1995/96)

SENZA RANCORE, LO DICE ANCHE IL NOME: NOCERA INFERIORE

Striscione cavese. (Cavese-Nocerina, Coppa Italia 1997/98)

PAMPERS FRONT ULTRASSORBENTI

Striscione dei pisani contro l'allora gruppo leader ultrà lucchese, i Panthers Front. (Anni Novanta)

CRISTO SI È FERMATO A EBOLI PER NON VEDERE POTENZA

Striscione materano. (Matera-Potenza 2000/01)

... CHE DIO V'ACCONTENTI

Striscione pisano. È la risposta che, negli anni, i pisani hanno cominciato a dare a chi ripete che "è meglio un morto in casa che un pisano all'uscio". (Pisa-Lucchese 2000/01)

C1 SIETE

Striscione anconetano in Ancona-Ascoli 1994/95 di serie B. L'Ascoli è nei bassifondi e a fine stagione retrocederà veramente in C1.

LECCE CUCÙ MONDIALI IN TV

Striscione barese del 1988. Tra le città designate sedi delle partite di Italia '90 c'era Bari e non Lecce.

Seconda parte

PERSONALI

Tutti contro tutti

BISIO PORTALI A ZELIG

Striscione dei tifosi anconetani rivolto ai propri giocatori. (Ancona-Empoli 2003/04)

A' RENATO, RIDACCE COCHI

Striscione romanista del 1989 rivolto al proprio giocatore brasiliano Renato Portaluppi, ala più esuberante a letto che sulla fascia. Si riferisce a Cochi Ponzoni e Renato Pozzetto, storico duo comico milanese.

LIPPI VOLEVI CARTA BIANCA: ECCOLA

Striscione interista accompagnato da un lancio di carta igienica dalla Nord. I tifosi nerazzurri ricordano al tecnico juventino la breve e poco redditizia parentesi come allenatore dell'Inter. (Inter-Juventus 2001/02)

HIGUAIN CAMBI PIÙ MAGLIE CHE MUTANDE

Nel 2016 Gonzalo Higuaín, dopo tre stagioni travolgenti col Napoli, passa alla Juve. Dopo tale affronto, un tifoso partenopeo commenta il nuovo trasferimento dai bianconeri al Milan. (Settembre 2018)

QUANDO MANGIO LAMELA PJANIC GAGO TRANQUILLO

Striscione romanista. *Coinvolti* nell'evacuazione i giocatori giallorossi Erik Lamela, Miralem Pjanić e Osvaldo Gago. (Roma-Parma 2011/12)

FRATELLI DELLA VALLE... DI LACRIME. ANDATEVENE

Monta la contestazione nei confronti della proprietà viola. (Fiorentina-Cagliari 2016/17)

E ADESSO LIPPI MANTIENI LA PROMESSA: SPINGI IL PASSEGGINO

Lippi ebbe una parentesi poco felice all'Inter. A inizio stagione il mister aveva promesso che in caso di fallimento si sarebbe dedicato a fare il nonno. Questo striscione fece parte del "comitato d'accoglienza" nerazzurro in occasione di un suo ritorno a San Siro. (Inter-Juventus 2003/04)

C'È GIGI?

Striscione bianconero in occasione del rientro di Buffon dopo un serio infortunio e mutuato dallo spot di una nota marca di gelati.
(Juventus-Fiorentina, Coppa Italia 2005/06)

WATER KLOSET

Due aste viola per l'attaccante laziale Miro Klose.
(Fiorentina-Lazio 2011/12)

W LE CASE KLOSE

Due aste laziale. (Lazio-Roma 2011/12)

REJA, REJA, ALALÀ

Due aste laziale nostalgico del Ventennio dedicato a Edy Reja, mister biancazzurro. (Roma-Lazio 2011/12)

VE NE FAMO ODDO

Massimo Oddo, difensore laziale. Ottimistico proclama romanista prima di Roma-Lazio 2005/06. Risultato... 1 a 1.

NESTA NON DISPERARE ALLA PLAY TI PUOI RIFARE

Striscione juventino. Nesta nell'ottobre 2005 accusa la slogatura di un pollice, il medico sociale del Milan dà la colpa alla troppa PlayStation, il difensore ha sempre negato.
(Milan-Juventus 2005/06)

Variazione sul tema:

NESTA SI FA UN MATCH?

Striscione viola raffigurante la console della PlayStation.
(Fiorentina-Milan 2005/06)

BARBA O CAPELLI? OSVALDO!

Lo striscione romanista per il proprio attaccante italo-argentino Osvaldo è una citazione cinematografica. Nel film *Lo chiamavano Bulldozer* (1978), il ricettatore Osvaldo si nasconde nel retrobottega di un barbiere, Bud Spencer si presenta nel negozio e lo scambio di battute in questione è l'inizio dell'ennesima epica rissa.
(Roma-Atalanta 2011/12)

1
X
DONI

Due aste juventino dedicato alla bandiera dell'Atalanta Cristiano Doni, squalificato per tre anni e mezzo per il calcio scommesse. (Atalanta-Juve 2011/12)

DONI CI $EI O CI $NAI?

Striscione milanista. (Atalanta-Milan 2011/12)

DONI, FIN DA PICCOLO NE COMBINAVA TANTE

Un tifoso bolognese si improvvisa biografo. (Bologna-Atalanta 2011/12)

NESTA MALDINI STAMINCHIA CHE DIFESA

Jaap Stam centrale olandese. Due aste milanista per la prima di campionato. (Milan-Livorno, settembre 2004)

MATERAZZI SEI L'UNICO STRANIERO CHE GIOCA NELL'INTER

Ironia palermitana sull'eccessiva multietnicità nerazzurra. (Palermo-Inter 2005/06)

LUCARELLI DA DI' DÉ A DI' DÀ C'È UNA BELLA DIFFERENZA

Striscione livornese per la propria bandiera Cristiano Lucarelli in procinto di passare agli ucraini dello Shakhtar Donetsk. Il calembour vive sull'assonanza tra la tipica interiezione livornese *de'* e il sì in lingua russa.

RONALDO CURATI LA VISTA NON I CAPELLI

Striscione livornese rivolto al brasiliano Ronaldo; in patria per recuperare da un infortunio al ginocchio, il milanista, testimonial di un riscostituente per capelli, nell'aprile 2008 viene trovato in compagnia di tre transessuali. Il Fenomeno dichiarò alla polizia che inizialmente era convinto che fossero ragazze, non accorgendosi della reale identità dei tre.

GALLIANI PORTA RONALDO DA DR. HOUSE

Striscione milanista 2007/08: per il brasiliano – vittima di numerosi infortuni – non resta che sperare nel medico della serie tv.

RINUNCIO ALLA 13° PER AMAURI IN ROSANERO

I palermitani sono pronti a tutto per rinnovare il contratto al loro bomber. (Palermo-Catania 2007/08)

C'HAI SOLO UN DIFETTO, TE CHIAMI FILIPPO

Due aste relativo al coro dei tifosi romanisti per lo zazzeruto e biondissimo difensore giallorosso Philippe Mexès. Sull'aria della hit di Loredana Bertè la curva in quegli anni intona: "Sei bellissimaaa, sei bellissimaaaa, c'hai solo un difetto, te chiami Filippo". (Roma-Napoli 2007/08)

700 DONNE PER CASSANO, MA IL CERVELLO È ANCORA VERGINE

Due aste bolognese. Nella sua autobiografia Cassano aveva rivelato di aver avuto nella sua vita tra 600 e 700 donne. (Bologna-Sampdoria 2008/09)

MASCARA PEPPESTATION

I catanesi coniano una nuova console di videogiochi in onore del loro fantasista Peppe Mascara. (Catania-Lazio 2008/09)

DIDA FACCI ACCENDERE

Striscione juventino: nel derby di Champions gli interisti bersagliarono il portiere rossonero Dida con un fitto lancio di torce. (Milan-Juventus 2005/06)

HALLOWEEN: PER ZUCCA VUOTA CHIEDERE A BALOTELLI

Striscione bolognese. (Bologna-Atalanta 30 ottobre 2011)

DIAMANTI È PER SEMPRE, ROBINHO È BIGIOTTERIA

Un tifoso felsineo preferisce il fantasista rossoblù all'attaccante milanista. (Bologna-Milan 2011/12)

RENZI, PER QUALSIASI COSA SIAMO ALLO STADIO

Appeso sulla sede del PD di Foggia. Quel giorno era programmata la visita in città del segretario Renzi. (Foggia-Ternana, 2016/17)

IL MONDO È BELLO PERCHÉ È MARIO

Due aste juventino per Mario Mandžukić. (Samp-Juve 2016/17)

SOTTO IL SOLE, SOTTO IL SOLE, C'È CUTRONE, C'È CUTRONE

Il coro milanista adatta *Riccione* dei Thegiornalisti al proprio attaccante Patrick Cutrone. (Empoli-Milan 2018/19)

LA LEGGE NON È UGUALE PER CUCCHI

Striscione granata per Stefano Cucchi il cui omicidio, nel 2009, è stato al centro di numerosi procedimenti giudiziari. (Torino-Atalanta 2014/15)

L'UOMO DISCENDE DA GATTUSO

Striscione laziale d'ispirazione darwiniana. (Milan-Lazio 2002/03)

CLONATE GATTUSO

Striscione "genetico" milanista. (Milan-Messina 2005/06)

GATTUSO BESTIA DI SATANA

Striscione interista riferito alla presunta somiglianza tra Gattuso e un esponente della famigerata setta satanica. (Milan-Inter 2004/05)

A LIVERÀ SE RIBBECCAMO AR CIRCO MASSIMO

Messaggio romanista per il fantasista Liverani, tifoso giallorosso, in forza al Perugia, in Roma-Perugia 2000/01, l'anno dello Scudetto romanista.

REAL MADRID GRAZIE PER PORTARE VIA LA SPAZZATURA

Striscione romanista dopo il discusso trasferimento di Cassano al Real Madrid. (Lazio-Roma 2005/06)

SENZA VIDAL PUZZO

Malinconica conclusione alla quale giunge uno juventino, orfano del jolly bianconero Arturo Vidal, stagione 2011/12.

CARRERA? UNN'ERAN BONI NEMMENO I JEANS

Striscione viola. Per la squalifica comminata all'allenatore juventino Conte e al suo secondo Alessio – in seguito a un'omessa denuncia risalente alla loro guida tecnica del Siena – nella prima parte del 2012/13 è l'ex bianconero Massimo Carrera a guidare la Juve dalla panchina. (Fiorentina-Juve 2012/13)

MESSI A NOVANTA

I milanisti e un raffinato gioco di parole su Leo Messi in Milan-Barcellona, andata degli ottavi di Champions 2013.

GALLIANI RIMBORSAMI LE FERIE

Striscione interista. Nell'estate 2012 l'amministratore delegato del Milan decise di risarcire i tifosi che avevano sottoscritto l'abbonamento prima delle cessioni di Ibrahimović e Thiago Silva. (Inter-Siena 2012/13)

MORATTI: ALL'OLIMPICO 6 A 2 PASSI DAL CENTRO

Striscione romanista dopo Roma-Inter finale di Coppa Italia 2006/07, finita 6 a 2. (Roma-Torino 2006/07)

È PIÙ FACILE VEDERE GALLIANI CON LA PERMANENTE CHE FAR SPENDERE SOLDI AL PRESIDENTE

Striscione milanista rivolto alla propria dirigenza. Galliani è stato per lunghi anni il leggendario amministratore delegato della società presieduta da Silvio Berlusconi. (Milan-Fiorentina, Coppa Italia 2000/01)

L'UCCELLINO, L'EPO, LA FLEBO, AGRICOLA: MA UN PO' DI TOPA?

Pragmatismo livornese. Riccardo Agricola
è il medico sociale bianconero, unico condannato
in primo grado al processo doping.
(Livorno-Juventus 2004/05)

TOTTI 108 GOL SICURI, DI CANIO 100 CAPELLI CIRCA

Striscione romanista. Totti aveva da poco stabilito
il record di cannoniere più prolifico
della storia giallorossa con 108 gol.
(Lazio-Roma 2004/05)

ME SO STRAPPATO ER LENZOLO DER LETTO PE DITTE FRANCÈ AUGURI

Un romanista vandalo nel giorno del compleanno di Totti.
(Roma-Verona 2014/15)

SI DICA CHE HO VISSUTO AL TEMPO DI TOTTI

e

SPERAVO DE MORÌ PRIMA

Striscioni nel giorno dell'addio al calcio di Francesco Totti. (Roma-Genoa 2016/17)

SPERAVO DE USCÌ DOPO

Meme raffigurante un CR7 affranto, dopo l'eliminazione della Juve dalla Champions del marzo 2021.

RONALDO MI REGALI UN'ORA DI STIPENDIO CHE CI VO AVANTI DU' MESI?

Striscione viola. (Fiorentina-Juve 2018/19)

– RENZI + FLORENZI

Alessandro Florenzi allora difensore della Roma. Scritta su un muro capitolino, 2015.

PER DIGERIRE MEGLIO LE SCONFITTE USARE CITRO-SODINHA

Tifosi del Livorno sulla coppia di attaccanti del Trapani Nicola Citro e Felipe Sodinha, 2015/16.

MEGLIO DZEKO
CHE GOBBO

Tifoso della Roma per il proprio bomber.
(Roma-Juve 2015/16)

UFFICIALE. COLPO TORINO: PRESO N'KOULOU DAL LIONE

Lancio su alfredopedulla.com, 5 agosto 2017.

CAIRO: N'KOULOU ME LO TENGO

Titolo vero di *Tuttosport* sul centrale granata
Nicolas N'Koulou, aprile 2018.

TORINO:
SARR LO MANDA N'KOULOU

Recidiva, maggio 2018.

PIPPO
E SONO FELICE

Due aste rossonero dedicato a Inzaghi.

IERI VIERI E LA VELINA, OGGI VIERI E LA PANCHINA

Striscione interista, Vieri è appena passato dall'Inter al Milan e gli interisti ironizzano sulle sue scelte...
(Inter-Milan 2005/06)

DEL PIERO PARLA CO' 'STO PICCHIO

Striscione ascolano. Il picchio è il simbolo dei marchigiani.
(Ascoli-Juventus 2005/06)

HA PRESO PIÙ PUNTI DEL PIERO IN 10 MINUTI CHE L'INTER IN 10 GIORNATE

Striscione juventino. La settimana precedente Del Piero in seguito a un calcio in faccia fu suturato con otto punti.
(Roma-Juventus 2011/12)

DEL PIERO ATTENTO ALL'AVIARIA, PER IL TUO UCCELLINO NON TIRA BUONA ARIA

Striscione messinese. (Messina-Juventus 2005/06)

PUNTURICCHIO

Del Piero fu ribattezzato Pinturicchio dall'avvocato Agnelli. L'allusione romanista è al processo Juventus per doping.
(Roma-Juventus 2004/05)

PINTU-RICCHIONE

Striscione viola.

1 X TUTTI, 5 X TOTTI

Striscione doriano sulle cinque giornate di squalifica comminate a Totti dopo il cazzotto a Colonnese del Siena.
(Sampdoria-Roma 2004/05)

MAGNO SOLO COR CUCCHIAIO

Striscione romanista in onore di Totti.
(Roma-Udinese 2004/05)

PIPPO E SONO KAKAINOMANE

Due aste milanista.

UN DERBY SENZA TOTTI È COME UN CAPODANNO SENZA BOTTI

Striscione romanista. (Lazio-Roma 2005/06)

TONI LAVATI LE ORECCHIE

Sfottò livornese sul tipico modo di esultare di Toni dopo un proprio gol.
(Livorno-Fiorentina 2005/06)

TOTTI COME ER PANE

Due aste romanista.

ALEX TUTTA ITALIA SI INCHINA AL TUO UCCELLO

Striscione juventino nel giorno della festa Scudetto 2005.
(Juventus-Cagliari 2004/05)

PIPPO ANCHE IL VENERDÌ SANTO

Striscione milanista nel derby disputato proprio il venerdì di Pasqua, nell'aprile 2006. Pippo è Inzaghi.

GRUPPO GIN TONI

I viola ebbri del proprio bomber Luca Toni.
(Inter-Fiorentina 2005/06)

CASSANO SCAFISTA

Striscione laziale in Roma-Lazio 2002/03.

A POULSEN J'AI SPUTATO A DI CANIO MENAJE

Striscione romanista rivolto a Totti. (Lazio-Roma 2004/05)

DI CANIO LORD D'OLTREMANICA, TOTTI SIR DE TOR VAIANICA

Striscione laziale. Il laziale Paolo Di Canio
ha giocato a lungo in Inghilterra.
(Lazio-Roma 2004/05)

CASSANO ILLUMINACI: DATTI FUOCO

Striscione milanista.
(Milan-Roma, Coppa Italia 2002/03)

SIETE COME INZAGHI: SUPERPIPPE

Striscione interista.

LOTITO COMPRACE VANIGLI

I laziali spietati chiedono al proprio presidente di acquistare *ad honorem* il giocatore empolese reo dell'entrata che costò a Totti la rottura del perone. (Lazio-Roma 2005/06)

VANIGLI MUORI

Stavolta sono i tifosi romanisti a entrare a gamba tesissima sul difensore empolese. (Lazio-Roma 2005/06)

TOTTI BANDIERA DI CANIO ASTA

Striscione romanista. (Lazio-Roma 2004/05)

DEL PIERO PARLA CON L'UCCELLO, MORATTI CON TANTI COGLIONI

Striscione milanista in un derby.

TOTTI COL TUO CUCCHIAIO CI MANGIAMO LA PIGNATA

Striscione leccese. La domenica precedente, Totti ha fallito un rigore contro i salentini tirandolo "a cucchiaio".
La pignata è una purea di fagioli tipica della cucina leccese.
(Lecce-Cagliari 2004/05)
Sullo stesso episodio i livornesi hanno scritto:

DOPO IL CUCCHIAIO FACCI IL BRODINO

(Livorno-Roma 2004/05)

Parma-Roma 2003/04: su uno striscione giallorosso rivolto agli imprenditori romani, rei di non aiutare la società in difficoltà, emerge un errore ortografico – iNprenditori – subito arriva il coro parmigiano:

COME CASSANO, SCRIVETE COME CASSANO...

DEL PIERO ORNITOLOGO

Striscione bergamasco.
(Atalanta-Juventus 2004/05)

DIO È NATO A BARI IL 12-7-82

Striscione romanista per Antonio Cassano.
Sfida al lettore: perché la mamma di Cassano era troppo impegnata per darlo alla luce il giorno prima?
(Roma-Parma 2004/05)

TOTTI VUOLE UNA SQUADRA AL SUO LIVELLO? DI CANIO GIÀ CE L'HA

Striscione romanista che riprende il passaggio di una intervista al capitano giallorosso.
(Lazio-Roma 2004/05)

DEL PIERO CON GLI UCCELLINI LAPO CON GLI UCCELLONI

Striscione viola. (Fiorentina-Parma 2005/06)

NON C'È TRIPPA PER GATTI

Striscione dei romanisti a Perugia.
Fabio Gatti era un centrocampista umbro.

COME STANNO 'STI GOBBI OGGI? MOGGI MOGGI

Striscione laziale. Moggi è il general manager della Juventus, a cui la Lazio aveva appena soffiato lo Scudetto. (Inter-Lazio, Coppa Italia 1999/2000)

47 MOGGI CHE PARLA

Scritta su un muro a Roma.

MOGGI MINCHIA CHE BOLLETTA

Striscione interista esposto la domenica dopo l'esplosione di Calciopoli. (Inter-Siena 2005/06)

MOGGI ABBASSA LO SPREAD

Striscione bianconero. Ironica difesa del controverso ex dirigente juventino dall'accusa di essere la causa di tutti i mali. In quel periodo lo Spread (il differenziale tra Bot e Bund tedeschi) è ai massimi livelli e sta mettendo in ginocchio l'economia italiana. (Juve-Fiorentina 2011/12)

PREZIOSI TELEFONA A MIA SUOCERA

Acre striscione doriano. Il 3 ottobre 2005 l'allenatore Franco Scoglio muore in diretta televisiva a Genova poco dopo un battibecco telefonico col presidente genoano Preziosi. (Ascoli-Sampdoria 2005/06)

TI ODIO COSÌ TANTO KE TI HO VENDUTO PURE AL FANTACALCIO

Un palermitano il giorno del ritorno alla Favorita dell'ex bandiera Luca Toni, passato nove mesi prima ai viola con relativo sdegno dei tifosi rosanero.
(Palermo-Fiorentina 2005/06)

DEL PIERO PARLA AGLI UCCELLI COME JESSICA RIZZO

Striscione romanista che reinterpreta una battuta di Corrado Guzzanti.
(Juventus-Roma 2004/05)

MANCINI RIPORTA I CAPELLI A MAL

Parallelo tricologico senese tra l'allora allenatore dell'Inter campione e il cantante di *Furia*.
(Siena-Inter 2006/07)

IULIANO HAI TROVATO UNA LETTERINA, HAI PERSO IL VOCABOLARIO

Striscione romanista per Mark Iuliano, difensore della Juve, all'epoca da poco legato alla letterina Federica Villani.
(Roma-Juventus 2002/03)

PRIMA NON TIRAVI PUNTO
POI HAI PRESO IL RITMO
NE HAI TIRATA UNA MAREA

In Fiorentina-Juventus 2005/06
i viola dedicano un trittico a Lapo Elkann.

ZAMPARINI TARZANEO INCROSTÀ

Striscione veneziano per il "traditore" Zamparini,
che ha da poco ceduto i lagunari per comprare il Palermo.
(Venezia-Palermo 2003/04)

DO PRADO
UN TI S'È MAI ADOPRADO

Striscione viola stagione 2006/07 per Guilherme do Prado,
brasiliano, mai a disposizione della squadra in due anni,
causa gravi infortuni. Ceduto allo Spezia in B,
questo striscione in pratica lo salutava.

UNO X TOTTI
ILARY X TUTTI

Striscione palermitano, ormai superato, ma sempre efficace.
(Roma-Palermo 2004/05)

MOGGI CHIAMA I MIEI PROFESSORI PER CAMBIARMI LA PAGELLA

Striscione di un giovanissimo rosanero.
(Palermo-Messina 2005/06)

CARRARO RE DEI CERVI

Striscione napoletano 2004 per l'allora presidente federale.

CARRARO: TU SAI

Stagione 2005/06: dopo i tantissimi striscioni offensivi sull'ex presidente della Figc, lo stadio di Napoli rischia la squalifica. I tifosi allora giocano d'astuzia...

MEGLIO FARCAO FROCIO CHE SCARNECCHIA 'OMO

I romanisti nel 1980/81 all'indomani della voce che voleva il "divino" omosessuale.
Scarnecchia era un panchinaro giallorosso.

DI SENSI COSÌ DICONO: "HA I SOLDI PER FARE 3 GUERRE"... SÌ, A RISIKO

I romanisti per il presidente. (Roma-Inter 2003/04)

LE VIE DEL SIGNORE SONO INFINITE: TOCCAFONDI PRENDINE UNA E LEVATI DAI COGLIONI

I pratesi esasperati nei confronti del proprio presidente Andrea Toccafondi. (Stagione 2005/06)

DIDA IL COLLEZIONISTA DI FARFALLE

Striscione romanista sul portiere rossonero autore recente di qualche papera. (Roma-Milan 2006/07)

DEL PIERO SE TU SE BUHO DILLO

I fiorentini citano una battuta del film *Il ciclone*. (Fiorentina-Juventus 2005/06)

ABORTO LIBERO, ZECCHINI STOPPER

Graffiti anni Settanta a Genova.
Luciano Zecchini era uno stopper sampdoriano dell'epoca.

RIDATECI I' TOPONE

Dopo la separazione tra Cecchi Gori e Rita Rusic i tifosi viola invocano il ritorno della moglie. (Fiorentina-Bologna 2000/01)

ILARY... A LAVORO CON LE IENE... A CASA COL SOMARO

Striscione bianconero per Ilary Blasi. (Juve-Roma 2007/08)

IERI UN AMERICANO A ROMA OGGI UN ROMANO IN CIELO

Striscione romanista all'indomani della scomparsa di Alberto Sordi. (Roma-Empoli 2002/03)

MARADONA GOOD, PELÈ BETTER, GEORGE BEST

Bandiera irlandese per la gloria locale George Best.

MALDINI PATRIMONIO UNESCO

MALDINI HAI PIÙ TITULI TE CHE L'INTER

MALDINI COSA SARÀ LA MIA VITA SENZA TRE?

Striscioni milanisti per il capitano che disputa la sua ultima partita a San Siro. (Milan-Roma 2008/09)

MALDINI VIEN VIA, FALLI ALTRI DU' ANNI

Nel giorno della sua ultima partita – in una carriera tutta in rossonero – persino un tifoso viola sprona Maldini a continuare. (Fiorentina-Milan 2008/09)

SCEICCO, SE TU VUOI KAKÀ... A CASA MIA TU SPENDI MENO

Striscione viola per il proprietario del Manchester City che ha appena fatto una faraonica offerta per il rossonero Kakà. (Milan-Fiorentina 2008/09)

GALLIANI AL CITY, 100 MILIONI VE LI DIAMO NOI

e

PENSAVO CHE IL DIAVOLO NON POTESSE VENDERE L'ANIMA A NESSUNO, MA MI SBAGLIAVO

Si vocifera dell'interesse del City per Kakà, i milanisti contestano la società, al punto che in una curva sud completamente vuota si nota solo un maxi striscione:

STIAMO VALUTANDO L'OFFERTA

(Milan-Fiorentina 2008/09)

ALEX CAMBIA ACQUA, PROVA QUELLA SANTA

Striscione rossonero per Del Piero.

(Milan-Juve 2008/09)

34 DOPO CRISTO, SECONDO LE SCRITTURE SEI GIÀ FUORI DI UN ANNO

Juventini per il compleanno di Del Piero.

(Juve-Chievo 2008/09)

VINCETE POCHO E NIENTE

Due aste bianconero per i napoletani. Il *calembour* sfrutta suo malgrado il funambolo azzurro Ezequiel "Pocho" Lavezzi. (Juve-Napoli 2011/12)

NON SIAMO SCHETTINO. NOI NON ABBANDONIAMO

Tifosi del Messina stagione 2021/22.
Nel gennaio 2012 la nave *Costa Concordia* impatta gli scogli e naufraga, rovesciandosi su un fianco, poco a largo dell'Isola del Giglio. Il comandante Schettino, avendo lasciato la plancia nel bel mezzo delle operazioni di soccorso, sarà condannato – tra le altre imputazioni – per abbandono di nave in pericolo.

MAZZARRI = SCHETTINO: NAUFRAGIO SUL GIGLIO

Mazzarri è il pericolante allenatore del Napoli, in trasferta a Firenze. I tifosi viola gli dedicano uno striscione. (Fiorentina-Napoli 2010/11)

SCHETTINO CAPITANO DELLA DORIA

L'*Andrea Doria* era anche il nome del transatlantico naufragato nel 1956. (Torino-Sampdoria 2011/12)

SPECIAL MINKI… ONE

Striscione palermitano su Mourinho, detto Special One. (Palermo-Inter 2008/09)

SPECIAL COJ-ONE

Striscione romanista. Le cose cambiano. (Roma-Inter 2008/09)

FUORINHO

Striscione viola seguente l'eliminazione dell'Inter di Mourinho dalla Champions. (Inter-Fiorentina 2008/09)

MOU-FRIGNO

In quella stessa occasione godono anche gli juventini.

BASTA CORI RAZZISTI A BALOTELLI, ORA SOLO CORI GOSPEL

Tifoso bolognese 2009/10.

MILITELLO PORTACI L'ERBA

Invocazione di aiuto di due tifosi del Caltagirone, società dal campo spelacchiatissimo. (2009/10)

MILITELLO CI SALUTI STA MINKIA?

Striscione palermitano. Dopo 18 anni di saluti ci può stare.
(Bologna-Palermo 2010/11)

MILITELLO NOI TI SALUTIAMO GREGGIO E LA HUNZIKER... MA TU SALUTACI A SORETA

Striscione di un tifoso della Juve Stabia. Vedi sopra.

HAI MESSO PEPE, MA SENZA CASSANO NON C'È GUSTO

Ironia barese al San Nicola per la mancata convocazione di Cassano da parte del ct azzurro Lippi.
(Italia-Irlanda, qualificazioni ai Mondiali, 2009)

CASSANO DON'T WAIT LIPPI, COME TO PLAY 4 SLOVENIA

Striscione affisso in Slovenia-Russia del novembre 2009.

PAESE DELIPPIZZATO

Striscione affisso sotto il cartello di entrata nel paese di Cassano (Bo), novembre 2009.

RIGORE È QUANDO DEL PIERO CADE

Striscione genoano che cita Boškov.
(Genoa-Juventus 2009/10)

I RIGORI PER LA JUVE SONO COME LE MUTANDE DI BELEN, CI SONO MA NON SI VEDONO

Due aste milanista in Milan-Juve 2011/12.

ROBO CAP

Due aste giallorosso con l'effigie di Totti.

IO MAMMATA ETO'O

Questo favoloso due aste interista per Samuel Eto'o, parafrasa il brano *Io mammeta e tu* di Renato Carosone. (2009)

QUANDO I BAMBINI FANNO ETO'OOOO CHE MERAVIGLIA, CHE MERAVIGLIA

Gli interisti adattano la hit di Povia del 2005 *I bambini fanno ooh* al proprio bomber. (Inter-Palermo 2010/11)

DOPO RUOTOLO, RUSSO E COSMI C'È RIMASTO SOLO ORONZO CANÀ

Striscione livornese. Si invoca l'ingaggio in panchina del trainer interpretato da Lino Banfi nel film di culto *L'allenatore nel pallone*. (Livorno-Udinese 2009/10)

SENZA SERSE UN S'ARZA

Si inneggia al nuovo allenatore del Livorno Serse Cosmi. (Livorno-Juve 2009/10)

TRESEGHET AL MILAN? MA QUELLE CHE GIÀ ABBIAMO NON BASTANO?

Striscione milanista sul *rumour* dell'arrivo dell'attaccante David Trezeguet in rossonero. (Milan-Juventus 2009/10)

MOU... RTACCI TUA

e

MOU TE MAGNO

Striscioni romanisti in Roma-Inter 2009/10. Eh sì, c'è stata un'epoca in cui Mourinho a Roma era un rivale...

O MIA BELA *MOU*DUNINA

Due aste interista 2009/10.

MORATTI CON TUTTI I SOLDI CHE SPENDI, MA BUTTACELI 2000 € DAL DENTISTA

Consigli odontotecnici per il presidente nerazzurro.
(Inter-Milan 2010/11)

I VOSTRI SUCCESSI SONO PULITI COME I DENTI DI MORATTI

Tifosi bianconeri in versione igienisti dentali.
(Juventus-Inter 2010/11)

A MORATTI SU QUEI DENTI GIALLI METTECE 'NA CRAVATTA MARRONE

Striscione romanista. Roma-Inter, finale Coppa Italia 2010.

LOTITO NON MOLLARE

Striscione romanista 2009/10. La Lazio sta andando male, i cugini esortano il presidente biancazzurro.

DINHO RIDI POCO SENNÒ È FUORIGIOCO

I romanisti al milanista Ronaldinho: il brasiliano è dotato di incisivi prominenti. (Roma-Milan 2009/10)

NOI POZZI E PAZZINI, VOI POZZI GINORI

Striscione doriano. (Samp-Genoa 2009/10)

SPALLETTI CAMBIA PETTINATURA

Striscione bianconero (Juventus-Roma 2007/08)

WE BELONG TO MANCIO

Striscione interista che parafrasa la maglietta esposta tempo prima dal milanista Kakà dopo un gol: **I BELONG TO JESUS**. Il Mancio in questione è mister Mancini.

SE CASSANO FA LE CASSANATE, KAKÀ ALLORA COSA FA?

Striscione livornese 2007/08.

MA PATO È L'ANAGRAMMA DI T..A?

Striscione enigmistico livornese dedicato alla punta del Milan, 2007/08.

MILITELLO, ER MEJO STENDARDO CE L'AVEMO NOI

Striscione laziale riferito al difensore Guglielmo Stendardo.

PATMAN

Il brasiliano Pato è il nuovo supereroe milanista, 2007/08.

AZZOP PATO

T-shirt indossata da un tifoso milanista ingessato alla gamba, 2007/08.

SE PRIMA ERANO CAZZI AMAURI, ORA SONO CAZZI VOSTRI

I catanesi nel derby contro il Palermo; Amauri, bomber del Palermo, ha da poco lasciato i rosanero per approdare alla Juve.

LASCIATECI MILITO, COMPRATEVI MILITELLO

Striscione genoano che cerca come può di opporsi al passaggio del Principe all'Inter, 2008/09.

IL PRINCIPE AZZURRO NON ESISTE, IL PRINCIPE NERAZZURRO SÌ

Striscione per Diego Milito detto Il principe.
(Lazio-Inter 2011/12)

VACCE PJANIC

Due aste giallorosso per il trequartista romanista Miralem Pjanić.

SOTTO
MESSI
MAI

Due aste milanista in Milan-Barcellona di Champions 2011/12.

NON HO VISTO SUPERMAN VOLARE MA HO VISTO SUPERPIPPO SEGNARE I SUPEREROI ESISTONO DAVVERO

Striscione nel giorno dell'addio al Milan – e al calcio – di Filippo Inzaghi. (Milan-Novara 2011/12)

BATMHANDANOVIC

Nuovi supereroi all'orizzonte, il portiere dell'Inter Samir Handanovič. (Juve-Inter 2012/13)

GIGI A VOLTE ANCHE SUPERMAN È CLARK KENT, BUFFON SEMPRE NOSTRO SUPEREROE

Striscione juventino. (Juve-Udinese 2016/17)

SIETE GIÀ ALLA CANNA DEL GASP

Quarta di andata campionato 2011/12. L'Inter guidata da Gasperini arranca in classifica, i novaresi pungono. (Novara-Inter 2011/12)

PRENDERE GASPERINI E VOLERE CHE NON GIOCHI CON LA DIFESA A 3 È COME ANDARE A MIGNOTTE E CHIEDERE LE COCCOLE

Squisita analisi tecnica interista dopo l'assunzione del tecnico Gasperini e il suo licenziamento dopo appena cinque partite ufficiali. (Inter-Roma 2011/12)

MAROTTA RIFATTI GLI OCCHI

Striscione esposto in curva nord, feudo interista all'epoca in cui Marotta era direttore sportivo bianconero. Si fa biecamente riferimento a uno strabismo non propriamente di Venere del dirigente. (Inter-Juve 2011/12)

VALE SE VINCI IL MONDIALE TI PAGHIAMO NOI IL CONTO ERARIALE

Per Vale Rossi, visto a Misano nel 2007.

MEXES TRANS-ALPINO

Striscione laziale rivolto allo stopper francese Philippe Mexès. (Lazio-Roma 2004/05)

ZEBINA: TORINO CITTÀ SOLARE? A TE L'EPO TE FA MALE

Gli ultrà giallorossi confutano la dichiarazione rilasciata in un'intervista dal difensore ex romanista, passato alla Juve. (Roma-Juventus 2004/05)

STAMME LONTANO

Due aste laziale per il roccioso difensore Stam, allora in forza ai biancazzurri.

JUVENTINO: IL BUDELLO DI THURAM

Il budello di tu' mà è una tipica locuzione della toscana tirrenica... Striscione livornese in Livorno-Juventus 2005/06.

MEXES, L'ANGELO BIONDO CHE FA IMPAZZIRE IL MONDO

Striscione romanista mutuato dallo slogan del Crodino. (Roma-Inter 2005/06)

ZORO DOV'È IL SERGENTE GARCIA?

Striscione bresciano che cita André Zoro, difensore ivoriano del Messina. (Brescia-Messina 2004/05)

FERNANDO COUTO 30 DI BOCCA, 50 D'AMORE

Striscione romanista nel derby, dedicato allo zazzeruto giocatore laziale.

STAM PATRIGNANO

Striscione romanista. L'olandese Stam è stato da poco squalificato per essere stato trovato positivo al nandrolone.

BECKHAM LA VICTORIA SARÀ NOSTRA

Striscione viola. Victoria Adams è l'ex Spice Girls coniugata Beckham. (Fiorentina-Manchester United, Champions League 1999/2000)

GALLIANI E BERLUSCA SULLA TURCA A KAKÀ

Striscione juventino la domenica successiva a Liverpool-Milan, la rocambolesca finale di Champions persa dai rossoneri e giocata a Istanbul. (Juventus-Cagliari 2004/05)

UNA SOLA FEDE. TU CRISTIANO. IO INTERISTA

Striscione interista per Cristiano Ronaldo in Manchester United-Inter di Champions, marzo 2009.

MOURINHO HA IMPARATO L'ITALIANO SOLO PER SPARARE MINCHIATE

Striscione rosanero. (Palermo-Inter 2008/09)

EMERSON HAI STUPITO PURE GIUDA

Striscione romanista dedicato all'ex centrocampista giallorosso detto "Il puma", appena passato alla Vecchia Signora. (Juventus-Roma 2004/05). Nella stessa partita:
IERI PUMA OGGI ABBACCHIO

PE KAKÀ CI VOL PAZIENZA

Striscione fiorentino: Pazienza è un centrocampista viola.
(Fiorentina-Milan 2005/06)

INCREDIBILE MA VERON

Due aste nerazzurro stagione 2004/05.

GULY, GULY, INGULAMMAMMATE!

Urlo sentito a San Siro in occasione di una performance particolarmente mediocre del milanista Andrés Guglielminpietro (detto Guly).

RESTITUITELE BARROS, BIANCANEVE È DISPERATA

Striscione viola ironico nei confronti del calciatore portoghese Rui Barros – militante nella Juventus verso la fine degli anni Ottanta – alto solo un metro e sessanta.
(Fiorentina-Juventus 1989/90)

OP OP ZURBRIGGEN

Per dare addosso ai bolognesi e al loro campione Alberto Tomba, i fiorentini esibirono allo stadio uno striscione sciistico in onore di Pirmin Zurbriggen, rivale svizzero di Tomba.

ZICO O AUSTRIA

Striscione udinese spuntato nei moti di piazza dell'estate 1983: la Figc tentò infatti di bloccare il trasferimento dell'asso brasiliano in Friuli e i tifosi bianconeri minacciarono persino la secessione.

BELLI DENTRO

Striscione interista che strizza l'occhio alla sitcom girata a San Vittore; era accompagnato da un disegno di Galliani e Moggi dietro le sbarre.
(Inter-Ascoli 2006/07)

GALLIANI... COME SE FOSSE ANTANI

Striscione viola, con scappellamento a destra.
(Fiorentina-Milan 2012/13)

VOI TONI, NOI FURMINI

Scritta sul muro dello stadio di Livorno che si riferisce all'attaccante del Palermo Luca Toni.
(Livorno-Palermo 2003/04)

CON RADICE UN ALTRO FIASCO

Striscione viola. Nonostante l'ottima posizione della squadra in classifica, i tifosi in quella stagione prendono di punta l'allenatore Gigi Radice accusandolo, tra le altre cose, di alzare troppo il gomito. Radice verrà cacciato a gennaio e per la Fiorentina inizierà un declino che al termine del campionato la porterà alla retrocessione in B. (Cagliari-Fiorentina 1992/93)

BAGGIO NON SPUTA

I tifosi dell'Italia e di Baggio si riferiscono al famoso sputo di Totti al danese Poulsen. (Italia-Svezia agli Europei 2004)

VOI CENTOFANTI, NOI CENTOTRE BATIGOL

Striscione viola. Felice Centofanti era lo zazzeruto terzino dell'Inter e Batistuta aveva appena raggiunto i centotré gol in maglia viola. (Fiorentina-Inter 1995/96)

SENZA KAKÀ STO MALE

Forse il più riuscito, tra i tanti stendardi milanisti dedicati al brasiliano Kakà.

CEPU: RIMBORSATE DEL PIERO

Striscione interista contro l'asso bianconero, già testimonial del noto istituto di assistenza didattica per studenti universitari. (Inter-Juventus 1999/2000)

CIAO GINETTACCIO, ORA FATTI RENDERE LA BORRACCIA!!

Striscione viola esposto la domenica successiva alla morte di Gino Bartali. Si riferisce al famoso episodio della borraccia prestata a Coppi – o viceversa, non si è mai chiarito! – in una salita al Tour de France del 1952. (Inter-Fiorentina 1999/2000)

VOI MINA NOI CIARINA

Striscione con il quale i mantovani si vantano coi cremonesi della loro "gloria musicale locale", il cantante folk Mario Ciarina. (Mantova-Cremonese 2003/04)

SABRINA FAI IN FRETTA... SOBRINO TI ASPETTA

I laziali sbeffeggiano la supertifosa giallorossa Ferilli suggerendole una visita in uno dei centri dimagrimento Sobrino. (Lazio-Brescia 2001/02)

LUIS SILVIO C'È

Scritta su un muro a Pistoia. Tra i calciatori che giungono in Italia dopo la riapertura delle frontiere, nel 1981, ci sono anche dei casi imbarazzanti: il brasiliano Luís Sílvio Danuello, ad esempio, dipinto come un fenomeno, si rivelò invece un bidone. Divenne una sorta di oggetto misterioso, tanto che si cominciò a dubitare della sua stessa esistenza.

Perugia-Juventus 2003/04. All'inizio del secondo tempo un piccione atterra a centrocampo e non si muove, nemmeno quando i giocatori gli passano vicino. Dopo qualche minuto un tipo si alza e grida:

DEL PIERO, VUOLE PARLARE CON TE

ANNAFFIATE FIORE

Striscione laziale per Stefano Fiore, centrocampista biancazzurro dell'epoca.

ARRIGO, LO STRESS È UN MILIONE E MEZZO AL MESE

Striscione dei supporter bolognesi rivolto ad Arrigo Sacchi, che pochi giorni prima aveva rassegnato le dimissioni da allenatore del Parma adducendo come motivazione lo stress. (2000/01)

ZEMAN: GIUDA TE FA NA' PIPPA!

Zeman era stato per molti anni un amatissimo allenatore della Lazio. Quell'anno era stato esonerato e sostituito alla diciannovesima da Zoff, e aveva appena firmato con la Roma per l'anno successivo, quando i tifosi esposero questo striscione. (Lazio-Perugia 1996/97)

VINCEREMO... UNA SIGARETTA ALLA VOLTA

Striscione apparso in estate a Brunico (Bz) – sede del ritiro della Roma – per Zdeněk Zeman, incallito tabagista, tornato sulla panchina giallorossa dopo 13 anni. (Luglio 2012)

ZEMAN, A ROMA... TERMINI

Questo invece l'augurio laziale. (Chievo-Lazio 2012/13)

PALMARES ZEMAN – 404 ERROR – PAGE NOT FOUND

Gli juventini scomodano Google per deridere l'allenatore romanista. Traduzione: "Pagina non trovata". (Juve-Roma 2012/13)

PAOLO AL 90°
LO ABBIAMO SAPUTO,
VIOLA CON CLASSE E DIGNITÀ

I tifosi viola ricordano Paolo Valenti, ideatore e conduttore, per vent'anni, del programma-cult *90° minuto*. In tanti anni non aveva mai fatto trasparire la sua fede viola.
Fu Nando Martellini, la domenica seguente alla sua morte, a rivelarlo. (Fiorentina-Lecce 1990/91)

JURGEN IS GOD

Gli interisti venerano il loro attaccante tedesco Jürgen Klinsmann nella stagione dello Scudetto 1989.

DIO PERDONA, RIGA NO

Due aste tarantino per il proprio attaccante Christian Riganò. (Taranto-Catanzaro 2000/01)

MO' CHE NE È SALITO 'N ARTRO...
PENSACE TE A FALLO RIDE...

Striscione romanista. I tifosi della Roma si rivolgono ad Alberto Sordi dopo la morte di Marco Pantani. (Roma-Siena 2003/04)

ZAMPA LA VOCE, VENDITTI PLAYBACK

Striscione romanista. Carletto Zampa è stato a lungo lo storico speaker dell'Olimpico, di fede giallorossa. Se Zampa usava la voce per annunciare fragorosamente la formazione, scandendo i nomi dei calciatori e lasciando al boato unisono dello stadio il compito di gridarne i cognomi, Venditti era stato sospettato di aver usato la festa Scudetto 2001 per la promozione del suo disco. (Roma-Atalanta 2001/02)

ABBASSO I BEATLES, W LANDO FIORINI

Lando Fiorini è stato un leggendario stornellatore romanesco. I Beatles quattro giovani ragazzi di Liverpool autori di qualche pezzo orecchiabile. (Roma-Liverpool, Champions League 2001/02)

– BEATLES + POOH

Striscione atalantino a Liverpool. (Everton-Atalanta, Uefa League 2017/18)

USTICA, PIAZZA FONTANA, ITALICUS... MOU CE L'HAI L'ALIBI?

Provocatorio striscione interista in difesa del proprio tecnico. Nel febbraio 2019 Mourinho viene squalificato per tre giornate per aver contestato l'arbitro mimando il gesto delle manette durante Inter-Sampdoria.

1 LIPPI È TROPPO, 2 CASSANO SONO POCHI

MILITELLO LA MIA DONNA DICE CHE SEI BELLO... L'HO LASCIATA

Striscioni visti in Italia-Olanda, partita amichevole 2009.

LAZIALE ALFONSO SIGNORINI

Striscione genoano. (Genoa-Lazio 2017/18)

SCHICCHI VIVE NELLE MANI DEGLI ULTRÀ

Omaggio dei tifosi del Venezia all'indomani della morte del regista Riccardo Schicchi (dicembre 2012), il personaggio più influente della pornografia italiana, marito di Eva Henger e talent scout di Cicciolina e Moana Pozzi.

DIO LI FA, FACUNDO LI ACCOPPA

Due aste viola per Facundo Roncaglia, grintoso difensore argentino in forza ai viola. (Fiorentina-Juve 2012/13)

BUSH, SADDAM: SOLO CARECA TIRA LE BOMBE

Striscione napoletano esposto durante la prima guerra del Golfo (stagione 1990/91). Antonio Careca era il centravanti brasiliano del Napoli.

GALEO' FACCE ENTRA'

Striscione e coreografia del gruppo Ingrifati Perugia. La coreografia mostrava una gigantesca maglia numero 12. Giovanni Galeone era l'allenatore del Perugia. (1995/96)

MUZZI NUDO

Due aste udinese per Roberto Muzzi, all'epoca attaccante dei friulani. (2001/02)

I VOSTRI AVI DOMINARONO I MARI, VOI NAUFRAGATE SUL SOLITO SCOGLIO

Striscione modenese contro lo storico allenatore dei rossoblù Franco Scoglio. (Modena-Genoa 2001/02)

PER DIGERÌ SPINELLI PRENDI UN ALKA SERSE

Livornesi infilano in un unico striscione presidente e allenatore Cosmi. (Livorno-Bologna 2009/10)

ILARY ALLE IENE E SPINELLI AI LEONI

Striscione livornese. (Livorno-Roma 2009/10)

FUGA DI CERVELLI DALL'ITALIA MORATTI NON TI PERDEREMO MAI

Striscione bolognese. (Bologna-Genoa 2010/11)

HUNZIKER SEI PIÙ BONA DELLA MORTADELLA

Striscione bolognese 2010/11.

Partita casalinga del Siena. La balorda prestazione dell'attaccante bianconero Niki Ventola induce un tifoso a urlargli:

SPERIAMO TI TROMBINO LA DONNAAAA

(La compagna di Ventola è la splendida modella Kartika.) Al che un altro tifoso ribatte prontamente:

TANTO 'UN TI TOCCA A TE!

ABBIAMO GODUTO DA MATTI. GRAZIE AGNELLI, GRAZIE MORATTI

Striscione milanista. Nel giro di una settimana la Juve aveva perso la finale di Champions League col Borussia Dortmund e l'Inter la finale Uefa con lo Schalke 04.
(Milan-Cagliari 1996/97)

ALLA FERILLI PIACE DALLA

Striscione laziale. Il cast dello show Rai *La bella e la besthia* (Lucio Dalla e la romanista Sabrina Ferilli) serve ai laziali la battuta su un piatto d'argento.
(Lazio-Roma 2001/02)

TU DALLA BONA CHE IO PIPPO

Due aste milanista 2002/03. Samuele Dalla Bona e Pippo Inzaghi in quella stagione vestivano la maglia rossonera.

Partita interna della Roma (1992/93). L'arbitro Collina fischia in continuazione contro l'argentino Caniggia, dalla fluentissima chioma bionda. All'ennesimo fischio un tifoso urla:

A'NVIDIOSOOOOOO!!!!!

MOGGI MUORI OGGI... GALLIANI PRIMA DI DOMANI... CARRARO NUN TE DIMO NIENTE... SEI SOLO UN DEFICENTE

Striscione romanista. (Roma-Juventus 2003/04)

RONALDO SEGNA E POI PARLA, MOGGI RUBA E STA ZITTO

Striscione interista. (Inter-Juventus 1998/99)

A DELVE' LEVATE L'ANFIBBI!

Battuta rivolta all'attaccante romanista Marco Delvecchio dopo un tiro da dimenticare.

GILETTI: FINALMENTE LO HAI TROVATO CHI T'HA PISTATO

Striscione laziale. Giorni prima il conduttore tv Massimo Giletti, juventino, era stato aggredito in seguito a un incidente stradale. (Lazio-Chelsea, Champions League 2003/04)

MAROTTA POLIFEMO

Corrosivo striscione viola. (Fiorentina-Juventus 2012/13)

MIA MOGLIE MI HA LASCIATO PERCHÉ GUARDAVO UN'ALTRA

Striscione laziale raffigurante Marotta. (Lazio-Juventus, finale di Supercoppa 2013)

AGNELLI, NON FARE IL FURBO: VENDI LA JUVE NON GLI OPERAI

Striscione romanista dopo una crisi in casa Fiat. (Roma-Juventus 2002/03)

MARIO... ... SOMMA I PUNTI

Due aste aretino dedicato all'allenatore Mario Somma nella trionfale stagione 2003/04.

ALESSA' DAJE 'NO SCHIAFFO 'N FACCIA E LEVAJE QUA PALLA!

Richiesta di un tifoso laziale a Nesta dopo alcuni ripetuti dribbling di Del Piero. (Lazio-Juve)

AVE CESARI, CHIEVO TE SALUTANT

Striscione dei tifosi del Chievo contro l'arbitro Cesari, accusato di averli sfavoriti la domenica precedente. (Chievo-Bologna 2001/02)

DIDÍ, VAVÁ, PELÉ SITE 'A GUALLERA 'E CANÉ

Coro napoletano anni Settanta. Faustino Cané è un giocatore brasiliano; Didí, Vavá e Pelé, tre leggendari nazionali del Brasile campione del mondo (nel '58 e nel '62). La *guallera* è l'ernia (o lo scroto).

FRISK DACCI IL RESTO

Striscione romanista. L'arbitro svedese Frisk era stato colpito a Roma da una moneta in una partita di Champions League contro la Dinamo Kiev. (Roma-Inter 2004/05)

CON MICCOLI N'SE SMOCCLA

Due aste perugino, stagione 2002/03, per Fabrizio Miccoli, allora attaccante degli umbri. Traduzione: "Con Miccoli non si bestemmia".

SO IO ER NONNO DE VERON

Due aste laziale al tempo dello scandalo
dei passaporti falsi, in cui era coinvolto anche il laziale
Juan Sebastián Verón (del quale non si riusciva
a trovare il millantato antenato italiano).

RAVANELLI, PORRINI, IL RESTO FINOCCHI

Striscione fiorentino riferito ai giocatori juventini
Fabrizio Ravanelli e Sergio Porrini.
(Fiorentina-Juventus metà anni Novanta)

BUSH, CÒMPRATE ER RISIKO

Striscione romanista, alla vigilia della guerra in Iraq.
(Roma-Brescia 2002/03)

DEL PIERO PARLA AGLI UCCELLI, MOGGI AGLI ARBITRI

Striscione interista. (Inter-Juventus 2003/04)

LU MARE, LU SOLE, LU KAKU

Tifoso salentino e interista, in Lecce-Inter 2022/23.

VIVAS LA FIGAS

Due aste interista dedicato, ma non troppo,
al difensore Nelson Vivas.

I CUGINI DI ZAMPAGNA

Striscione del Messina per il proprio ariete
Riccardo Zampagna. (Milan-Messina 2004/05)

BOMBER LA GOBBA PORTA BENE TOCCARLA... NON AVERLA

I doriani al proprio attaccante Fabio Bazzani,
compagno della juventinissima Alessia Merz.
(Sampdoria-Juventus 2004/05)

C'È QUALCUNO COSÌ "GENTILE" DA PORTARE BAGGIO ALLE OLIMPIADI?

Italia-Repubblica Ceca a Palermo, febbraio 2004.
Messaggio non troppo subliminale con cui i tifosi dell'Italia
chiedono a Claudio Gentile, tecnico della Under 21,
di portare Baggio come fuori quota alle Olimpiadi
di Atene. Un paio di mesi dopo a Genova,
in Italia-Spagna, Baggio dà di fatto l'addio alla Nazionale;
tra i calorosissimi saluti dei tifosi citiamo:
SENZA IL CODINO MI ROMPO IL BELINO.

Nella stagione 1967/68 arrivò al Toro il centrocampista Aldo Agroppi. In breve tempo entrò nel cuore dei tifosi, tant'è che la curva granata gli dedicò lo striscione:

AGROPPI, IL BAFFO CHE UCCIDE

Si sa, passano gli anni e gli idoli della curva cambiano.
Nel 1974/75 i granata espongono:
AGROPPI, IL BAFFO DA UCCIDERE

SCUSA ZIDANE, MA L'AMORE È CECO

Striscione juventino. Così, una volta partito Zizou, fu accolto nel 2001 il ceco Pavel Nedvěd.

E L'OTTAVO GIORNO
DIO CREO' TOTTI

Striscione romanista, stagione 2004/05.

SE
LIMA
GNAMO

Due aste romanista in onore del proprio giocatore brasiliano Lima. (Roma-Torino 2001/02)

E GALLIANI È LO ZIO FESTER, E GALLIANI È LO ZIO FESTER

Coro laziale.

IRINA TI INVIDIO

Irina è la moglie di Gabriel Batistuta e il due aste romanista in questione era abitualmente sorretto da due tifose.
(2000/01)

MONTELLA PRESIDENTE DELL'ALITALIA

Striscione romanista. Vincenzo Montella era conosciuto anche come l'"aeroplanino" per il suo curioso modo di esultare dopo ogni gol.

MONTELLA DECOLLA SU 'STO CAZZO

Striscione viola per l'"aeroplanino", appunto.
(Fiorentina-Roma 2004/05)

MASTUR BATI

Due aste romanista. Bati è ineluttabilmente Batistuta...
(2000/01)

MANDO 'N CULO MANDO RLINI

Striscione livornese. Andrea Mandorlini era l'allenatore dell'Atalanta. (Livorno-Atalanta 2004/05)

MEGGHIU SULLO CHE MALACCOMPAGNATU

Striscione messinese sul proprio centrocampista Salvatore Sullo. (Juventus-Messina 2004-05)

DELVECCHIO MOSTRACE L'ORECCHIO

Due aste romanista. Il giocatore giallorosso Marco Delvecchio, dopo aver siglato un gol, aveva l'abitudine di andare verso i tifosi mettendosi la mano attorno all'orecchio, a significare che voleva udirne meglio il boato.

MEGGHIU BABBO CHE BOBO

Striscione in dialetto messinese.
Traduzione: "Meglio scemo che Vieri".
(Messina-Inter 2004/05)

CAPITANO ROMANISTA CHI TRADUCE L'INTERVISTA?

Striscione laziale che prende di mira "l'eloquio" di Totti.

POLENTA E DEL PIERO

Variante atalantina della celebre polenta e osei.
(Atalanta-Juventus 2004/05)

E LA JUVE NON RIISE PIÙ

Roma-Catania 2009/10. Nel turno precedente la Roma ha espugnato Torino con gol di Totti e del norvegese Riise.

ROMA 2 SHAKHTAR 3. LA ROMA PIANSE, LA LAZIO RIISE

Due aste laziale in Roma-Lazio 2010/11. Sfottò sul recente tracollo casalingo dei giallorossi negli ottavi di Champions.

RUI GRATTUGIALI

Così i viola incitano il loro numero 10 Rui Costa prima della sfida contro i... parmigiani.
(Fiorentina-Parma, finale di Coppa Italia 2000/01)

...COME? ...COSA? RUBEN SOSA!

Due aste laziale per l'uruguagio Rubén Sosa, *puntero* biancazzurro. (Fine anni Ottanta)

EVACUO
E SONO FELICE

Due aste fiorentino, stagione 2002/03,
in "onore" del centrocampista viola Felice Evacuo.

STAMBECCO

Striscione viola. Jaap Stam era un difensore del Manchester, e *becco*... in molte regioni d'Italia è "cornuto"! (Fiorentina-Manchester, Champions League 1999/2000)

27/09/1976: GRAZIE FIORELLA

Striscione romanista in onore di mamma Totti.

PIPPO CASCA PER NOI

Due aste milanista; Pippo Inzaghi è da molti accusato di essere un "cascatore in area"; i suoi stessi tifosi, in un impeto antisportivo, lo incitano a procurarsi qualche rigore in più...

CHE DIO
LIMA
LEDICA

Due aste romanista. Sempre Lima al centro del gioco di parole. (Inter-Roma 2001/02)

A VO VE SEGNA TOTTI, A NO CE SEGNA TUTTI

Striscione anconetano. (Ancona-Roma 2003/04)

PÒRTATE, PÒRTATE, PÒRTATE 'NA SEDIA, OOOOH PERUZZI PÒRTATE 'NA SEDIA

Coro laziale dopo una partita in cui Peruzzi non aveva avuto occasione di toccare palla.

TOMBA, SEI COME LA NEVE, PIÙ CADI E PIÙ SIAMO FELICI

Striscione bresciano contro il noto campione di sci, originario di Bologna.

IO... IO... IO...

Durante Lecce-Roma 2003/04 nella curva del Lecce appaiono decine di cartelli con scritto "IO". Apparentemente inspiegabili finché non compare lo striscione:
SONO IL PADRE DI CASSANO

SE TU NON CI FOSSI IL CALCIO NON ESISTESSE

Nella stessa partita i leccesi accolgono il barese in forza alla Roma con quest'altro "omaggio".

DOUDOU, CHUKWU, BU!!?

Striscione barese, stagione 2001/02: senegalese il primo giocatore citato, nigeriano il secondo; la terza parola esprime tutto il disappunto dei tifosi, sbalorditi, dubbiosi e amareggiati dall'anonima campagna acquisti della società.

HECTOR GRAZIE DI TUTTO

Striscione milanista, all'indomani dell'esonero di Héctor Cúper, poco vincente tecnico nerazzurro.
(Milan-Lazio 2003/04)

SILVIO, ESSI BONO, RIPIJATELO

Striscione romanista stagione 1999/2000, la prima di Capello alla Roma dopo i lunghi trascorsi al Milan. La Sud preferirebbe che Berlusconi riassumesse il tecnico friulano.

IERI PIPPO, OGGI SINISA, CARO SILVIO ESCI LA VISA

La stagione rossonera è modesta, dopo il decimo posto del Milan guidato da Inzaghi, il Milan si affida a Mihajlović, ma la stagione è di nuovo deludente. I tifosi protestano.
(Milan-Inter 2015/16)

PRESTO O TARDI VI TROMBA ICARDI

Striscione interista. (Roma-Inter 2017/18)

AI MIEI CANI IO DO FRICK

Striscione viola. Mario Frick è un attaccante della Ternana. (Fiorentina-Ternana 2003/04)

SI È DIMESSO IL MORATTI SBAGLIATO

Striscione doriano contro il ministro Letizia Moratti: in settimana, infatti, si era dimesso Massimo Moratti, il presidente dell'Inter. (Sampdoria-Inter 2003/04)

IO SO CANDELA E GIOCO NELLA ROMA C'HO ER PRESIDENTE NANO E TOTTI CHE NUN SA PARLÀ

Coro laziale sulle note della hit dell'estate 2001 *Candela*. Interpreti: il difensore Vincent Candela, il presidente Sensi e il Pupone.

NEDVEDRETE DELLE BELLE

Due aste juventino in Juventus-Milan 2003/04.

CRESPO NON SI TOCCA, IO INVECE SÌ

Striscione dei tifosi interisti in amichevole a Lucca, 2003. Variante onanista di un grande classico delle curve contro la vendita dei loro beniamini.

CONTRO TUTTI E TUTTO... E TOTTI!

Striscione laziale che si aggancia a un **CONTRO TUTTI E TUTTO** romanista.

COME GODO CON 3 ZEGUET

Due aste juventino dedicato a David Trezeguet. (Milan-Juventus 2001/02)

PITTI NUNO

Due aste viola per Nuno Gomes, affettatissimo attaccante portoghese dai capelli impomatati, a cui la curva Fiesole prefigura un futuro da... modello. (Fiorentina-Parma 2000/01)

ONORE A DON LURIO

Striscione veronese durante il minuto di silenzio per la morte di Gianni Agnelli avvenuta venerdì 24 gennaio 2003; Don Lurio era morto sabato 25. (Verona-Ancona 2002/03)

A DOTTO' NON SBAGLIA' MISURINO, GUARDA CONTE, GLI È CRESCIUTO ER PARRUCCHINO

I tifosi romanisti contro Riccardo Agricola, medico sociale juventino accusato di aver trattato dal '94 al '98 i giocatori bianconeri con medicinali vietati dal Cio o soggetti a restrizioni per "raggiungere un risultato diverso da quello conseguente al corretto e leale svolgimento delle gare". (Roma-Juventus 2003/04)

BISCARDI PROCESSA IL TUO PARRUCCHIERE

Striscione cesenate per l'epico conduttore del programma *Il processo del lunedì*. (Cesena-Juventus, amichevole estate 2004)

LARDEL

Striscione anconetano che irride il portoghese Jardel, giunto ad Ancona leggermente sovrappeso... (Ancona-Roma 2003/04)

RANIERI, FACCI L'ULTIMA MAGIA: SPARISCI!

Striscione dei tifosi viola contro l'allenatore
Claudio Ranieri. È l'ultima stagione in viola
per l'allenatore romano.
(Bologna-Fiorentina 1996/97)

ANNATEVELO APPIAH

Due aste romanista. Il ghanese Appiah era un giocatore
del Brescia. (Brescia-Roma 2002/03)

MATERAZZI NOI SIAMO FUORI DAL TUNNEL

Gli juventini riprendono la hit di Caparezza
per criticare l'interista Materazzi, che al termine
di Inter-Siena aveva preso a pugni un difensore del Siena,
Cirillo, nel tunnel che porta agli spogliatoi.
(Juventus-Inter, Coppa Italia 2003/04)

PUNTALO CHE È SCARSO

Striscione interista: è quello che Materazzi urlava
ai compagni da bordocampo, riferendosi al senese Cirillo,
e che diede origine al tafferuglio nel tunnel.

TRAPATTONI COL CATENACCIO IMPÌCCATECE

Due aste esposto a Malpensa al ritorno dagli infelici Mondiali del 2002.

MEGLIO SCALZO CHE GNUDO

Due aste senese dedicato al proprio giocatore Christian Scalzo.

VOI COMPRATE 3OSSI NOI LE BISTECCHE

Striscione livornese contro Treossi, l'arbitro che ha diretto la discussa partita di andata. (Livorno-Sampdoria 2002/03)

NON VE NESTA CHE PIAGNE

I milanisti pungono sul vivo i laziali sul trasferimento della loro bandiera al Milan. (Lazio-Milan 2002/03)

LIBERTÉ, EGALITÉ, TREZEGUET

Striscione juventino per l'attaccante bianconero David Trezeguet. (Juventus-Cagliari 2004/05)

SE VINCO MI FO TRESEGHÉ

Programma di festeggiamenti livornese. (Juventus-Livorno 2005/06)

MEGLIO UNA FIHA, ANCHE BRUTTA, CHE TRESEGHÉ

Striscione viola. (Fiorentina-Juventus 2005/06)

VENGO SOLO CON 3SEGHÉ

Due aste juventino, stagione 2004/05. Gioco di parole "onanistico" sull'attaccante bianconero David Trezeguet.

CARO GESÙ BAMBINO PORTACI VIA L'UOMO DI PIOMBINO

I leccesi contro il proprio allenatore, il piombinese Nedo Sonetti. (Lecce-Napoli 1998/99)

OGGI PATÉ DI OLIVE

Due aste interista su Renato Olive, allora mediano del Bologna. (Bologna-Inter 2000/01)

ARRA
PATO

Testosteronico due aste milanista. (Stagione 2008-2009)

STRAP
PATO

Striscione interista. L'attaccante milanista non può disputare il derby in oggetto a causa di un infortunio. (Milan-Inter 2012/13)

DIO, GUARISCI L'ALTRO DIO

Scritta dei tifosi del Boca Juniors sul muro della clinica nella quale era ricoverato Maradona.

CIRIO VENDE I PELATI, LA JUVE LI COMPRA

Striscione laziale dopo un rigore che l'arbitro Collina non concesse alla Lazio contro la Juve nella stagione precedente. (Lazio-Juventus 1998/99)

CON CHIESA E IL PAPA È UN SIENA DA DIO

Due aste senese su Enrico Chiesa e Giuseppe Papadopulo, rispettivamente attaccante e allenatore dei bianconeri. (2003/04)

VICTORIA BETRAY HIM WITH ME

Striscione svizzero per Victoria Adams, l'ex Spice Girls moglie di David Beckham. Traduzione: "Victoria tradiscilo con me". (Svizzera-Inghilterra, Europei 2004)

BECKHAMORTI

Gli interisti ai milanisti. Nel gennaio 2009 in rossonero è arrivato David Beckham in prestito. (Inter-Milan 2009/10)

FORFORA SU CAPELLO

Striscione laziale per il mister romanista.

GOD
SAVE
RINO

Due aste livornese di sapore *british* dedicato al proprio giocatore Davide Saverino. (2001/02)

DIO C'È
E HA IL CODINO

Striscione dei bresciani per il loro idolo Roberto Baggio. (Brescia-Bologna 2001/02)

CON ARDITO
L'ORGASMO È GARANTITO

Due aste senese, stagione 2003/04, per Andrea Ardito, centrocampista del Siena.

MAIDA SEI PIÙ BRUTTO
DI UN MANDATO DI CATTURA
A CAPODANNO

Striscione romanista. Enrico Maida è un giornalista. (Roma-Valencia, Champions League 2002/03)

PAOLO ALMENO L'ERBA DEL CAMPO COMPRACELA

Striscione pratese contro Paolo Toccafondi, amministratore delegato del Prato, accusato di non comprare i giocatori, ma di farsi sempre prestare i giovani dai grandi club. In quel periodo il terreno di gioco era in condizioni pessime. (Prato-Arezzo 2003/04)

PRIMA DE TUTTO, GALLIANI SEI ER PIÙ BRUTTO

Striscione romanista.

PUTTANVIERI

Due aste bolognese che prende di mira gli interisti. La settimana precedente la partita la Procura di Milano aveva messo sotto inchiesta alcuni giocatori dell'Inter per aver preso parte a festini erotici. (Bologna-Inter 2000/01)

GAUCCI PRIMA IL GIAPPONESE, POI IL CINESE, ADESSO COMPRAGLI UN ESQUIMESE

Striscione pesarese contro Luciano Gaucci, all'epoca presidente del Catania e del Perugia, campione di acquisti esotici: oltre al giapponese Nakata si rammentano il cinese Ming Ju, il coreano Ahn, e il primo iraniano della storia del calcio italiano, Rezaei. (Vis Pesaro-Catania 2001/02)

MERO DOVE SEI TU ADESSO È TUTTO BIANCOCELESTE

Striscione e coreografia dei tifosi della Lazio dopo la scomparsa di Vittorio Mero, un difensore del Brescia morto qualche giorno prima in un incidente stradale. Sia la Lazio che il Brescia hanno il bianco e l'azzurro come colori sociali. (Lazio-Udinese 2001/02)

BERTI, ABBASSA GLI OCCHI... NON SEI DEGNO DI GUARDARE LA FIESOLE

Striscione viola che accolse Nicola Berti – già giocatore della Fiorentina – quando tornò a Firenze con la maglia dell'Inter. La curva Fiesole è appunto il cuore del tifo viola. (Fiorentina-Inter 1988/89)

MARADONA SE CI SEI BATTI UN COLPO

Striscione veronese. Maradona ha dei problemi di salute e i veronesi ne invocano... lo spirito. (Verona-Palermo 2003/04)

BOSSI, VALDES CE L'HA PIÙ DURO DI TE

Striscione cagliaritano 1994/95 dopo la celebre sparata di Umberto Bossi, segretario della Lega Nord ("La lega ce l'ha duro"). Julio César Dely Valdés era un attaccante panamense in forza ai sardi.

VENI VIDI VISSO

Striscione romanista che adatta il famoso motto cesareo all'amato presidente del sodalizio giallorosso, Franco Sensi, che era nato a Visso (Mc).

TONI PUTI

Due aste palermitano, stagione 2004/05, per l'attaccante Luca Toni. Traduzione: "Tuo nipote".

CHE MONDO SAREBBE SENZA MONTELLA?

Striscione romanista in cui "Montella" è scritto imitando il logo della Nutella.

COUTO... INTERRUPTUS

Striscione romanista. La squalifica per doping allo stopper laziale Fernando Couto (di dieci mesi poi ridotti a quattro in appello) arrivò nel luglio 2001 con decorrenza dal precedente 27 aprile.

NON VI SALVA NEANCHE DI BELLA

Striscione ravennate per i cesenati malmessi in classifica. In quel periodo si discuteva ardentemente della terapia anticancro del professor Di Bella, che molti consideravano un'ultima spiaggia per i malati. (Cesena-Ravenna 1996/97)

LAPO QUELLE PEDONALI LASCIALE

Striscione viola. (Fiorentina-Juventus 2005/06)

CARLO PETRINI PRESIDENTE DELLA FIGC

Striscione cesenate. Petrini, ex calciatore anni Settanta, è stato autore di alcuni scottanti volumi autobiografici su quello che “nel calcio si fa ma non si deve dire”. (Cesena-Arezzo 2004/05)

NOI SIGNORINI, VOI PELLEGRINI

Striscione genoano. Per la serie "miseria e nobiltà", si gioca sui nomi di Gianluca Signorini e Luca Pellegrini, rispettivamente ex capitani del Genoa e della Samp. Il primo poi tragicamente scomparso a 42 anni per Sla.

THAT'S AMAURI

I palermitani (quasi) come Dean Martin: si inneggia al centravanti Amauri nella strampalata stagione 2006/07.

RAVANELLI E... 10 FAVE

Due aste viola nello spareggio per la A tra la Fiorentina e il Perugia di Ravanelli nel giugno 2004.

IL SIGNORE DEI TRANELLI

La domenica seguente lo scoppio di Calciopoli – l'inchiesta giudiziaria che ebbe al centro le intercettazioni telefoniche del dg bianconero Moggi – tutte le tifoserie nemiche della Juve si scatenarono. Questo è uno striscione viola in Chievo-Fiorentina 2005/06, come:

MOGGI QUI PIGLIA!!!

e

MOGGI VIDEOCHIAMA LA MI' MAMMA E DIGLI CHE 'UN CI SO X CENA

THIE' RRY HENRY

Sfottò granata per gli juventini, sconfitti dall'Arsenal con gol del francese. (Torino-Catania 2005/06)

È ARRIVATO L'OMBRELLAIO

Striscione ascolano per Moratti, beccato la domenica precedente a fare il gesto "dell'ombrello" nel corso del derby. (Ascoli-Inter 2006/07)

DIETA LAPO: IL GIORNO IN BIANCO, LA SERA 3 FINOCCHI

Così parlò un "dietologo" fiorentino in Fiorentina-Juventus 2005/06.

BARESI LIBERO, LA MOGLIE NO

Striscione interista. La moglie della leggenda rossonera Franco Baresi era da poco finita in carcere per riciclaggio di auto rubate. (Milan-Inter 2004/05)

1993-2003: 10 ANNI IN OTTIME MANI

Striscione laziale esposto per il ritorno a Roma da avversario di Luca Marchegiani, storico portiere biancazzurro. (Lazio-Chievo 2003/04)

CALLALO E MACALLI SIETE DUE GLANDI. GENOA CLUB PECHINO

Striscione genoano del 2005 per Franco Carraro e Mario Macalli, rispettivamente presidente della Figc e della Lega di serie C.

MENO MALE CHE NON CE LO HANNO FATTO PAGARE A CHILI

Striscione-vignetta interista dove un sollevato Galliani dice questa battuta riferendosi al nuovo acquisto Ronaldo, che in quel periodo non era un figurino…
(Inter-Milan 2006/07)

HOOLIGANZ

Due aste anconetano 2003/04 per Maurizio Ganz, attaccante dorico.

FINALMENTE A TORINO ARRIVA... QUALCOSA PIÙ BRUTTO DELLA DUNA

Meme circolante dopo l'approdo di Carlitos Tévez alla Juve (estate 2013).

TEVEZ HALLOWEEN ERA IERI

Striscione empolese. (Empoli-Juve, 1 novembre 2014)

SIMPATICI COME AGNELLI, ONESTI COME MOGGI, BELLI COME TEVEZ

Striscione interista. (Inter-Juve 2013/14)

TREZEGAY

Striscione veronese che storpia il cognome dell'attaccante francese juventino David Trezeguet. (Verona-Juventus 2000/01)

FALLISTO TANZI

Dopo il crack Parmalat, i bolognesi ribattezzano il nome del padrone del Parma Callisto Tanzi. (Parma-Bologna 2003/04)

QUESTORE COLUCCI PENE ESEMPLARE

Tra le parole *Colucci* e *pene* troneggia il disegno di un membro ragguardevole... Gli ultrà del Toro sfottono il questore di Genova che, in occasioni di incidenti nel capoluogo ligure, aveva invocato per i tifosi granata pene esemplari. (Torino-Cagliari 2000/01)

GALLIANI C'HAI LA FORFORA

Striscione livornese. (Livorno-Milan 2004/05)

BOBO: SAI CHE ORE SONO?

Striscione milanista per Vieri, recente vittima del furto di un prezioso orologio da polso da sedicimila euro. Due giovani malviventi in scooter avevano urtato lo specchietto della sua Bentley, Vieri aveva aperto il finestrino per rimetterlo a posto e zac!, il gioco è fatto. I due giovinastri fuggono dicendo anche: "Ciao Bobo". (Milan-Chievo 2006/07)

GALLIANI: SEI SOLO CHIACCHIERE E DEPORTIVO

I senesi, dopo Deportivo de La Coruña-Milan 4 a 0, citano una celebre battuta di Al Capone/De Niro nel film *Gli intoccabili*, dove il boss urla contro il poliziotto/Costner: "Sei solo chiacchiere e distintivo". (Siena-Milan 2003/04)

IL VOLO DEL CONDOR È FINITO PER DAVVERO, FINALMENTE ANCHE TU SEI UN PARAMETRO ZERO

Striscione milanista. Il 13 aprile 2017 Fininvest cede il Milan a Li Yonghong, Galliani termina la sua carriera in rossonero. (Inter-Milan 2016/17)

PALMAS, SATTA E KARTIKA: ANCHE IN CURVA VOGLIAM + F - - A

Striscione atalantino per le veline Giorgia Palmas, Melissa Satta e la modella Kartika, rispettivamente compagne dei nerazzurri Bombardini, Vieri e Ventola.

GENNARO SALI CHE È PRONTA LA PEPERONATA

Striscione interista per Gattuso. (Inter-Milan 2006/07)

PIPPO FINO AI MONDIALI POI GIURO CHE SMETTO

Allusivo striscione visto a Firenze per Italia-Germania amichevole pre mondiale 2006, in onore (spero!) di Inzaghi.

ARMANI SARTO SUBITO

Striscione capitolino apparso in Lottomatica Roma-Armani Jeans Milano. Campionato di basket 2005/06.

BORUSSIA-JUVE: 3 A 1... TUTTA PARMA SE LA RIEDLE!

I parmensi dopo la vittoria del Borussia Dortmund nella finale di Champions 1997, con doppietta del tedesco Kalle Riedle. (Verona-Parma 1996/97)

GUIDOLIN SOSTITUISCITI

Striscione bolognese verso il proprio allenatore dell'epoca Guidolin.

OH DINO E SI FA CAHARE

Spassionata constatazione dei tifosi viola rivolta all'allenatore Dino Zoff. (Chievo-Fiorentina 2004/05)

18 ANNI DI LAZIO: HAI DATO TANTO, HAI RICEVUTO TUTTO E NONOSTANTE CIO' NESSUN SALUTO. LO FACCIAMO NOI: CIAOOOOO

Piccatissimo striscione laziale rivolto all'ex bandiera Alessandro Nesta, da poche settimane al Milan. (Lazio-Milan 2002/03)

LAPO: C'È STRISCIA X TE

Striscione milanista a Empoli nel 2005/06.

FIAT: DOPO LA TOPOLINO SI VOLE LA PIPPO

"Consulenza di marketing" viola per la Fiat di Lapo Elkann. (Fiorentina-Juventus, Coppa Italia 2005/06)

GENOA, COMO, MODENA: GIOCHI PREZIOSI

Striscione genoano nella prima partita casalinga 2003/04. Enrico Preziosi, re italiano dei giocattoli, possedeva al tempo due squadre nella stessa serie, e quote di una terza – il Modena – militante in un'altra. I tifosi del grifone sembravano essere i primi a nutrire delle perplessità. (Genoa-Treviso 2003/04)

RONALDO ISCARIOCA

e

UNA VOLTA ERI COME L'ORO, ADESSO SEI COME LORO

Striscioni interista. Dopo il quinquennio all'Inter non è gradito il ritorno a Milano di Ronaldo, sull'altra sponda. (Inter-Milan 2006/07)

A ZAGO: TE LO INSEGNANO A' ELEMENTARI!

Battuta rivolta al difensore brasiliano della Roma dopo un suo disimpegno errato.

E ADESSO VENDI ANCHE L'AQUILA

Striscione laziale contro l'ex presidente Cragnotti dopo le cessioni della bandiera Nesta e del bomber Crespo.

TALDO VAI A VOTARE

Striscione pistoiese. Nella finale playoff di C1 contro il Lumezzane, l'attaccante avversario Carlo Taldo era squalificato, e nello stesso giorno – il 13 giugno 1999 – c'erano le elezioni comunali, provinciali ed europee…

LAPO ATTACCATI AL TRANS

Striscione dei tifosi del Poggibonsi.

SHEVA A LONDRA PER L'INGLESE, GATTUSO DOVE PER L'ITALIANO?

Striscione interista. Tra i motivi addotti da Shevchenko in merito al distacco dal Milan e al conseguente trasferimento al Chelsea, anche quello dell'apprendimento dell'inglese. (Milan-Inter 2006/07)

IBRA TI ODIO PIÙ DEL MIO CAPO

Striscione milanista per Zlatan Ibrahimović, quando Ibra giocava per i cugini. Come si cambia... (Milan-Inter 2006/07)

IBRA ESCILO

Il lapidario appello ad arieggiare l'intimo è di una tifosa del Brescia. (Brescia-Milan 2019/20)

PER VEDERE ZUCCALÀ SIAM VENUTI FINO QUA

Striscione romanista anni Ottanta esposto in un Como-Roma. Franco Zuccalà è stato uno storico ed estroso inviato della *Domenica Sportiva*.

SONO ANNI CHE GIOCO LA SCHEDINA, SE CHIAMAVO MOGGI FACEVO PRIMA

Striscione cesenate. (Cesena-Catanzaro 2005/06)

MONICA BELLUCCI TORNA IN ITALIA

Striscione bolognese esposto a Lione.
La bellissima attrice all'epoca viveva già in Francia...
(Lione-Bologna, Coppa Uefa 1998/99)

DRAG QUEEN ELIZABETH

I romanisti contro gli inglesi del Middlesborough in Coppa Uefa, stagione 2005/06.

FRAU... MARLENE

Striscione spezzino in Spezia-Pisa 2000/01.
Alessandro Frau è un tornante in forza ai toscani.
Il Frau Marlene è una nota disco versiliese, locale alternativo con clientela variegata con preminenza gay.

LA FOSSA A YOKOHAMA L'HA SCAVATA COSTACURTA

Gli interisti rivolti alla Fossa dei Leoni Milan. Nella finale di Coppa Intercontinentale contro il Boca Juniors, persa ai rigori, Costacurta batté e fallì malamente uno dei penalty prendendo una zolla di terra. (Milan-Inter 2004/05)

GALLIANI È ZIO FESTER, IL FIGLIO IL CUGINO IT

Gli interisti prendono spunto dalla Famiglia Addams. (Inter-Milan, Champions League 2004/05)

MORATTI ESCE DI SCENA, VUOLE STARE DIETRO LE QUINTE

Striscione milanista. (Milan-Inter 2003/04)

FACILE ESSERE GAY COL CULO DEGLI ALTRI

Goliardico striscione cremonese riferito all'attaccante Matteo Gay del Pizzighettone. (Cremonese-Pizzighettone 2003/04)

MOGGI È INUTILE KE TU CHIAMI CON L'ANONIMO

Striscione viola. (Fiorentina-Reggina 2005/06)

AFEF GATTA NERA TRONCHETTI GATTA BUIA

Striscione milanista per Marco Tronchetti Provera – azionista e sponsor nerazzurro – e signora. (Milan-Inter 2006/07)

E LA ROMA PIANGE: WEAH WEAH

Striscione laziale. La Roma quindici giorni prima aveva perso 1 a 2 col Milan grazie a una doppietta dell'attaccante liberiano. (Roma-Lazio 1995/96)

LA MESSA È FINITA

Striscione bolognese per il proprio allenatore Francesco Guidolin, tacciato di essere un "prete", esposto nell'ultima partita di una stagione deludente. (Bologna-Reggina 2002/03)

ASPIRAPOLVERE LAPORETTO

Un tifoso milanista pronto per una dimostrazione porta a porta… (Milan-Juventus 2005/06)

DI GIORNO LA PIPPI, LA SERA LO PUPPI

Un tifoso viola scandisce drasticamente la giornata di Lapo Elkann. (Fiorentina-Juventus 2005/06)

GIANNI SONO OTTIMISTA

Un due aste bresciano 2003/04 parafrasa Tonino Guerra nello spot tv Unieuro, rivolgendosi però a Gianni De Biasi, allenatore delle rondinelle.

GATTUSO TRANQUILLO NON È AVIARIA C'HAI IL MORBILLO

Striscione interista. (Inter-Milan 2005/06)

Durante il campionato di C1 2001/02, in Taranto-Catania, i pugliesi avevano esposto uno striscione blasfemo su sant'Agata, patrona di Catania. Nella partita di ritorno, al gol dell'1 a 0 per il Catania, i siciliani risposero con:

S. AGATA VEDE

sul 2 a 0:

E PROVVEDE

sul 3 a 0:

ANDATE IN PACE

NO PARKS

Striscione anconetano per l'attaccante ascolano Parks, con tanto di divieto di sosta. (Ancona-Ascoli, Coppa Italia 2002/03)

ILARY... COPRETE C'È VENTO

Striscione laziale sul presunto flirt tra er Pupone e Flavia Vento. (Roma-Lazio 2006/07)

MOGGI HA SCELTO REBIBBIA XCHÉ A SAN VITTORE NON C'È CAMPO

Uno "scoop" granata in Torino-Rimini 2005/06.

IO SONO FIGO, IO L'HO GROSSO, IO FO KAKÀ

Tre giovani interisti sorreggono questo lungo striscione sui nerazzurri Luís Figo, Fabio Grosso e l'asso rossonero Kakà. Ora che ci ripenso, l'ultimo ragazzo aveva l'aria un po' abbacchiata... (Milan-Inter 2006/07)

DEL PIERO VOTA PANNELLA

Striscione romanista. Le parole dell'allenatore giallorosso Zeman sulla "sbalorditiva crescita muscolare di Vialli e Del Piero" diedero il via alle indagini culminate nel processo doping che investì la Juve. Marco Pannella, storico leader del Partito radicale e antiproibizionista convinto. (Roma-Juventus 1998/99)

MONTANO... E L'HAI PRESA DI PRIMO PELO

Striscione livornese per lo sciabolatore Aldo Montano. Si dubita della virtù della (ex) compagna Manuela Arcuri.

LOTITO TE CREDO CHE CASO NUN SE DISCUTE: NUN JE DAI UNA LIRA

Laziali sottolineano lo scarso stipendio dell'allenatore Mimmo Caso. (Lazio-Bologna 2004/05)

TRA MOGGI E PAIRETTO NUN SE PIJA UN PICCHETTO

Lamento di uno scommettitore romanista.
Pierluigi Pairetto all'epoca era il designatore degli arbitri.
Finì nella bufera per le frequenti conversazioni
col dirigente juventino Moggi.
(Inter-Roma, Coppa Italia 2005/06)

GATTUSO SALUTACI CON LA MANO XCHÉ A PAROLE NON TI CAPIAMO

Striscione interista.

BISCARDI DIMMI SE L'È FALLO

Striscione viola con un organo maschile disegnato in calce.
Uno dei momenti più attesi del *Processo* di Biscardi
era per l'appunto "il Moviolone".
(Livorno-Fiorentina 2004/05)

LAPO DOPO LA PUNTO LA RIGA

Striscione viola per il rampollo di casa Fiat
in Lazio-Fiorentina 2005/06.

COR CILENO NEGLI SPOJATOI OCCHIO AI PORTAFOJ

I romanisti per il laziale Salas. (Lazio-Roma 1998/99)

GALLIANI LEVATE ER CASCO

Striscione romanista.

MOGGI ERANO PIÙ SICURI I PIZZINI

Striscione dell'Inter Club Novate in Inter-Siena 2005/06. Proprio grazie a questa trovata, il Club si è aggiudicato lo Scudetto degli striscioni 2006 intitolato a Sandro Ciotti.

ONORE A KAROL WOYTILA IL + GRANDE ULTRAS DELLA FEDE IN DIO

Striscione bresciano dopo la scomparsa del pontefice. (Milan-Brescia 2004/05)

FICARRA E PICONE TITOLARI

Striscione azzurro in Italia-Islanda, amichevole a Padova nel marzo 2005, memorabili gli sketch del duo comico nei panni di due calciatori.

TRANQUILLO BABBO VIERI LA VELINA TE LA PARCHEGGIAMO NOI

Striscione milanista. Poco tempo prima un finto parcheggiatore aveva rubato beffardamente la fuoriserie di Vieri davanti a un locale milanese.
(Milan-Inter 2004/05)

Sullo stesso episodio:

BOBO È UN GRAN SIGNORE CHE REGALA L'AUTO AL POSTEGGIATORE

ENZO PAOLO NEDVED

Striscione viola. Si accomunano i biondissimi Enzo Paolo Turchi – ballerino, coreografo, compagno di Carmen Russo – e Pavel Nedvěd. (Fiorentina-Juventus 2005/06)

TOTTI È DI UBIALE

Scoop milanista che mette in dubbio la romanità del Pupone. Ubiale Clanezzo è un ameno paesino della Val Brembana!
(Milan-Roma 2004/05)

AUGURI PRUZZO

Nel 1984/85 il derby Roma-Lazio cade l'11 novembre e i laziali fanno gli "auguri" al bomber giallorosso in occasione di san Martino, protettore dei cornuti.

IL FENOMENO NOI CE L'ABBIAMO TRA LE GAMBE

Sfottò leccese riferito al soprannome di Ronaldo in Lecce-Inter 1997/98. Ronaldo apprezzò l'umorismo ma li "ripagò" con due gol...

MOGGI 'UN TU POTEVI METTERE I' PRIVATO?

Rimbrotto viola in Fiorentina-Reggina 2005/06.

VOI LE SIRINGHE, AGRICOLA CE METTE LA ROBA... E TOTTI VE DÀ ER CUCCHIAIO: 'A TOSSICI!

Striscione romanista riferito al processo doping alla Juve e al suo medico sociale. (Roma-Juventus 2003/04)

GATTUZOO

Striscione interista. (Inter-Milan 2005/06)

ROMERO PRESTACI IL PHON

Striscione granata per l'ex – scarruffatissimo – presidente del Torino. (Genoa-Torino 2004/05)

MOGGI DA TE 'UN ME L'ASPETTAVO

Striscione viola, all'indomani dello scoppio di Calciopoli. (Fiorentina-Reggina 2005/06)

NOI AMIAMO LA SORELLA DI FIGO

Visto in Inter-Juventus 2005/06.

SENSI FACCIO "6" E ME TE COMPRO

Un romanista ottimista contesta il proprio presidente Franco Sensi.

ALI BABÀ E I 40 MOGGI

Striscione sampdoriano. (Samp-Lecce 2005/06)

MOGGI-BETTEGA-GIRAUDO IL VOSTRO TRIPLETE

Striscione nerazzurro. Si cita la Triade al vertice della Juventus ai tempi di Calciopoli. (Inter-Juve 2013/14)

COCHI E RENATO, CICCIO E FRANCO, STANLIO E OLLIO, MAROTTA E DELNERI E L'ITALIA RIDE ANCORA

Tifosi juventini ironizzano su direttore sportivo e allenatore bianconeri. (Juve-Brescia 2010/11)

KRASIC A TE TANIA CAGNOTTO FA UNA PIPPA

Striscione milanista per il centrocampista juventino Krasić, tuffatosi nella partita Bologna-Juventus e poi squalificato per due giornate in seguito alla prova tv. Tania Cagnotto, leggenda tricolore dei tuffi. (Milan-Juve 2010/11)

ODDO, MEGLIO SINDACALISTA CHE TERZINO

Striscione milanista per Massimo Oddo, difensore rossonero. Come portavoce dell'Associazione Italiana Calciatori, nel 2010, conduce le trattative con la Lega Calcio per il rinnovo del contratto collettivo. (Milan-Brescia 2010/11)

BEDDA... MATRI AIUTACI TU

L'attaccante Alessandro Matri è approdato in bianconero due giorni prima, i supporters bianconeri lo invocano in siciliano. (Palermo-Juve 2010/11)

BOSSI T'È RIMASTA 'NA SCUREGGIA

Caustico striscione romanista "dedicato" a Umberto Bossi, leader storico della Lega Nord. (Roma-Genoa 2010/11)

DI BENEDETTO C'AVETE SOLO IL CULO DE ILARY

Due aste juventino, l'imprenditore Thomas DiBenedetto sarebbe in procinto di acquistare la Roma. (Roma-Juventus 2010/11)

CASSANO A VITA? SÌ, LO VOGLIO

Striscione dei tifosi sampdoriani affisso sul Lungomare Rossetti a Santa Margherita Ligure (Ge), il giorno del matrimonio di Antonio Cassano celebratosi a Portofino nel giugno 2010.

HO SPESO PIÙ IO IN VINO CHE CAIRO NEL TORINO

Due aste di un tifoso granata dedicate al loro presidente. (Torino-Portogruaro 2010/11)

IL MATES COME IL TITANIC

Il *Mates* era lo yacht di Mancini, ai tempi allenatore dell'Inter. Striscione viola in Fiorentina-Inter 2004/05.

IN UN MONDO DI OPPORTUNISTI E DI FIGLI DI PUTTANA AVEVAMO TROVATO IL NOSTRO INTERPRETE MIGLIORE

Striscione interista dopo l'addio di Ronaldo, che Moratti aveva strapagato, coccolato e aspettato nonostante i suoi lunghi infortuni. (Inter-Torino 2002/03)

AVITI U CEKO AVITI U MUTU VI MANCA U SURDU

Rapporto palermitano sulla campagna acquisti juventina: il riferimento è a Nedvěd e Mutu. (Palermo-Juventus 2004/05)

BOBO FINALMENTE GUADAGNI QUANTO ME

Striscione romanista al momento in cui Vieri firma un accordo con l'Atalanta per cui percepirà circa 1500 euro al mese più i bonus per eventuali gol. (Inter-Roma, Supercoppa estate 2006)

DE COUBERTIN ERA INTERISTA

Striscione parmense. Il barone De Coubertin fu il fondatore dei moderni Giochi Olimpici e il teorico di "l'importante è partecipare". (Parma-Inter 2005/06)

GIANCARLO NON FARE SCHERZI PRIMA FAI IL GIUDIZIO UNIVERSALE

Striscione viola per il loro "dio" Antognoni, pochi giorni prima colpito da un attacco di cuore. (Fiorentina-Inter 2004/05)

SAN GENNARO SQUAGLIA 'O SANGUE, 'O NAPULE SQUAGLIA 'O FEGATO

Striscione napoletano.

ROCCHI BALBOA

e

SESSO DROGA E ROCCHI GOL

Striscioni laziali per l'attaccante Massimo Rocchi.

VENI VIDI VUCINIC

Striscione romanista 2006/07 per l'attaccante montenegrino Mirko Vučinić.

MEANI: L'ADDETTO ALL'ARBITRO O L'HA DETTO ALL'ARBITRO?

Striscione senese. Leonardo Meani è l'ex addetto milanista agli arbitri finito nell'occhio del ciclone durante Moggiopoli. (Siena-Milan 2006/07)

TRAP... POCO SI VINCE

Scritta sul muro al tempo di Trapattoni a Firenze.

CE L'HO QUANTO ZORO

Un messinese sulle "misure" del difensore ivoriano Marco André Zoro. (Juventus-Messina 2004/05)

NON SONO FIGO MA CE L'HO GROSSO

Striscione-*calembour* nerazzurro su Luís Figo e Fabio Grosso. (Inter-Catania 2006/07)

STAVI TIRANDO SU LA FIAT. NON TI BASTAVA?

Striscione viola per Lapo Elkann. (Lazio-Fiorentina 2005/06)

MATURITÀ 97/98 TEMA: IL FENOMENO GRILLI

Striscione teramano per il proprio portiere Fabrizio Grilli.

IL NOSTRO CAMPIONATO? NAKATASTROFE

Calembour viola sul proprio centrocampista Hidetoshi Nakata, vero e proprio oggetto misterioso. (Fiorentina-Udinese 2004/05)

SMONTELLA... MOLI

Romanisti a Reggio Calabria per Vincenzo Montella. (Reggina-Roma 2004/05)

NOI I TONI LI FACCIAMO COR CULO

Un fenomeno livornese rivolge il suo "saluto" all'attaccante rosanero Toni. (Livorno-Palermo 2004/05)

LA VECCHIA SIGNORA? PATRIZIA

Striscione rossonero in Milan-Juventus 2005/06. Si fa riferimento alla trans che avrebbe salvato Lapo Elkann da un'overdose di cocaina la notte dell'11 ottobre 2005.

BONO ANNULLAME ER MUTUO

... esco un momento dal calcio (ma resto allo stadio)! Uno spiritoso fan degli U2 si rivolge a Bono Vox, leader della band in prima linea per la campagna di cancellazione del debito dei Paesi poveri. (Visto a Roma al concerto degli U2, nel luglio 2005)

ALESSANDRA, DELLE TUE CANZONI NON CONOSCIAMO UNA RIGA, SIAMO QUI SOLO PER LA FIGA

Striscione sincero al concerto di Alessandra Amoroso al Forum di Milano, 2016.

IN UNO SPORT DOVE IL DOPING È OMOLOGATO TU L'UNICO PERSEGUITATO

Striscione cesenate all'indomani della morte dell'asso del ciclismo Marco Pantani. (Prato-Cesena 2003/04)

CON BURDISSO E CAMBIASSO NON SI VINCE UN CASSO

I milanisti "mettono in mezzo" i due argentini interisti. (Milan-Inter 2004/05)

MOGGI FACCI DU' SQUILLI

Striscione viola in Fiorentina-Reggina 2005/06.

AVE GIUDA

I romanisti per l'ex allenatore Capello passato alla Juventus. Don Fabio l'anno precedente aveva dichiarato: "Non mi interessa andare alla Juventus". (Juventus-Roma 2004/05)

DALLE 8 ALLE 20 FORMIGONI BLÒCCATI I COGLIONI

Interisti sulla proposta del governatore lombardo di bloccare il traffico. (Inter-Bologna, Coppa Italia 2004/05)

GIAMPÀ 147 PUNTI: SCUDETTO VINTO

Cinico striscione reggino. Il calciatore messinese Giampà finendo contro un cartellone pubblicitario si era squarciato la coscia. (Messina-Reggina 2004/05)

DEL PIERO SPOSAMI CHE POI AL TUO UCCELLO CI PENSO IO

Una tifosa bianconera affigge la pubblicazione di matrimonio. (Juve-Parma 2004/05)

PRUZZO 'O REY STAVOLTA FANNE SEI

La domenica precedente il bomber romanista Pruzzo aveva realizzato una "pentapletta" giocando contro l'Avellino. (Fiorentina-Roma 1985/86)

GRAZIANI: PER LE CILIEGIE SIAMO FUORI STAGIONE... PER LE FRAGOLE È ANCORA PRESTO... COMPRACI L'UVA... CI VA BENE LO STESSO

Striscione dei tifosi dell'Arezzo, a cui il presidente Graziani aveva promesso l'acquisto di una *ciliegina.*

NAPOLEONE CULATTONE

Tifosi italiani a Berlino 2006 prima (e dopo) Italia-Francia.

TOTTI COR TU DITO MI CI SCACCOLO

Striscione livornese sull'abitudine del Pupone di festeggiare i gol succhiandosi il pollice. (Livorno-Roma 2006/07)

ER PUPONE FIJO DE ROMA, ER PUPETTO FIJO DE CHI?
e
AUGURI TOTTI PER IL PUPINO, SPERIAMO DIVENTI PRESTO LAZIALE O JUVENTINO

Perfidi striscioni messinesi all'indomani
della nascita di Christian Totti.
(Messina-Roma 2005/06)

A PELLIZZOLI SEI COME ER 53, NUN ESCI MAI

Battuta romanista per il proprio portiere.
(Fiorentina-Roma 2005/06)

STRISCIA LA PATRIZIA

Striscione viola in Fiorentina-Juventus,
Coppa Italia 2005/06. Si fa sempre riferimento
al caso che ha coinvolto Lapo Elkann nel 2005.

CICCIO BAIANO L'VIII NANO

I grossetani sull'ex attaccante viola Ciccio Baiano.
(Sangiovannese-Grosseto 2004/05)

METODO BOJINOV-KNAUS

I viola per il nuovo arrivato Valeri Bojinov. Si gioca sull'assonanza con il metodo anticoncezionale Ogino-Knaus. (Fiorentina-Palermo 2004/05)

REAL: 60 MIL PER KAKÀ? UHM... MEGLIO STITICI

Striscione viola. (Fiorentina-Milan 2006/07)

TANTI MESI X LA FIRMA E PER LEGGERE?

I leccesi sul rinnovo del contratto del barese Cassano. (Lecce-Roma 2005/06)

CASSANO DE GALACTICO SOLO LI BRUFOLI

I romanisti all'indomani del trasferimento di Cassano ai "galacticos" del Real Madrid. (Treviso-Roma 2005/06)

BANDA MOGGIOTTI

Striscione interista. (Inter-Siena 2005/06)

MAKINWA Z

Due aste genoano 2004/05 di sapore manga per il proprio attaccante nigeriano Stephen Makinwa.

17 PORTA MALE? PAZIENZA

Striscione viola per il proprio centrocampista Michele Pazienza che indossa il numero 17. (Fiorentina-Livorno 2005/06)

HO UN CAPELLO SULLE PALLE

Lamento viola per l'allenatore dei bianconeri. (Juventus-Fiorentina 2004/05)

HO SPESO TUTTI I SOLDI IN ALCOL, DONNE E MOTORI. IL RESTO LI HO SPERPERATI

Striscione romanista che commemora George Best, estrosa stella del calcio inglese morto di cirrosi, con la sua frase più celebre. (Roma-Fiorentina 2005/06)

O LAPO NOI BISTECCA, TE TAGLIATA?

Comanda viola in Fiorentina-Juventus,
Coppa Italia 2005/06.

BAZZA NON LASCIARCI NELLA MERZ

L'attaccante sampdoriano Bazzani,
con grande preoccupazione dei tifosi,
aveva chiesto il trasferimento alla Lazio
per stare più vicino alla compagna Alessia Merz.
(Sampdoria-Udinese 2004/05)

DESIGNATORI: MA CE FATE O CE SIETE?

Dopo aver espulso l'anconetano Ganz per un fallo di mano inesistente in Ancona-Reggina 2003/04, suscitando violente polemiche, l'arbitro Palanca viene ridesignato per Ancona-Inter di 15 giorni dopo.

ALEX TE LO APPOGGIAMO NOI L'UCCELLO SULLA SPALLA

I livornesi a Torino. (Juventus-Livorno 2004/05)

MOURINHO A TUA MADRE MI TIGNO

Propositi perversi rosanero. L'allora allenatore del Chelsea aveva infelicemente detto di temere la trasferta a Oporto definendola "pericolosa come Palermo". (Palermo-Atalanta 2004/05)

MOGGI DOV'È SMITHERS?

Striscione viola riferito a Mr Smithers, il datore di lavoro di Homer Simpson, che somiglia in modo impressionante a Lucianone. (Fiorentina-Juventus 2004/05)

DI CANIO MA QUALE BANDIERA? SEI 'NO STRACCIO

Striscione romanista per l'idolo laziale Paolo Di Canio. (Lazio-Roma 2004/05)

LAPO: FERMI TUTTI, TIRO IO

Striscione leccese in Lecce-Juventus 2005/06.

TOTTI 108, ILARY 100 €

I laziali ci vanno giù pesanti nel momento in cui Totti ha appena superato il record dei 108 gol in maglia romanista. (Lazio-Roma 2004/05)

LAPO STAI CALMO
È SOLO NEVE

Striscione viola. (Fiorentina-Juventus, Coppa Italia 2005/06)

IL COLMO:
C'HAI LA MAMMA ZOCCOLA
E IL PRESIDENTE CALZOLAIO

Gli empolesi al tifoso fiorentino medio riferendosi a Della Valle. (Empoli-Fiorentina 2005/06)

CAMILLA È 'NA ZOCCOLA

Striscione juventino per Camilla Parker-Bowles. Quando si dice *evergreen*... (Juventus-Liverpool, Champions League 2004/05)

SE AGRICOLA
ERA ER MEDICO DER VATICANO,
ER PAPA ANCORA SCIAVA

Striscione romanista affisso all'indomani della condanna in primo grado inflitta a Riccardo Agricola – medico sociale bianconero – nel noto processo per doping. Il pontefice cui si fa riferimento è Giovanni Paolo II, in gioventù appassionato sciatore. (Roma-Juventus 2004/05)

MA CHI TROMBA OGNI MORTE DI PAPA SALTA IL TURNO?

L'11 febbraio 2013 papa Ratzinger annuncia le sue dimissioni e 17 giorni dopo lascerà il soglio pontificio. Un tifoso viola chiede lumi.
(Fiorentina-Genoa 2012/13)

ZEMAN, IL PAPA HA AVUTO PIÙ DIGNITÀ

Striscione romanista. Due domeniche prima il tecnico boemo – dopo una sconfitta interna per 4 a 2 e con la squadra ottava in classifica – era stato esonerato.
(Roma-Juve 2012/13)

SENZA PAPA, SENZA GOVERNO, SENZA SOLDI. CI RESTI SOLO TU, FORZA NAPOLI

Marzo 2013. Siamo nell'interregno tra il governo Monti e il governo Letta, tra il pontificato di Ratzinger e quello di Bergoglio. Le certezze sono poche.
(Napoli-Juve 2012/13)

CARO FRANCESCO PREGHIAMO PER TE E LIBERACI DALLA TESSERA DEL TIFOSO

Sempre i devoti tifosi del Napoli dedicano al neoeletto papa Francesco un chilometrico striscione, per di più scritto in perfetto spagnolo. (Napoli-Atalanta 2012/13)

SE LAZARONI È UN ALLENATORE, IO SONO IL PAPA

Striscione fiorentino nella stagione 1991/92 per il brasiliano Sebastião Lazaroni, coach viola quell'anno, già impalpabile allenatore della Nazionale verdeoro a Italia '90.

A NOI IL TRAP A VOI LO STRUNZ

Striscione milanista memore della famosissima sfuriata del Trapattoni allenatore del Bayern Monaco. Uno dei suoi principali bersagli fu il centrocampista Thomas Strunz. Una delle sequenze più *blobbate* di sempre. (Milan-Bayern Monaco, Champions League 2005/06)

TRANQUILLO ADEM QUESTO ROSSI È GIUSEPPE

I fiorentini rassicurano il loro centrocampista Liajić: il Rossi nuovo compagno di squadra non è Delio Rossi, l'allenatore viola che nel maggio del 2012 perse le staffe e lo prese a cazzotti in panchina durante Fiorentina-Novara. (Fiorentina-Pescara 2012/13)

MA LAMELA NON GIOCA PERCHÉ C'HA I BACHI?

Tifosi viola chiedono conto dell'assenza nelle file avverse di Erik Lamela. (Fiorentina-Roma 2012/13)

I MARÒ IN ITALIA, MARONI IN INDIA

Striscione interista dell'aprile 2013. Dal febbraio dell'anno prima i due fucilieri di Marina Latorre e Girone sono in stato di fermo in India, in seguito all'uccisione di due pescatori del posto, scambiati per pirati; episodio che dà luogo a una lunga controversia internazionale. Roberto Maroni è il ministro degli Interni che nel 2009 emanò la direttiva con cui si introdusse la contestata Tessera del Tifoso. La curva nord propone uno scambio alla pari. (Inter-Atalanta 2012/13)

FINALOTELLI

Dopo la doppietta rifilata ai tedeschi in semifinale, una tifosa sprona Super Mario durante la finale con la Spagna. Non basterà... (Italia-Spagna 0 a 4, finale Euro 2012)

ANTÒ MI SEI MANCATO PIÙ DELLA TREDICESIMA

Dopo una squalifica, sulla panchina juventina torna a sedersi Conte, uno tifoso bianconero rende l'idea. (Juve-Atalanta 2012/13)

CHIABOTTO TOP-A PLAYER

Cristina Chiabotto, showgirl, già Miss Italia 2004, juventina. (Torino, partita del cuore 2013)

PILLOLE BAYERN, POSOLOGIA PER PRISCO: TRE PILLOLE IN SETTE MINUTI

I milanisti dopo l'eliminazione interista dalla Coppa Uefa 1988/89 a opera del Bayern Monaco con 3 gol in 7 minuti. Peppino Prisco era il sagace vicepresidente interista.

GULLIT VIADOS

Striscione interista di fine anni Ottanta contro Ruud Gullit, allora centrocampista del Milan, dalla vistosa chioma rasta.

MARINA LA ROSA LA VOSTRA REALTÀ, SOLO CORNUTI IN QUESTA CITTÀ

Striscione beneventano in Messina-Benevento 2000/01. Marina era la "Gattamorta" messinese della prima edizione del *Grande fratello*, dove aveva rivelato a mezza Italia le sue scappatelle, con buona pace del fidanzato Ciccio.

BASTA BOMBE IN SERBIA, TUTTE SU TOCCAFONDI

Striscione pratese contro il proprio presidente, ai tempi della guerra nella ex Jugoslavia. (Pisa-Prato 1998/99)

RONALDO SPONSORIZZATO DALLA ZOPPAS

e

RONALDO È QUA E SALTA INSIEME A NOI

Spietati striscioni juventini contro l'interista Ronaldo, infortunatosi gravemente al ginocchio qualche giorno prima nel corso dell'incontro Lazio-Inter.
(Inter-Juventus 1999/2000)

23 DIANA AIMO DANNEGGIA GRAVEMENTE GLI AVVERSARI

Due aste doriano inneggiante al proprio difensore, e che riproduce il pacchetto di sigarette omonimo. Sulla falsariga di questo esistono stendardi analoghi per Maldini (Milan) e per Prisciandaro (Cremonese).

DEL PIERO AL CERVIA

Striscione palermitano. Il Cervia è la squadra di eccellenza protagonista del reality show *Campioni*. (Juventus-Palermo 2004/05)

ADRIANO È STANKOVIC? DATEGLIE DU MATERAZZI

Striscione giallorosso. (Roma-Inter 2005/06)

QUANDO VEDO IL MILAN MI VIENE DI KAKÀ, QUANDO VEDO IL PALERMO MI VIENE GROSSO

Le due opzioni di un tifoso palermitano. (Milan-Palermo 2005/06)

MATERAZZI A FORZA DI ALZARE IL GOMITO RISCHI DI PERDERE I PUNTI SULLA PATENTE

Striscione ascolano riferito all'ennesima gomitata di Materazzi, stavolta a Sorín del Villareal.
(Ascoli-Inter 2005/06)

DOPO NESTA E CRESPO VENNETEVE PURE QUESTO

Striscione romanista raffigurante un culo gigante e riferito alle numerose cessioni della Lazio.
(Stagione 2002/03)

TOTTI FOREVER, NESTA FOR... SE

Due aste romanista. Nesta era appena passato dalla Lazio al Milan.
(Stagione 2002/03)

RINGHIO BOYS

Stendardo milanista per Gattuso, parodia dei Ringo Boys della pubblicità.
(Stagione 2003/04)

MATERAZZI SOMARO MANNARO

Striscione milanista.

MATERAZZI,
IL NOSTRO UOMO BUONO

Una tifosa interista va controcorrente.
(Inter-Roma 2005/06)

BAGGIO AGLI EUROPEI,
TOTTI AL CIRCO ORFEI

Striscione italiano seguente allo sputo di Totti al danese Poulsen a Euro 2004. Come si ricorderà, Baggio non era stato convocato.

VOTA-TONI VOTA-TONI

Striscione "elettorale" viola mutuato dalla celebre battuta di Totò nel film *Gli onorevoli.* (Fiorentina-Ascoli 2005/06)

ABBIATI CONTROLLA LA RIGA

Striscione milanista dedicato al loro portiere. In Milan-Juve dell'anno precedente, al rossonero non fu convalidato un gol: tv e foto mostrarono come la palla fosse ben oltre la riga di porta. (Milan-Juve 2012/13)

BONOLIS ERI MEGLIO BALBUZIENTE

Striscione milanista dopo un duro attacco del conduttore – tifosissimo dell'Inter e balbuziente in gioventù – sui presunti aiuti ricevuti dal Milan. (Milan-Napoli 2012/13)

SI SENTE PIÙ IL SILENZIO CHE LA VOSTRA VOCE

Striscione laziale. (Lazio-Atalanta 1990/91)

È VERO: SIAMO IL DODICESIMO UOMO IN CAMPO. MA GLI ALTRI UNDICI DOVE SONO?

Striscione milanista. (Milan-Como 1988/89)

CHI CAMBIA CANALIS È UNA FACCIA DA PIRLO

Striscione interista. Mutuato da uno slogan della Gialappa's Band, è rivolto ai continui tira e molla di Vieri e della sua compagna, Elisabetta Canalis. (Inter-Milan 2004/05)

METÀ DE GIALLO E METÀ DE ROSSI

Striscione romanista. (Roma-Inter 2005/06)

TOTTI A UNO SPUTO DAL PALLONE D'ORO

Striscione juventino. Si riferisce ancora allo sputo di Totti al danese Poulsen nella prima partita dell'Europeo 2004, che costò al fantasista romano una sonora squalifica. (Juventus-Roma 2004/05)

ALEX VOLA DALLE TUE PASSERE

Striscione di un gruppo di tifose bianconere. (Juventus-Parma 2004/05)

FERRERO E FLACHI, BAGNI OCCUPATI

Striscione genoano 2014/15. Francesco Flachi, ex regista della Sampdoria, ha accumulato oltre 12 anni di squalifica per positività alla cocaina. Ferrero all'epoca è il presidente dei blucerchiati.

NO CASSANO MA CASSONE

Striscione viola che ironizza sul sovrappeso del Pibe de Bari. (Fiorentina-Roma 2004/05)

L8 COME GATTUSO

Gioco di parole su un due aste milanista, riferito al numero della maglia di Ringhio. (Stagione 2004/05)

BERLUSCA DOPO KAKÀ COMPRA BIDÈ

I viola in Fiorentina-Milan 2004/05.

CONTRO RINGHIO PROVATE CON LE POLPETTE

Striscione milanista.
(Milan-Psv, Champions League 2004/05)

1 PIRLO IN CAMPO... 6.000 PIRLA IN CURVA

Striscione interista per i cugini.
(Milan-Inter, Champions League 2002/03)

OGGI VI APPLAUDO IO GRAZIE DI TUTTO. BAGGIO

Brescia-Lazio 2003/04: ultima partita di Roby Baggio. Il Codino fa preparare lo striscione e lo fa esibire dai suoi compagni di squadra in un giro di campo.

BAGGIO È COME NOI... LO METTE SEMPRE DENTRO

Due aste bresciano.

BISOLI SVEGLIALO

Striscione viola rivolto al vice di Dino Zoff, leggenda azzurra – evidentemente un po' troppo flemmatica – allenatore della squadra gigliata.
(Fiorentina-Juventus 2004/05)

Sullo stesso andazzo troviamo:

DINO CHI DORME 'UN PIGLIA PUNTI

(Fiorentina-Messina 2004/05)

SE 'UN SI VINCE VI SI ZOFFOCA

e

MENO ZOFF PIÙ ZINNE

(Fiorentina-Milan 2004/05)

MATERAZZI? 'STI CAZZI

Stendardo milanista. (Stagione 2005/06)

CHIELLINI CHE CAZZO RIDI?

Striscione viola. In effetti Chiellini
è spesso inquadrato mentre ride.
(Fiorentina-Juventus, Coppa Italia 2005/06)

NEANCHE IL NASO DI CHIELLINI PUÒ OSCURARE LA FIESOLE

La curva viola non teme eclissi.
(Fiorentina-Juve 2013/14)

CHIELLINI IL VIAGRA NON SI SNIFFA

Striscione viola.
(Fiorentina-Juve 2014/15)

SE LAPO AVEVA IL NASO DI CHIELLINI DOVEVATE VENDER LA FIAT PE' MANTENERLO

Striscione viola.
(Fiorentina-Juve 2016/17)

CHIELLINI RAGAZZO TENERO, PAROLA DI SUAREZ

Striscione viola. Si riferisce al famoso morso affibbiato da Luis Suárez alla spalla del difensore in Italia-Uruguay ai Mondiali di Brasile 2014.
(Fiorentina-Juve 2014/15)

ANTONIOCÒ, MOURINHO 'N CONFRONT A TE U SE CI IÈ? PLATINETTE!

Striscione esposto a Bari il giorno del debutto di Conte alla guida della Nazionale. La frase è tratta da un famoso video nel quale un infervorato tifoso del Bari incita Conte quando questi allenava i galletti. (Italia-Olanda, settembre 2014)

A 40 ANNI VE TORNA PURE NESTA

I romanisti sottolineano che Di Canio, lasciata la Lazio, vi ha sì fatto ritorno, ma dopo un lungo peregrinare e in età avanzata. (Lazio-Roma 2004/05)

CANNAVARO FATTI PIÙ IN LÀ

Striscione milanista. Un mese prima era stato diffuso un video shock girato nel 1999, in cui Cannavaro viene ripreso mentre si inietta un farmaco non proibito prima di una finale. (Juventus-Milan 2004/05)

MATERAZZI PER TE 2 MESI, PER GLI ULTRAS 3 ANNI

Striscione romanista sul trattamento "light" riservato a Materazzi, che aveva dato un pugno al difensore del Siena, Cirillo, nel tunnel che porta agli spogliatoi. (Roma-Juventus 2003/04)

SONO FUSO X GATTUSO

Due aste milanista nella stagione 2003/04.

RINGHIO LU ME CANI È MEGGHIU

Un tifoso palermitano sostiene le virtù pallonare del proprio cane. (Palermo-Milan 2004/05)

TOTTI È ROCK, CASSANO È LENTO PERCHÉ C'HA LA PANZA

Striscione romanista sui chili di troppo dell'esule Cassano, all'indomani del suo passaggio al Real Madrid. Si fa riferimento a un noto tormentone frutto del genio di Celentano. (Roma-Milan 2005/06)

ALEX IO E TE CI ASSOMIGLIAMO SOLO IN UNA COSA. QUANDO SIAMO IN PANCHINA

Striscione sorretto da un autoironico ragazzetto juventino. (Livorno-Juventus 2005/06)

GATTUSO DATTI AL WRESTLING

Striscione empolese. (Empoli-Milan 2005/06)

IL 4 APRILE L'AVETE PRESA NELL'ADRI... ANO

Striscione rossonero. La data evocata è quella della fresca eliminazione nerazzurra in Coppa a opera degli spagnoli del Villareal. (Milan-Inter, Champions League 2005/06)

C'HO NA COTTA PE' PERROTTA

Striscione romanista. (Fiorentina-Roma 2005/06)

ORE 19.30 BALOTELLI ATTERRATO ALL'AEROPORTO... CALCIO DI RIGORE PER IL MILAN

Juventini in Juve-Milan 2013/14.

TRATTORIA DAR PUPONE: SOLO *SECONDI*, I PRIMI CE GONFIANO

Juventini prendono in giro Totti.
La sua Roma si è piazzata seconda alle spalle delle zebre.
(Juve-Cagliari 2013/14)

NUOVO TESTIMONIAL DEL CRODINO

Striscione interista. Accanto alla scritta
c'era l'immagine di un gorilla su cui era stata
"incastonata" la faccia di Gattuso.
(Milan-Inter 2004/05)

IN GERMANIA VACCI CON QUESTA: TRANQUILLO, È EURO 4

Feroce striscione laziale raffigurante una sedia a rotelle,
esposto dopo l'infortunio pre mondiali di Totti.
(Lazio-Roma 2005/06)

DEL PIERO CI VEDIAMO DOPING

Striscione romanista. (Roma-Juventus 1998/99)

NELLA BOTTE PICCOLA G'ER VINHO BONO

Striscione romanista per l'attaccante romanista Gervinho. (Roma-Cagliari 2013/14)

NON È BELLO CIÒ CHE È BELLO FIGURAMOSE GERVINHO

Scritta laziale, marzo 2015.

FATTORIA JUVE: AGNELLI, ZEBRE, ELKANN

Fiorentina-Juve 2014/15.

LA FORTUNA È CECA, LA BRAVURA È UCRAINA

I milanisti inneggiano alla vittoria del Pallone d'oro di Sheva nel 2004, seguente quella del ceco Nedvěd. (Chievo-Milan 2004/05)

IL 7° GIORNO DIO CREÒ IBRAHIMOVIC

Striscione juventino. Io sapevo si fosse riposato, evidentemente avevo informazioni sbagliate… (Livorno-Juve 2004/05)

GIVE RANIERI A KNIGHTHOOD

Traduzione: "Date a Ranieri un cavalierato". Claudio Ranieri, alla guida del Leicester, realizza una delle più grandi imprese del calcio moderno, vincendo la Premier League. (Leicester-Everton 2015/16)

GUARDA L BEN

Due aste piacentino con tanto di occhio del *Grande fratello* per il portiere Matteo Guardalben.

EDMUNDO ERA GRULLO, MA SI VINCEVA!

I tifosi viola rimpiangono a modo loro il brasiliano Edmundo, detto "O animal", espulso, arrestato, scappato 15 giorni in Brasile per il Carnevale… ma fortissimo in campo. (Reggina-Fiorentina 1999/2000)

A TOMIC SEI PIÙ LENTO DE 'N CESPUGLIO

Battuta di un tifoso della Roma per il proprio centrocampista slavo Ivan Tomić.

DELLA VALLE TI FACCIAMO LE SCARPE

Due aste palermitano. (Palermo-Fiorentina 2004/05)

71 CASILLO

Drappo avellinese che raffigura una casacca verde con il nome di Pasquale Casillo, presidente plurinquisito dell'Avellino, e il numero 71, che nella cabala è *omm'e'mmerd*. (Stagione 2003/04)

FRANCESCO SEI UNA PERSONA MOLTO POSATA

I bolognesi espongono questo striscione, accompagnato dal disegno di un cucchiaio gigante, riferendosi al rigore tirato "a cucchiaio" da Totti il mercoledì precedente contro il Lecce e fallito miseramente. (Bologna-Roma 2004/05)

GATTUSO: TE MANCO CO LE MANI IL CUCCHIAIO LO SAI TENE'

Striscione romanista. (Roma-Milan 2003/04)

COLOMBA, CACCIA LE "ALI"!

Striscione dei tifosi salernitani rivolto al proprio tecnico Franco Colomba. "Cacciare" in questo caso vuol dire "mostrare, tirare fuori". (Pistoiese-Salernitana 1995/96)

CIARRAPICO: DAL PRINCIPE GIANNINI A REGINA COELI

Striscione milanista. Giuseppe Ciarrapico, già presidente della Roma, detto il "Re delle acque minerali", rinviato a giudizio per una molteplicità di reati. Giuseppe Giannini, bandiera della Roma, è chiamato "er Principe". (Milan-Roma, Coppa Italia 1992/93)

CIAO MOANA ULTIMO BALUARDO DI UN CINEMA DI ALTRI TEMPI

Omaggio dei pistoiesi a Moana Pozzi, diva dell'hard, nel decennale della scomparsa. (Pistoiese-Prato 2004/05)

MA CHE C'HAI ER PIEDE BATTAJATO?

Battuta rivolta al giallorosso Damiano Tommasi dopo un lancio sbagliato.

CADETE IN B

Striscione parmense in Parma-Brescia 1994/95 di serie A. Nel Brescia giocava il portoghese Cadete.

SIA LODATO GESÙ CRESPO

Due aste milanista per Hernán Crespo.
(Bologna-Milan 2004/05)

ULTIMO ACQUISTO DI SPINELLI UN CINESE: CHAO-AH SIVAMBÌ

Primavera 2010. I livornesi, ultimi della massima serie, sarcastici verso il loro presidente.

LAPO CAPO DEGLI ULTRANS

Striscione labronico. (Livorno-Juve 2009/10)

VA A FINIRE I' MENO PEGGIO L'ERA LAPO

Dopo il caos provocato dal tentato scisma di alcuni top club europei – tra cui la Juve di Andrea Agnelli – a favore di una nuova Superlega, la curva Fiesole dedica uno striscione alla famiglia. (Aprile 2020)

PINAMONTAMI

Striscione a tema assemblaggio di una tifosa empolese rivolto al bomber di giornata Andrea Pinamonti.
(Empoli-Napoli 2021/22)

KIM CUMBINAT

Il Napoli ha vinto lo Scudetto, un tifoso realizza questo due aste per il difensore coreano Kim. (Napoli-Fiorentina 2022/23)

ITALIA SOTTO TORCHIO, LIVORNO SOTTO TIRCHIO

I tifosi del Livorno ce l'hanno col loro presidente, il genovese Aldo Spinelli, che aveva da poco affermato: "A gennaio non compro nessuno". (Stagione 2011/12)

SPINELLI PHONE, PARLI TANTO E NON SPENDI UN CENTESIMO

Nuova compagnia telefonica a Livorno. (Marzo 2010)

TORNA A CASA MESSI

Striscione interista dopo l'eliminazione del Barcellona in Champions a opera dei nerazzurri. (Lazio-Inter 2009/10)

ONORE ALLA TIGRE ARKAN

Striscione laziale esposto il 30 gennaio 2000 dopo la morte del comandante serbo Željko Arkan, esecutore della pulizia etnica in Bosnia e amico del giocatore laziale Mihajlović. Questo striscione suscitò un pandemonio, e la proposta del governo di sospendere le partite in presenza di striscioni scellerati. In realtà i tifosi laziali intendevano ricambiare con questo "omaggio" Sinisa Mihajlović per aver presenziato al funerale di un ragazzo della curva Nord. La settimana successiva i senesi celebrarono il loro mediano Arcadio con:

ONORE ALLA TIGRE ARKADIO

e i granata si lanciarono in:

ONORE A GATTO SILVESTRO

mentre i fiorentini conclusero con:

ONORE ARKAZZO

TE COL GATTO IN CAPO, NOI CON LA TOPA?

Antonio Conte è uno dei personaggi più invisi alla tifoseria della Fiorentina. Quando arriva a Firenze sulla panchina della Juve nelle stagioni dal 2011 al 2014 la Fiesole si scatena, gli sfottò sono perlopiù di natura tricologica:

CONTUPÉ

**NON SEI CONTE, SEI DUCA:
DU'CAPELLI**

**CONTE, IERI CREATINA
OGGI CRESCINA**

**CONTE ME LO PRESTI
IL GATTO MORTO?**

(sfoderato da un tifoso calvo)

SONO FIINTII

**CONTE RENDIGLI I CAPELLI
AL MI'NONNO**

**QUANDO I'GATTO UN C'È,
CE L'HA CONTE SU I' CAPO**

**TANTO VA CONTE AL FRANCHI
CHE CI LASCIA IL PARRUCCHINO**

**ANTONIO T'HO TENUTO I'POSTO,
TRANQUILLO, 'UN TI SI TOCCA
UN CAPELLO**

**SE QUELLI DI CONTE SON CAPELLI,
SANDRO MAYER CE L'HA PIÙ BELLI**

**AGNELLI TÀGLIATI I' MONOCIGLIO...
CONTE RIVUOLE I CAPELLI**

**30 SUL CAMPO?
I CAPELLI DI CONTE!**

Ma anche altre tifoserie non hanno lesinato i loro graffi:

**CONTE: CARNEVALE È FINITO!
PUOI TOGLIERE LA PARRUCCA**

(Bologna-Juve 2011/12)

**ATTENTO CONTE,
SE ARRIVA LA BORA
TE TORNI CALVO IN MEZZORA**

(Cagliari-Juve 2011/12, giocata a Trieste)

**CONTE PER TE CAPELLO
È SOLO UN COLLEGA**

(Livorno)

CONTE RALLENTA SENNÒ PERDI IL PARRUCCHINO

RIZZOLLATE CONTE

(Milan)

MEIO NA VITA SENSA SCHEI CHE AVERE IN TESTA I TO CAVEI

(Inter)

Mi consenta…

Silvio Berlusconi, negli ultimi decenni, è stato una figura centrale sulla scena pubblica di questo Paese. Nell'editoria, nella finanza, nella tv e nella politica. Come tutti sanno, per 31 anni, è stato anche presidente del Milan, contribuendo di parecchio a irrobustirne la bacheca. Naturale dunque che il Cavaliere sia stato fatto oggetto di striscioni e che questi, talvolta, mischiassero i vari ambiti in cui – più volente che nolente – è stato protagonista.

AIUTARE CHI È RIMASTO INDIETRO?
PRESIDENTE, AIUTI IL MILAN

UN IMPEGNO CONCRETO:
INVESTIRE NEL MILAN

Striscioni polemici dei tifosi milanisti che parafrasano celebri slogan elettorali del Cavaliere.
(Milan-Leeds 2000/01)

SILVIO E ORA DIVIDI LE ACQUE

Viola a San Siro. (Milan-Fiorentina 2004/05)

PRESIDENTE, CRISI D'AMORE CON VERONICA, CON IL MILAN CRISI ECONOMICA

Il 31 gennaio 2007 *la Repubblica* aveva messo in prima pagina una lettera con cui Veronica Lario chiedeva al marito Silvio Berlusconi pubbliche scuse per aver offeso la sua dignità di donna. Da lì la crisi coniugale si protrasse per mesi, e i tifosi milanisti si preoccupano delle conseguenze sugli investimenti per la squadra. (Milan-Juve 2008)

PAPI, COMPRAMI ADEBAYOR. NOEMI

Striscione milanista dell'ottobre 2009. Il 27 aprile dello stesso anno, l'allora presidente del Consiglio si era recato a Casoria per partecipare alla festa di compleanno della neodiciottenne Noemi Letizia. Il fatto aveva suscitato l'attenzione generale, anche perché la giovane aveva confessato alla stampa di frequentare il presidente del Consiglio da tempo e di chiamarlo addirittura "papi".

SILVIO VIENI AL NOSTRO DICIASSETTESIMO?

Striscione interista il giorno della vittoria del 17° Scudetto interista. (Inter-Siena 2008/09)

NO... EMI NO PARTY

Due aste livornese. (Livorno-Novara 2009/10)

PER SILVIO CHE TUTTO PUOTE, UN ALTRO ANNO A MANI VUOTE

Un tifoso interista il giorno dello Scudetto 2008/09. Il Milan non ha vinto nulla.

SILVIO SEI COME LA JUVE: RUBY

Striscione dei tifosi del Cesena su Karima el Mahroug, meglio nota come Ruby Rubacuori, durante Inter-Cesena 2010/11. La ragazza di origine marocchina – allora minorenne – inizia a frequentare Silvio Berlusconi ed è al centro di una vicenda che porta l'ex presidente del Consiglio in tribunale.

SILVIO = AMO RUBY
MORATTI = RUBI AMO

Stendardo juventino esposto in Juve-Inter 2010/11.

SCUSA SILVIO, PENSAVAMO FOSSE NIPOTE DI MUBARAK

Striscione dei fiorentini raffigurante l'attaccante marocchino El Hamdaoui, autore di uno dei tre gol con cui i viola avevano battuto il Milan la settimana prima. La già citata Karima el Mahroug viene fermata dalla Questura di Milano per un furto. La Procura accusa l'ex premier di aver fatto pressioni sulla Questura per il rilascio della ragazza. La difesa sostiene che Berlusconi contattò la Questura perché la ragazza marocchina gli era stata indicata come la nipote dell'allora presidente egiziano Mubarak. (Fiorentina-Atalanta 2012/13)

~~ARCORE~~
HARDCORE

Tifoso juventino sul tema bunga-bunga, 2010/11.

UNITI CONTRO IL 41BIS, BERLUSCONI DIMENTICA LA SICILIA

Inquietante striscione dei tifosi del Palermo. L'articolo 41bis è la disposizione che prevede la revoca dei benefici e il carcere duro per i mafiosi. Non si è mai capito se i palermitani abbiano voluto rivolgere a Berlusconi un consiglio o una recriminazione. La Procura di Palermo optò per il "chiaro segnale mafioso". L'inchiesta non ebbe esiti. (Palermo-Ascoli 2002/03)

Vent'anni fa circa, i livornesi, tradizionalmente una delle tifoserie più politicizzate (a sinistra) d'Italia, aspettavano ansiosamente l'approdo in A, non solo perché assenti dalla massima categoria da oltre cinquant'anni, ma anche per poter affrontare la squadra del primo ministro… Il primo pensiero appena promossi fu:

SILVIO STIAMO ARRIVANDO

Striscione esposto alla festa per la promozione del Livorno in serie A, giugno 2004.

Poi, il calendario si divertì a sorteggiare come primo incontro della stagione 2004/05 proprio Milan-Livorno! Moltissimi gli striscioni coniati per l'occasione…

SILVIO, SIAMO VENUTI A DIRTELO DI PERSONA

Da anni la curva amaranto si rivolgeva al premier con cori offensivi, facendo scattare settimanalmente una multa per la società di 1000 euro. Questo poiché Berlusconi, in quanto presidente del Milan, era un tesserato FIGC.

BERLUSCONI: BROCCHI CHI TI VOTA

Christian Brocchi era un centrocampista rossonero.

LA BANDANA DI TU'MA

Si fa riferimento a una famosa foto del Cavaliere con il primo ministro inglese Tony Blair in vacanza in Costa Smeralda, nella quale Berlusconi sfoggiava un originale copricapo probabilmente per nascondere i segni di un recente intervento di trapianto di capelli.

MEGLIO VAGABONDI AD ANTIGNANO CHE CAVALIERI A MILANO

Antignano è una frazione di Livorno.

'UN SARAI MICA PISANO?

DOPO LA BANDANA FATTI I RASTA

E ORA RIFATTI LE PUPPE

DIO C'È, MA NON 6 TU. RILASSATI

MEGLIO VOLGARI CHE STRONZOLI

SILVIO NOBEL PER LA PACE, MA DEI SENSI

Livorno-Palermo 2009/10.

A UN GRANDE ATTORE FINALMENTE UNA STATUETTA

I livornesi al vetriolo dopo il lancio di una statuetta
ai danni di Silvio Berlusconi
nei pressi del Duomo di Milano
nel dicembre del 2009.

MEGLIO L'ICI ALLA 'ASA CHE SIRVIO AL GOVERNO

Striscione livornese. Tra le tante promesse elettorali
il Cavaliere aveva appena promesso di abolire l'Ici.
(Milan-Livorno 2005/06)

BERLUSCONI SI DIMETTE? STASERA I RISTORANTI LI RIEMPIAMO NOI

Sempre i tifosi del Livorno, annata 2011/12.
Il 4 novembre 2011, il presidente del Consiglio
aveva dichiarato: "Mi sembra che l'Italia non sia
un Paese in crisi. I consumi non sono diminuiti,
i ristoranti sono pieni...".

Anche fuori dagli stadi, non sono mancati striscioni dedicati al patron milanista:

AL RISTORANTE CI VADO
MA PER LAVARE I PIATTI

Manifestazione 5 novembre 2011.

SE RENZI È DI SINISTRA,
BERLUSCONI È FEMMINISTA

Manifestazione novembre 2014.

BERLUSCONI, SE C'HAI I CAPELLI
È SOLO GRAZIE ALLA RICERCA

Striscione comparso alla manifestazione studentesca a seguito dello sciopero nazionale dell'Università del 14 novembre 2008, indetto contro la riforma Gelmini.

Vittorio incartato

Nell'estate 2001, tifosi e cittadini fiorentini scelsero una forma singolare per contestare Vittorio Cecchi Gori, il folcloristico presidente della Viola: incartare con drappi di protesta lo stadio Franchi. Poco tempo prima le forze dell'ordine avevano trovato nella casa romana del presidente viola della cocaina e… la soubrette Valeria Marini.

Per giorni e giorni sportivi e curiosi hanno fatto il giro dell'impianto per leggere gli oltre cento striscioni attaccati. Ne riportiamo alcuni.

QUESTO STRISCIONE È DA LEGGERE NON DA TIRARE

VITTORIO A CASA C'HAI LA COCA? NO CUCINA MI MÀ

"Vittorio, a casa hai la cuoca? No, cucina mia madre."

CENTRO SPORTIVO SÌ, MA A MEDELLIN

Tra i tanti progetti di Cecchi Gori c'era quello di costruire un centro sportivo a Firenze. Medellín è la città della Colombia nota per il cartello della cocaina.

PER COLPA DI UN GIULLARE FIRENZE HA PERSO I SUOI RE

Negli ultimi due anni Cecchi Gori aveva venduto i gioielli Toldo, Batistuta e Rui Costa.

MARIO, MA UNA SEGA UNN'ERA MEGLIO?

Mario era il padre di Vittorio, anche lui presidente gigliato negli anni precedenti.

TI ODIO PIÙ DI BETTEGA

Bettega è un dirigente e un ex giocatore della Juventus, la squadra più odiata a Firenze.

DISSE LA MOSCA AL RAGNO: DOV'È VITTORIO 'UN C'È GUADAGNO

**HA LETTO CON LA MARINI NUDA.
FINE. CECHI GORI VERGONIATI,
CHE DIREBBE MARIONE
SE TI VEDESTI**

La scritta conteneva davvero tutti questi strafalcioni.
Da Oscar il commento aggiunto a lapis:
MA CHI TE LA DÀ LA ROBA? VITTORIO?

C'È CHI PIPPA E CECCHI GORI

**AFFITTASI O VENDESI:
CURVA FIESOLE COMPLETA
DI TIFOSI / CILIEGINE /
GIOCATORI COMPLETI
DI MAGLIETTE / QUESTI STRISCIONI
/ MAMMA DA RISTRUTTURARE
VERO AFFARE,
RIVOLGERSI CECCHI GORI**

**VITTORIO AL CONCORSO DE'
GRULLI TU ARRIVI PRIMO
MA TI SQUALIFICANO PER DOPING**

GAME OVER INSERT COIN

Scritta che appare sui videogame al termine delle partite. Traduzione: "Il gioco è finito inserire una nuova moneta".

BASTA CON IL LINCIAGGIO MORALE, SOLO LINCIAGGIO

PRIMA BATI RUI EDMUNDO E IL CALCIO SAMBA ORA LA SERIE B E IL CALCIO BAMBA

Batistuta, Rui Costa e Edmundo: tre campioni viola; bamba: gergale, sinonimo di cocaina.

MARINI COME LE CANNE: FALLA GIRARE

PRIMA STRALUNATI, POI SCONCERTATI, ADESSO SIAMO TUTTI UN PO' STANKOVIC

Triplice gioco di parole: Luna è lo storico braccio destro di Cecchi Gori nel cinema e nella Fiorentina; Mario Sconcerti, giornalista, fu per un breve periodo l'amministratore delegato della Fiorentina; Dejan Stanković giocava nella Lazio e proprio in quei giorni era in trattative con la Fiorentina.

HO VISTO VITTORIO ALLE CASCINE COMPRASSI LE BUSTINE

Il Parco delle Cascine di Firenze è frequentato da spacciatori.

OH VITTORIO, BENIGNI SCHERZAVA QUANDO DICEVA CHE LL'ERA PER IL DIABETE

Nel film di Benigni, lo "zio" di Johnny Stecchino fa credere a Dante che la cocaina sia una medicina.

LA FIORENTINA IL TUO GIOCATTOLO INFATTI IL PROSSIMO CAMPIONATO COI GIOCATORI DEL SUBBUTEO

FAI FESTA NON FESTINI

"Fare festa" in questo caso significa "smettere".

VITTORIO, DIVORZIA DA NOI, 'UN SI VÒLE NEMMENO L'ALIMENTI

TELEFONATA DEL CAMERIERE DI CASA CECCHI GORI AL PRESIDENTE VITTORIO INTERCETTATA DALLA DIGOS: “PRESIDENTE, STASERA VIENE A CENA IL CONTE MASCETTI PER COMPRARE LA FIORENTINA, IN FRIGO C’È SOLO UN PO’ DI LESSO, MA NON CI FANNO PIÙ CREDITO, SE NON VENDE UN PAIO DI RAGAZZI DELLA PRIMAVERA NON C’È PIÙ VERSO NEANCHE DI METTERE A FARE UN PO’ DI BRODO COL DADO. ORA IO DEVO USCIRE UN ATTIMO, LE CHIAVI DELLA CASSAFORTE SONO NEL CASSETTO DELLE CAMBIALI, QUELLO ACCANTO AL CASSETTO DEGLI ASSEGNI SCOPERTI”

Il conte Lello Mascetti è lo spiantatissimo personaggio interpretato da Ugo Tognazzi in *Amici miei.*

DA VITTORIO A SCONFITTO

DOPO BATI CON LA SCIARPA
DELLA ROMA, RUI CON LA SCIARPA
DEL MILAN, 'UN CI RESTA
CHE VEDERE I'DAVID CON QUELLA
DELLA JUVE, SARESTI CAPACE
ANCHE DI QUESTO

Si allude ovviamente al David di Michelangelo…

VENDI LA FIORENTINA
E COMPRA L'POLLO

HASTA SIEMPRE SU VITTORIO

VITTORIO FATTI VEDERE,
MA DA UNO BRAVO

OGGI PIÙ DI IERI SEI
LA VERGOGNA DEI PARRUCCHIERI:
VITTORIO COTONATO

VITTORIO STRAPPABIGLIETTI ALL'ARLECCHINO

Il cinema Arlecchino è uno storico "luci rosse" di Firenze.

RAPIAMO LA VECCHIA

E ORA CHI GLIELO DICE ALLA MAMMA

La leggenda metropolitana vuole che Cecchi Gori fosse succube della madre.

Eppure era cominciata bene. Nel febbraio 1990 a Firenze comandano ancora i Pontello, la piazza li detesta, la cessione del beniamino viola Baggio tre mesi dopo scatenerà la rivolta. In lizza per la successione alla presidenza gigliata c'anche il produttore cinematografico Mario Cecchi Gori. I fiorentini, in cambio di un celere subentro, promettono gratitudine al botteghino

CECCHI GORI, VERREMO TUTTI AL CINEMA

(Sampdoria-Fiorentina 1989/90)

Dieci anni dopo la musica è cambiata. Mario è scomparso e dopo qualche ottima stagione, il consenso attorno al figlio Vittorio sta scemando. Quest'ultimo, in una storica sfuriata al *Processo del lunedì* aveva rivendicato il suo status di laureato. (Fiorentina-Venezia, ultima giornata 1999/20)

ANCHE QUEST'ANNO NIENTE È CAMBIATO GRAZIE AL DEMENTE LAUREATO

VITTORIO, VENDICI LUNA E COMPRACI LE STELLE

Striscione viola. Luciano Luna era in quel periodo l'amministratore delegato della società. (Fiorentina-Venezia 1999/2000)

NELL'OVO DI CIOCCOLATO: UN PULCINO COTONATO

Fiorentina-Lecce 2000/01, disputata alla vigilia di Pasqua.

E LIBERACI DA VITTORIO AMEN

Striscione viola. (Fiorentina-Bologna 2000/01)

MENU: RISOTTO ALLO ZAFFERANO INGREDIENTI X 2: RISO 100 G, COCAINA 9 G

Nella sua autodifesa Cecchi Gori ha sempre smentito
il ritrovamento in casa di cocaina,
sostenendo che si trattava di zafferano.

MA QUALE DROGA? STAVO SOLO IMPANANDO LE BRACIOLINE

SALVIAMO LA "FIORENTINA": DISOSSIAMO VITTORIO

Fiorentina-Lazio 2000/01: in clima di bando della bistecca
a causa del morbo della Mucca Pazza, i fiorentini
"invitano" in macelleria il loro presidente Cecchi Gori.

VITTORIO AHRARARA

Nonsense che appaia la loquela del presidente
al tormentone del duo comico dei Fichi d'India.
(Fiorentina-Bologna 2000/01)

VITTORIO, SEI COME L'URANIO... IMPOVERITO

(Vicenza-Fiorentina 2000/01)

DOPO LUNA... L'ECLISSI... FALLITI

Striscione comasco che prende di mira l'amministratore delegato della Fiorentina Luciano Luna. (Como-Fiorentina, Coppa Italia 2001/02)

GUITTORIO VATTENE

Striscione presente al corteo anti-Cecchi Gori tenutosi a Firenze nell'aprile 2002. La Fiorentina è già retrocessa, la crisi finanziaria porterà di lì a poco al fallimento del club. "Guitto" si dice di persona che vive di espedienti o di un attore comico di infimo ordine.

CON I SOLDI DEL CICLONE HAI COMPRATO UN BEL BIDONE

I tifosi della Lazio si beffano di Cecchi Gori, ironizzando sull'acquisto dell'ala ucraina Andrej Kanchelskis (pagato nel gennaio '97 circa 17 miliardi di lire all'Everton), con cui l'ineffabile Vittorio avrebbe dilapidato i profitti del celebre film. (Lazio-Fiorentina 1997/98)

E DOPO LUNA ... LE DUE

Striscione fiorentino sull'amministratore delegato viola nell'era Cecchi Gori.

CON CECCHI GORI C'È CHI GODE

DELLA VALLE VI FA LE SCARPE, VITTORIO VI FA LA SÒLA

Striscioni pisani dopo il fallimento dell'A.C. Fiorentina.
(Florentia Viola-Pisa, Coppa Italia 2002/03)

Terza parte
VARIE

–VAR
+BAR

C'È RIMASTA SOLO LA GNOCCA

Striscione interista. (Inter-Roma 2003/04)

VI SI CACA NELL'ACQUARIO

Striscione viola a Genova. (Genoa-Fiorentina 2003/04)

VI SI RICACA NELL'ACQUARIO E STAVOLTA CI S'HA ANCHE LA DIARREA

Striscione viola, esposto l'anno seguente al "vi si caca nell'acquario" del 2003/04.

VE BUCAMO L'ACQUARIO

Minaccia giallorossa a Genova. (Samp-Roma 2009/10)

PISANI ASTEMI

Striscione veronese.

SEMO DE N'IGNORANZA E DE 'NA MALEDUCAZIONE UNICA

Outing di alcuni tifosi juventini, evidentemente nati a Roma. (Juve-Milan, Coppa Italia 2012/13)

SUDO MA GODO

Due aste pisano, stagione 2003/04.

ANNI BUTTATI

Nella stagione 2004/05, in Tribuna Tevere, si avvista spesso un maturo tifoso laziale sventolare un megabandierone con questa struggente dicitura. Uno dei miei preferiti di sempre.

EMARGINA L'ASTEMIO

T-shirt perugina. (2014/15)

LAZIO-PARMA: CHI PERDE PAGA IL CAMPO
e
LAZIO-PARMA: COPPA CAYMAN

Striscioni laziali. I tifosi si riferiscono alle delicate vicende finanziarie delle due società legate alla Cirio e alla Parmalat. Le isole Cayman sono uno dei più importanti "paradisi fiscali". (Lazio-Parma, Coppa Italia 2003/04)

CORRERE ORA PER NON CORRERE DOPO

Striscione viola per i propri giocatori. Uomo avvisato... (Chievo-Fiorentina 2001/02)

LO SCUDETTO DI GRISÙ NON VE LO DANNO PIÙ

Striscione carrarino in Spezia-Carrarese 2000/01. La squadra dei Vigili del Fuoco della Spezia otterrà solo l'anno seguente lo Scudetto d'onore per il titolo vinto nel torneo 1943/44, disputato sotto i bombardamenti. Grisù è il draghetto pompiere dei cartoni animati.

NOI UNITI AI GOBBI NEMMENO IN GUERRA CONTRO GLI ALIENI

Striscione viola. (Fiorentina-Juve 2013/14)

L'ULTIMO SCUDETTO L'AVETE VINTO NEL '69, IO DI BONO CI VEDO SOLO IL NUMERO

Striscione bianconero ai fiorentini. (Juve-Fiorentina 2013/14)

RESISTETE CHE PIOVE

Striscione viola. Variante meteorologica dello stucchevole stereotipo. (Fiorentina-Napoli 1991/92)

OTTAVO COLLE

Due aste laziale. Ovvio: se i tifosi sono il dodicesimo uomo in campo, possono essere tranquillamente l'ottavo colle di Roma! (Milan-Lazio 2002/03)

FIORENTINA LA SCONFITTA NON BRUCIA DIETRO: PERDONO TUTTE

Refuso del *Corriere Fiorentino* dopo Inter-Fiorentina 2 a 0; i due punti andavano messi dopo *brucia*.

W LE POPPE

Due aste viola. Be', pur sempre di coppe si tratta… (Milan-Fiorentina 2012/13)

ANNA NON PARTORIRE PROPRIO STASERA

Tifoso del Milan. (Lecce-Milan 2010/11)

MOSCA CESCA

Striscione interista inneggiante a Cesc Fàbregas, giustiziere del Milan pochi giorni prima in Milan-Arsenal 0 a 2 negli ottavi di Champions. La finale della competizione si teneva proprio a Mosca. (Inter-Reggina 2007/08)

BENEDETTO XVI

Striscione pontificio interista il giorno della festa Scudetto 2008, appunto, il 16° della storia nerazzurra.

PSV... SÌ, MA INDOVEN?

Striscione viola. (Fiorentina-PSV Eindhoven, Coppa Uefa 2007/08)

I PRELIMINARI SONO IMPORTANTI MA DOPO VIENE IL BELLO: PASSIAMO AL SODO

L'Udinese partecipa per il secondo anno consecutivo ai turni preliminari di Champions: dopo l'eliminazione patita nel 2011 dall'Arsenal, i tifosi friulani puntualizzano. (Udinese-Braga, agosto 2012)

NON VE SARVATE NEMMENO CO' 'NA CHIAVETTA USB

Juventini ai pescaresi ormai a pochi passi dalla retrocessione. (Juve-Pescara 2012/13)

NELLO SALUTAM A SORT

Striscione napoletano 2010/11, ben prima di WhatsApp.

L'ADDIO AL CELIBATO CI HA DEVASTATO

Tifosi del Mantova 2012/13.

NAPOLI-JUVE HAMSIK NON VEDE L'ORA

e

L'OROLOGIO CE L'ABBIAMO NOI

Striscioni juventini. Pochi giorni prima il centrocampista del Napoli aveva subito il furto dell'orologio. (Napoli-Juve 2012/13)

AVETE MENO PUNTI DEI MIEI FOLLOWER (MI SONO ISCRITTO ORA)

Uno juventino a Firenze. (Fiorentina-Juve 2011/12)

NEMICI DELL'ACQUA

Striscione autoironico messinese, stagione 2004/05.

PIZZO, PIZZA E PUZZO

Striscione pistoiese per i napoletani. Sagra del luogo comune. (Pistoiese-Napoli 1999/2000)

VENDESI ENTUSIASMO

Due aste aretino, stagione 2003/04.

DON’T SAY CAT IF YOU HAVEN’T IN THE SACK

Due aste fiorentino, stagione 1998/99, quando il Trap era allenatore dei viola. Traduzione del motto trapattoniano: “Non dire gatto se non ce l’hai nel sacco”.

MA CHI VE SE ’NCULA

Due aste romanista. (Empoli-Roma 2003/04)

MEGLIO LE INFERMIERE DEI “MEDICI”

Striscione perugino in Perugia-Fiorentina 2003/04, spareggio per la serie A.

LE SOLITE FAVE

Due aste viola a Parma. (Finale di Coppa Italia 2000/01)

GIÀ CHE SIETE GOBBI PUPPATECI LA FAVA

I viola in punta di forchetta durante Fiorentina-Juve 2021/22.

DU' IU SPIK INGLISC? MI NO! SO' VENEXIAN. MEGLIO TERRONI DEL NORD CHE INGLESI... DEL SUD

Striscione veneziano diretto contro i veronesi, che negli anni Novanta si erano "convertiti" al tifo all'inglese. (Verona-Venezia 1995/96)

FAMOJE SENTÌ 'A PRESENZA

Striscione romanista 2010/11.

IO CE LITIGO

Due aste romanista. (Empoli-Roma 1997/98)

DIGLI CHE VENGHINO

Italia-Danimarca agli Europei 2004. L'autore sembra proprio un toscano...

DEL LUPO SOLO IL PELO DEL CONIGLIO TUTTO IL VIZIO

Striscione trantino. I lupi sono i tifosi dell'Avellino. (Taranto-Avellino 2002/03)

SALERNO-REGGIO-BARI, GEMELLAGGIO DEI CALAMARI

Striscione avellinese. (Avellino-Bari 2003/04)

VADO IN CULO A RAISATTE

Due aste pisano comparso in occasione di partite trasmesse su Raisat Sport in posticipo. Ribadisce una trasversale tendenza ultrà: il rifiuto di seguire la propria squadra in pay tv a beneficio della trasferta fisica. (2002/03)

SE CASCATE NEL LAGO TRANQUILLI VI RIPESCANO!!!

I comaschi si riferiscono al ripescaggio in serie B dei viola dell'estate 2003. (Como-Fiorentina 2003/04)

SIAMO BELLI

Due aste livornese.

UN CALCIO ALLA TV, SOLO IO SOLO TU

Due aste bresciano, stagione 2003/04, che cita *Soli* di Toto Cutugno.

CARRARINI TESTE DI MARMO

Striscione parmense. (Parma-Carrarese 1983/84)

ANCHE SE UN VUNNERI VENUTI

Due aste viola. Traduzione: "Anche se non eravate venuti". (Fiorentina-Roma 2000/01)

PISA PENDE MA NON CADE

Striscione pisano del Doctor Martens Group.

NON PUÒ PIOVERE PER SEMPRE

Due aste bianconero in Perugia-Juventus 2000/01, che cita la celebre battuta del film *Il corvo*. L'anno precedente, all'ultima giornata, la Juve aveva perso partita e Scudetto a Perugia, in un match dapprima sospeso per pioggia e poi ripreso dopo ben 55 minuti di stop.

SE SON ROSE... NBORG FIORIRANNO!

Striscione udinese provocatorio nei confronti del Milan, che era stato eliminato in Coppa proprio dalla squadra norvegese del Rosenborg. (Milan-Udinese 1996/97)

VIVO DE STENTI

e, due metri più in là:

ANCH'IO

Due aste ternani.

GNOCCHI BIRRA E LAZIO ... E TE PARE POCO

Due aste laziale.

CU TRI PANI E CU TRI PISCI STU MALOCCHIU MI FINISCI

Striscione reggino in casa contro la Sampdoria (2004/05) in un momento un po' sfortunato...

CHIUDETE LA PORTA PER FAVORE, NON ABITATE AL COLOSSEO

Striscione esposto dagli ultimi, sparuti tifosi romanisti al termine della partita: di solito la tifoseria ospite resta nello stadio per fare defluire prima i tifosi di casa. (Roma-Inter 2003/04)

FIGLIO DI UNA COOPERATIVA!

Insulto rivolto all'arbitro, sentito a Bari. Citazione di Gioele Dix.

NIENTE PASQUA, NIENTE NATALE, NÉ CAPODANNO, SOLO IL 5 MAGGIO TUTTO L'ANNO

A sei anni di distanza gli juventini ancora sfottono gli interisti per il clamoroso ribaltone nella corsa Scudetto 2002: è la data della celebre sconfitta nerazzurra contro la Lazio, a un passo dal match point, a tutto vantaggio delle zebre. (Juve-Roma 2007/08)

CITY STATI SFORTUNATI

Scritta spray vergata sulla serranda dell'Inter Club Zollino (Le), dopo la finale di Champions League 2023: Manchester City-Inter 1 a 0.

VA JJUT BON CA U C'È U RITORNO

Traduzione: "Vi è andata bene che non c'è il ritorno". Lo scrivono i tifosi del Crotone ai milanisti in Milan-Crotone, partita secca di Coppa Italia 2015/16.

LECCO E SONO FELICE

Due aste lecchese, il Lecco riconquista la serie B dopo cinquant'anni. (Lecco-Foggia, finale playoff 2022/23)

IRA, ACCIDIA, LUSSURIA, AVARIZIA, GOLA, INTERISTA, SUPERBIA

Striscione juventino dove interista sostituisce l'invidia nei sette vizi capitali. (Juve-Inter 2007/08)

TEMO SOLO EQUITALIA

Due aste milanista per esorcizzare lo spauracchio Barcellona nel match di Champions della stagione 2011/12. Equitalia è stata una società pubblica che per anni si è occupata della riscossione delle tasse.

SIETE PEGGIO DELL'ALITALIA

Striscione dei tifosi della Juve Stabia per i propri giocatori, stagione 2007/08.

NO GHE PENSO... PERÒ ME GODO

Dopo otto giornate il Chievo, matricola della serie A, è inaspettatamente primo in classifica. (Chievo-Torino 2001/02)

A PECOR... HELLAS

Strascione salernitano. (Salernitana-Hellas Verona 2016/17)

SIENA, TOPA E ROCK 'N ROLL

Due aste senese. (2003/04)

MILAN A BOCA ASCIUTTA!

Due aste nerazzurro esposto in Bologna-Inter 2003/04 un'ora dopo la fine di Milan-Boca Juniors persa dai rossoneri ai rigori.

DUE GIORNATE DI SQUALIFICA AL GIOCATORE LUCIFERO (IUVENES CAPERGNANICA) PER FRASI BLASFEME

Referto vero, Terza categoria Lombardia, 2017/18.

7° COMANDAMENTO: NON RUBARE 8°: DEVE VINCERE LA JUVE

Visto a San Siro.

ATTENZIONE ALLA CATENA, SE INCIAMPATE SARÀ RIGORE PER LA JUVE

Avviso letto a Napoli, marzo 2017.

INTER SEI BELLA COME IL SECONDO TEMPO DI CARDIFF

Striscione interista. Nel giugno 2017 a Cardiff il Real Madrid batte 4 a 1 la Juve in finale di Champions con tre gol nel secondo tempo. (Inter-Villareal, amichevole 2017)

MAL COMUNE 1/2 STADIO

Striscione comasco di protesta contro l'amministrazione comunale della città lariana.

'STA ROMETTA QUANTI ROLEX PE' STA' IN VETTA

Striscione juventino. Si rifà al caso dei Rolex regalati il Natale precedente dalla società romanista ai direttori di gara di serie A. (Juventus-Roma 2001/02)

CE VENGO PURE A NATALE
e
SEMO TUTTI PARRUCCHIERI

Romanisti a Firenze: la partita fu disputata di lunedì per motivi di ordine pubblico, nella speranza di scoraggiare l'esodo dei tifosi giallorossi, che invece seguirono massicciamente la squadra e si presentarono con questi spiritosissimi striscioni. (Fiorentina-Roma 2000/01)

MI SENTO PÒO BENE

Due aste pistoiese.

GENOA CLUB ISLANDA

Striscione genoano all'indomani della clamorosa sconfitta della Nazionale di Lippi in Islanda. In quella formazione erano stati convocati – per la prima volta nella storia! – quattro giocatori sampdoriani. N.B. Il club esiste davvero! (Genoa-Inter, amichevole estiva 2004)

TRIESTE ALL'ITALIA, MASSA ALLA JUGOSLAVIA

Striscione carrarese apparso in Carrarese-Triestina.
Tra l'altro i massesi, rivali dei carrarini,
sono gemellati coi triestini.

PROMETTO DI AMARTI ANCHE DURANTE LA CHAMPIONS LEAGUE

Anonimo 2018/19.

SALERNO SOLO SABRINA

Striscione viola sull'icona sexy degli anni Ottanta.
(Salernitana-Fiorentina 2021/22)

È UNA VITA CHE MI SEGO

Due aste spallino. (Juve-Spal 2017/18)

TUTTA LA SETTIMANA CHIAVO, LA DOMENICA CHIEVO

Striscione clivense affisso ininterrottamente
in casa dal 2003/04.

SEI L'UNICO GOBBO CHE PORTA MALE

Striscione romanista. I tifosi della Juve sono detti "gobbi". (Roma-Juventus 2002/03)

SIETE SEMPRE I TERONI DI QUALCUNO

Gli ultrà del Paris Saint-Germain danno il "benvenuto" ai milanisti. (PSG-Milan, Champions League 1994/95)

GIULIETTA T'È 'NA BAGASCIA!

Ci si mettono anche i genoani! (Genoa-Verona 2003/04)

SOLO GIULIETTA, BASTA ROMEO

Striscione viola dopo la discussa direzione dell'arbitro Romeo in Udinese-Fiorentina. (Fiorentina-Roma 2012/13)

HO PIÙ SCUDETTI CHE SETTIMANE

T-shirt di mamma juventina incinta, 2014/15.

MEGLIO UN PISANO IN CASA CHE UN AMERICANO SULL'USCIO!

Scritta su muro elbano.

W LA MERDA

Due aste varesotto, molto prima di *Boris*.

EIACU
LAZIO

Due aste laziale in latino maccheronico.

LEGA E ALBITRI AVETE ROVINATO LO SPORT PIÙ BELLO DEL MONDO

Striscione leccese non approvato dall'Accademia della Crusca. (Lecce-Catania 2008/09)

SBRISOLIAMOLI

Striscione modenese. La torta sbrisolona è il dolce tipico di Mantova. (Modena-Mantova 2008/09)

A PALERMO FACCIAMO ECONOMIA. SPEGNIAMO L'INTER... RUTTORE

(Palermo-Inter 2008/09)

MA QUALE COPPA, QUALE SCUDETTO, PERDEVATE PURE AL NOSTRO TORNEO DI CALCETTO

A Roma la Sud contesta i propri giocatori.
(Roma-Catania 2008/09)

NOI L'IMPRESA L'ABBIAM FATTA GIÀ DA MODICA A QUA CON LA MULTIPLA DI PAPÀ

Quattro giovanissimi tifosi della Sampdoria, in trasferta.
Modica-Genova 1400 km.

MILITELLO TRA MOURINHO E L'EUROPA PREFERIAMO LA TOPA

Striscione fiorentino. (Fiorentina-Inter 2009/10)

CON LA DINAMO BASTA PEDALARE

Inter-Dinamo Kiev di Champions 2009/10.

NOI CI METTIAMO IL CUORE VOI CI PRENDETE PER IL CULO

Due aste milanista 2009/10.

SI VEDE DA DIO

Striscione esposto dal campanile della chiesa di Santo Stefano, sita proprio dietro la curva sud dello stadio di Pisa, novembre 2016.

ANCHE GESÙ TIFA CREMO

Scritta spray a Cremona, marzo 2017.

O VINCIAMO LA COPPA O CI PORTIAMO U PAPA

Palermitani in corteo a Roma prima della finale di Coppa Italia 2012 contro l'Inter. La minaccia non verrà portata a compimento.

VORREI MA NON PORTO

Striscione viola in Fiorentina-Roma 2016/17. I giallorossi son stati eliminati dal Porto ai playoff per andare in Champions.

L'UOMO NASCE LIBERO... LA VITA LO RENDE STOPPER!

Scritta sul muro di un campetto a Bari.

Firenze: partita del campionato riserve, freddo pungente, incontro noiosissimo, si sente un grido:

ARBITRO, ATTENTO: IL GUARDALINEE SI SCACCOLA!

VENITE A LAVORARE INSIEME A NOI

Coro interista per i propri calciatori, stagione 2003/04.

LA C2 VI VA STRETTA? DIMAGRITE

Striscione sangiovannese per i grossetani. (2002/03)

3VISO 6CHIAPPE

Equazione pistoiese contro i trevigiani. (Pistoiese-Treviso 2000/01)

GRAPPA E VINCI

Due aste romanista.

VOI RENZO E LUCIA, NOI RENZO E LUANA

Striscione cesenate in Lecco-Cesena 1997/98.
Renzo e Luana, i leader di una famosa orchestra da ballo romagnola.

SEGNI PARTICOLARI: NATI A MONTEVARCHI

Lo striscione grossetano ricorda ai sangiovannesi che l'ospedale dove questi ultimi nascono è quello dell'odiata Montevarchi.

W LE GROSSE...TANE

Striscione fiorentino a Grosseto 2002/03.
Pare zoologia ma, ahinoi, è anatomia.

CIA POTIMO FA

Due aste cosentino anni Novanta.

NUN SCAPPATE CHE È PEGGIO

Due aste romanista.

SCEMO CHI LECCE

Striscione genoano. (Genoa-Lecce 1990/91)

C2 COLPITA E AFFONDATA

Striscione viola nel giorno della vittoria del campionato di C2. (Florentia Viola-Savona 2002/03)

WE POWER, YOU RANGERS

Striscione viola. (Glasgow Rangers-Fiorentina, Coppa Uefa 2007/08)

CHI DELLA ROMA BORBOTTA È UN GRAN FIO DE 'NA MIGNOTTA

Ceramica romanista.

FAMOLI ABBRONZATI

Nel novembre 2008, durante una visita in Russia, Berlusconi definisce il presidente americano Obama "giovane, bello e *abbronzato*". Così, i romanisti, anziché fare neri i bolognesi... (Bologna-Roma 2008/09)

PARMASOTTO

L'affettato proposto dai baresi in Bari-Parma 2008/09.

ORIENTALI'S PARMA

Striscione cremonese che parafarasa la hit di Francesco Gabbani *Occidentali's karma*. (Parma-Cremonese 2017/18)

Secondo un'usanza spagnola, i tifosi reggini sventolano migliaia di fazzoletti bianchi per protestare contro presunti torti arbitrali. I tifosi viola subito dopo srotolano:

... O PULITEVI I'CULO

(Reggina-Fiorentina 2000/01)

ND'ANNAMO DOMINAMO

Due aste romanista apparso per la prima volta nel 2003/04.

HO UN SASSUOLO NELLA SCARPA

Striscione fiorentino a Sassuolo. (2002/03)

EVERYBODY NEEDS SOME BARI

I baresi come i Blues Brothers, stagione 2008/09.

VI SI BUCA I' GOMMONE

Due fiorentini all'esterno dell'Allianz Arena di Monaco. La forma e la struttura dell'impianto ricordano in effetti uno pneumatico. (Bayern-Fiorentina, Champions League 2008/09)

IL BOLOGNA È COME LA SUOCERA: NON MUORE MAI

Striscione felsineo. (Bologna-Lecce 2008/09)

TIRA PIÙ LA MAGLIA DEL GENOA CHE UN PELO DI F..A. 2800 KM PER TE

Un genoano in trasferta a Catania.

Nel dicembre 2011, dopo alcuni stop precedenti, al 31' della ripresa Padova-Torino viene sospesa per blackout elettrico dello Stadio Euganeo. Nella partita di ritorno l'ironia granata è ad alta tensione:

SE VOLETE, MIO COGNATO È ELETTRICISTA

PER VINCERE UNA PARTITA FAI SCATTARE IL SALVAVITA

VENDO GENERATORE USATO

SCIO SOLO A CORTINA

Due aste di ripicca di un tifoso modenese in trasferta a Trento. (Trento-Modena di volley)

Lo stadio di Camerino è situato sotto le mura del carcere.
Durante un incontro di serie C con il Teramo,
l'arbitro assegna al Teramo un rigore molto dubbio;
i carcerati da dietro le sbarre urlano:

LA-DRI, LA-DRI, LA-DRI...

FORA LE TETE

Coro dei tifosi del Verona per le donne poliziotto.

POCHI MA SARDI

Striscione dei tifosi del Sassari Torres. (2003/04)

I TIFOSI IN TRASFERTA VALGONO DOPPIO

Striscione dei tifosi del San Donà.
(Maceratese-San Donà 1998/99)

MISTER TEMPERA LE PUNTE

Striscione potentino per il proprio allenatore alle prese
con un attacco evidentemente sterile.
(Potenza-Ostiamare 1989/90)

DOPO LO SCUDETTO A TAVOLINO ECCO QUELLO IN POLTRONA

La sconfitta del Milan a Udine del giorno prima consente agli interisti di scendere in campo contro il Siena già con lo Scudetto sul petto. (Inter-Siena 2008/09)

INPS BOYS

Striscione di quattro attempati tifosi del Forcoli (Pi).

NON VIENI, NON VEDI, NON VINCI

Due aste juventino per i romanisti. (Juve-Roma 2008/09)

X VOI IENE E CESARONI, X NOI COPPA DEI CAMPIONI

Ultima di campionato, la Juventus nonostante il settimo posto resta fuori dai piazzamenti europei. I tifosi del Napoli – giunto terzo – preconizzano i rispettivi impegni per i mercoledì sera della stagione successiva. (Juventus-Napoli 2010/11)

TUTTI IN EUROPA, TRANNE TE, TRANNE TEE, TRANNE TEEE

Stessa partita, stesso argomento, declinato sulla hit di Fabri Fibra *Tranne te* del 2010.

ROTOLONI REGGINA

Striscione partenopeo. (Napoli-Reggina 2008/09)

A GOBBI VE STANNO A RUBÀ ER MESTIERE

Striscione romanista su presunti favori arbitrali all'Inter. (Roma-Juve 2008/09)

NUN SEMO PIAGNONI, MA MANCO FREGNONI

Striscione romanista. (Roma-Palermo 2008/09)

TUTTE LE STRADE PORTANO A ROMA, L'INTER SI È PERSA

Striscione milanista seguente l'eliminazione dell'Inter dalla Champions a opera del Manchester United. La finale di quell'anno si sarebbe disputata a Roma. (Siena-Milan 2008/09)

WC ENZA

Tifosi del Parma a Vicenza, 2008/09.

RAI: DI TUTTO... DI MERDA

Striscione romanista.

SKAKKO
LATECI

Due aste senese a scacchi bianconeri.

CE L'EMO GROSSO

I perugini nella stagione 2001/02. In effetti, all'epoca, Fabio Grosso ce l'avevano loro.

NOI UN'UNICA CONTRADA: LA LEONESSA

Due aste bresciano a Siena, stagione 2003/04. La leonessa è il simbolo di Brescia.

CHIUDETEMI NELLO SPOGLIATOIO CON L'ARB... LA D'AMICO

Striscione reggino in Reggina-Juventus del 2007/08 riferito al noto episodio del 2004 nel quale l'arbitro Paparesta sarebbe stato chiuso nello spogliatoio dall'allora dg bianconero Luciano Moggi dopo un Reggina-Juventus terminato 2 a 1 per i calabresi. Ilaria D'Amico, giornalista.

MAREMMA MAIALA CHE DIACCIO

Trasferta norvegese per i viola.
(Rosemborg-Fiorentina, Coppa Uefa 2007/08)

BARI IN POLPO-SITION

Striscione biancorosso. (Bari-Avellino 2008/09)

CAGLIARI FACCI VOLARE MA NON CON L'ALITALIA

Cagliari-Juve 2008/09.

PER LO STESSO SEGGIOLINO PAGO PIÙ DI MIO CUGINO

Protesta interista contro il caro biglietti.
(Inter-Chievo 2008/09)

SBOLOGNAMOLI

Striscione romanista in Roma-Bologna.

VOI CON LA VASTESE, NOI COL PIACENZA, PAZIENZA

Striscione fanese dedicato ai rivali pesaresi che, nella stessa giornata, erano impegnati contro la Vastese una categoria più sotto. (Fano-Piacenza 1990/91)

LAZIO CLUB: A PARMA PE' MAGNA', MA A BERGAMO CHI CI SARÀ?

Gli ultrà laziali accusano i club di aver partecipato numerosi alla trasferta di Parma perché c'era un banchetto offerto dai parmigiani ma a Bergamo, trasferta tosta...?

SPEZIAMOLI

Striscione livornese antispezzino. (Spezia-Livorno 2000/01)

HO UN GROSSO GUBBIO

Striscione fiorentino a Gubbio. (2002/03)

FOMENTA IL VICINO

Due aste romanista. (Roma-Inter 2003/04)

SAREBBE BELLO VEDERVI ANCHE GIOCARE...

I napoletani contestano la propria squadra nel corso della stagione 2000/01.

BORDA 'N CULO

Due aste viola. (Ascoli-Fiorentina 2003/04)

PER NOI È SEMPRE CARNEVALE

I romanisti a Firenze, 2001/02. Dieci anni prima Andrea Carnevale, all'epoca centravanti giallorosso, fu sospettato di aver fallito volontariamente un gol clamoroso nell'ultima partita della stagione contro l'Udinese, condannando così i viola alla retrocessione in serie B.

TUTTA A' MILLA LIRA

Striscione viola che imita un classico grido degli ambulanti... (Napoli-Fiorentina 2003/04)

MAMMA GUARDA COME SI STUDIA

Striscione italiano in una partita amichevole con il Portogallo disputata a Braga il 31 marzo 2004.

E DU' OVA

Due aste viola di ine anni Novanta.

E ANCHE QUEST'ANNO SEMPRE PEGGIO, A NOI IL TRICOLORE A VOI VIAREGGIO

Striscione milanista con cui vengono sfottuti
gli inseguitori juventini. In quella stagione il titolo
andò effettivamente ai rossoneri,
mentre la Juventus primavera si era aggiudicata
il Torneo giovanile di Viareggio.
(Juventus-Milan 1993/94)

DERBY DI GENOVA L'ARBITRO TIRA LA MONETINA: 2000 FERITI

Striscione visto a San Siro.

DAJE DE TACCO

Due aste romanista, stagione 2003/04.

Il Perugia sta perdendo e deve recuperare.
A pochi minuti dalla fine della partita un giocatore del Palermo subisce (o finge?) un infortunio.
Entra il massaggiatore per soccorrerlo, ma le cose vanno per le lunghe e l'arbitro sembra tollerare la perdita di tempo. Dagli spalti si sente:

ARBITRO! NON È CHE JE VOLEMO FA' ANCHE I RAGGI?

Perugia-Palermo serie C, fine anni Ottanta.

– VAR
+ BAR

Due aste spallino. (Spal-Napoli 2017/18)

NO WAR,
SÌ VAR

Striscione empolese qualche giorno dopo l'invasione russa dell'Ucraina. (Empoli-Juve 2021/22)

CHE
GUE
VAR

T-shirt, 2020.

MEGLIO UNO SCUDETTO DA LUPI CHE 100 DA AGNELLI

Striscione romanista, stagione 1982/83.

I LOVE LIVERPOOL

L'Italia è anche il Paese del "tifo contro". Questo striscione laziale del 1984 inneggia alla squadra che conquisterà la Coppa dei Campioni nella finale contro la Roma di lì a pochi giorni.

PANZE ALLEGRE

Striscione dei tifosi della Ternana visto nel 2003/04.

AAA VENDO RENE PER RINNOVO ABBONAMENTO JUVENTUS FC

Striscione juventino contro il caro prezzi, estate 2019.

SUBBUTEO FA CAUSA ALLA ROMA: GIOCATORI FERMI IDEA NOSTRA

Meme del 2019.

DUE COSE HO SEMPRE AMATO AL MONDO: LA PENSIONE DI MAMMA E L'AVELLINO 1912

Striscione irpino, 2017.

SGUARDO ASSENTE

Due aste genoano, annata 2016/17.

LO STADIO NON È TEATRO, LO SFOTTÒ NON È REATO

Sacrosanto striscione palermitano.
(Palermo-Pescara 2013/14)

C'È BARUFFA NELL'ARIA

Due aste bresciano che prende a prestito lo slogan di un profumo.

VIENI AVANTI CREATINO

I viola agli juventini ai tempi dello scandalo della creatina.

SFIGHTERS

Striscione milanista. I Fighters (combattenti) erano all'epoca il gruppo più noto di ultras juventini. I milanisti li chiamano "sfigati" in una sorta di inglese maccheronico. (Milan-Juventus 1985/86)

SIETE COME LA STILO: A INIEZIONE DIRETTA

Striscione romanista, in riferimento allo scandalo sul doping che vide sotto inchiesta la Juventus. (Roma-Juventus 2003/04)

O'PUPPA

Due aste senese apparso per la prima volta nel 2002/03.

NUN V'HA SARVATO MANCO PADRE PIO

e

POTEVATE ANNA' AR MARE

Striscioni romanisti. La Roma stava per vincere lo Scudetto, mentre il Bari era virtualmente retrocesso… (Bari-Roma 2000/01)

SAPETE PERCHÉ LA JUVE NON VA IN TURCHIA? PERCHÉ AI LADRI TAGLIANO LE MANI

Striscione bolognese esposto qualche giorno prima di Galatasaray-Juventus. (Bologna-Juventus 1998/99)

RUTTO LIBERO

Striscione viola anni Ottanta, più volte ripreso in seguito.

SKY: INQUADRA STA MINCHIA

Striscione palermitano. (Palermo-Torino 2003/04)

BASTA CON LA VIOLENZA, VIA LA POLIZIA DAGLI STADI

Striscione dei tifosi del Cosenza.

SEMO VENUTI GIÀ MENATI

Ottobre 2012, a Roma si registrano scontri e feriti durante un corteo contro i tagli alla scuola. Un mese dopo, a un'altra manifestazione nella Capitale, alcuni ragazzi mostrano questo cartello.

PISA PORNO SOFT

Due aste pisano coniato dopo che l'allora presidente della squadra, Mian, dichiarò di aver comprato quote della rivista erotica *Penthouse.* (Pisa-Vittoria 2004/05)

FATE IL PASSO DELL'OCA PERCHÉ SIETE 4 CAPPONI

I pistoiesi in casa, negli anni Ottanta, contro la tifoseria del Varese, storicamente orientata all'estrema destra.

SMAMMA LI TURCHI

Striscione romanista esposto in occasione di una partita contro il Galatasaray. (Roma-Galatasaray, Champions League 2001/02)

E MO' SO CAZZI VOSTRI

I romanisti a Parma fecero seguire all'esposizione di questo striscione il lancio di decine di vibratori verso il portiere del Parma Frey. (Parma-Roma 2003/04)

MA DA OGGI, LA DOMENICA, ICCHE FO?

Striscione viola per l'ultima partita casalinga, stagione 2010/11.

È GIUSTO SALVARE I BAMBINI, MA A NOI CHI CI SALVA?

Striscione viola, stagione 2010/11.
In quell'annata la Fiorentina ha sulle maglie il logo dell'organizzazione Save the Children.

UN TEMPO PAGAVATE GLI ARBITRI, ORA PAGATE LE SPESE LEGALI

Interisti per gli juventini. (Juve-Inter 2010/11)

29 MADE IN ITALY, 15 MADE IN CHINA

Gli juventini agli interisti sul rispettivo numero di Scudetti. (Juventus-Inter 2007/08)

SOROS ICONI

Striscione laziale 2007/08 sulla trattativa tra l'imprenditore Soros e la Roma.

ASCORTA RANGER, MA I CHE C'È ANCHE YOGHI E BUBU?

Striscione viola in trasferta a Glasgow
per Rangers-Fiorentina.

IL LECCE È UGUALE PER TUTTI

Striscione romanista rivolto agli juventini, realizzato in poche ore ed esposto la sera del derby Lazio-Roma del 29 aprile 2001: nel pomeriggio la Juve aveva sorprendentemente pareggiato col Lecce, vanificando così i propri sforzi per raggiungere la Roma in testa alla classifica; nel 1985/86 il Lecce, vincendo per 3 a 2 all'Olimpico, aveva fatto perdere alla Roma uno Scudetto "già vinto", a vantaggio della Juventus.

SI ENNO ACESI LI SPEGNEMO

Striscione perugino nello spareggio contro l'Acireale, i cui abitanti si chiamano acesi. Traduzione: "Se sono accesi li spegniamo". (Perugia-Acireale, spareggio per la serie B, 6 giugno 1993)

INTERISTI PORELLI

Due aste romanista esposto in svariati Roma-Inter.
"Porelli" è scritto con i celebri caratteri del logo Pirelli, storico sponsor nerazzurro.

NON SO PIÙ COME INSULTARVI

Disperato striscione interista contro i propri giocatori.
(Inter-Brescia 2003/04)

QUELLO SCATTO TI FA ONORE

e

A ROMA IL CUORE, A BRESCIA LO SCUDETTO: I LOVE CARLETTO

Con questi due striscioni i tifosi del Brescia ringraziano Carlo Mazzone: due settimane prima il focoso allenatore del Brescia, insultato per tutto l'incontro dai bergamaschi, appena raggiunto il pareggio aveva abbandonato la panchina per correre sotto la curva occupata dai sostenitori atalantini, esultando platealmente e offendendoli a sua volta.
(Brescia-Chievo 2001/02)

11 SOPRAMMOBILI

Striscione laziale rivolto ai propri giocatori.

PER COSA SCIOPERATE? NOI PER FAME, MUTUI E RATE

Striscione della curva interista.
La prima giornata del campionato 2011/12
viene fatta saltare per uno sciopero proclamato
dalla Associazione Italiana Calciatori.
(Inter-Roma 2011/12)

E ADESSO TELEVIDEO PAGINA 209

Striscione livornese. La partita in questione sancisce
il ritorno in serie B del Livorno dopo 33 anni.
Questo comporta una sorta di "promozione"
anche televisiva: ad esempio, vuol dire il trasferimento
delle notizie riguardanti la squadra dalla pagina 214
– dedicata alla serie C1 – alla pagina 209 di Televideo.
Della serie: piccole ma grandi soddisfazioni…
(Livorno-Alzano, 5 maggio 2002)

SIETE SIMPATICI COME EQUITALIA, QUINDI NON VI PUÒ VEDERE NEANCHE MARADONA

Sillogismo juventino in Juve-Napoli 2013/14. Maradona e il fisco italiano hanno dato vita a un'annosa lite tributaria, che ha visto trionfare el Pibe solo dopo la sua morte.

TESSER-VE UN MIRACOLO

Il Novara guidato da Attilio Tesser è nei bassifondi della classifica. Uno juventino stuzzica. (Novara-Juve 2011/12)

AL PALERMO MANCA ACQUAH, E QUAL È A NUVITÀ?

I palermitani – stagione 2011/12 – giocano *idricamente* col loro centrocampista ghanese Acquah.

MEZZAROMA MI PIACI TUTTA

Striscione napoletano per la vicepresidente del Siena Valentina Mezzaroma. (Siena-Napoli 2011/12)

A.C. VENEZIA MESTRUO

Striscione comasco che ironizza sul nome della squadra arancioneroverde. (Venezia Mestre-Como 2003/04)

C'ERA UN GRANTURCO IN UNA SOCIETÀ DI POLLI

I viola rimpiangono l'allenatore turco Fatih Terim.
(Fiorentina-Bologna 2000/01)

TENETE DURO CHE IN CIMA C'È PIENO DI FIGA

Scritta spray fatta sull'asfalto della salita al Passo Pordoi, prima del passaggio della tappa del Giro d'Italia 2006.

TRANQUILLA MAMMA È LA TV CHE INGRASSA

Una tifosa azzurra in Italia-Francia, amichevole del 2012.

MILAZZO SALUTA LA PELORO

Due aste di un tifoso rossonero di Milazzo (Me) in Milan-Messina 2004/05. Si scherniscono i tifosi giallorossi ricordando loro il fallimento del '93 e la successiva trasformazione nel '97 dell'Unione sportiva Peloro, squadra dilettantistica, in F.C. Messina Peloro, all'epoca nome della società neopromossa in A.

LI SORDI SPESI MEJO

I romanisti in trasferta a Barcellona nel 2002.

NOI SIAMO A LAVORARE... MA VOI COMINCIATE PURE

Striscione bresciano che polemizza sull'orario (pomeridiano) e il giorno (mercoledì) della partita. (Brescia-Fiorentina, Coppa Italia 2000/01)

MA MI VUOI TUTTA PIZZA E STRUFFOLI?

Striscione fiorentino a Napoli che parafrasa lo spot anni Novanta di un noto snack – "Mi vuoi tutta ciccia e brufoli?" – tirando in ballo lo struffolo, un dolce tipico campano. (Napoli-Fiorentina 2003/04)

A CILLE RITTE

I sambenedettesi a Lanciano nel 2003/04.

CUORE E MARONI

Striscione mantovano. (Mantova-Olbia 2003/04)

NUOVO ANNO STESSI VALORI: W LA FICA E LA FIORENTINA

I viola a Forlì nella prima partita del 2003.

VOI COMASCHI, NOI COLLE FEMMINE

Striscione viola che ha fatto epoca. (Como-Fiorentina 1988/89) Dieci anni dopo i fiorentini insistono:

SEMPRE CO-MASCHI?

10000 ROMANI UN ABBACCHIO DI MERDA

I fiorentini in preparazione della Pasqua.
(Fiorentina-Roma 2000/01)

IERI VIOLA OGGI IN BIANCO

Striscione romanista. Si allude alla poco rosea situazione economica della proprietà viola.
L'estate seguente la Fiorentina retrocederà e fallirà.
(Roma-Fiorentina, Supercoppa 2001)

PALLA
O
PIEDE

Due aste chietino.

PAY TV: MENO DIRETTE
PIÙ PORNO

Goliardico striscione dei tifosi del Lanciano contro il calcio in pay tv. (Giulianova-Lanciano 2001/02)

BEE BEE BEE BEE BEE BEEE BEEE
NEL VOSTRO DIALETTO
UN SALUTO CON AFFETTO

I viola in casa contro il Cagliari. (2003/04)

AMBARABACICICOCÒ...
LO SPEZIA SUL COMÒ

Striscione spezzino.
(Spezia-Como, playoff C1 2000/01)

SCUSATE PER IL RITARDO

Striscione interista esibito nei primi dieci minuti di Inter-Chievo 2003/04, con la parte centrale della curva vuota per lo sciopero del tifo. Dopodiché, entrati in massa gli ultras, è stato affisso:
CI SIAMO PERSI QUALCHE COSA?

NOI ABBIAMO IL NOSTRO CARATTERE VOI NEMMENO QUELLO

Striscione viola contro i propri giocatori. (Fiorentina-Salernitana 2003/04)

SE NON C'È L'ACQUA C'È FRESH & CLEAN

Striscione parmense per i napoletani. Variante pubblicitaria sullo stantio luogo comume.

TUTTO L'ANNO 4 GATTI, A L. 10000 CANI E PORCI

Striscione veneziano polemico nei confronti di quegli stessi tifosi lagunari, sensibili, evidentemente, solo al richiamo del prezzo politico. (Venezia-Empoli 2000/01)

PER COLPA VOSTRA AVRÒ MIA SUOCERA A PRANZO LA DOMENICA

Il Benevento sta per retrocedere in B. E in B si gioca al sabato… (Benevento-Genoa 2017/18)

LA CICALA DEV'ESSERE AMARANTO

Due aste e coro dei tifosi dell'Arezzo.
La "cicala" è l'organo genitale femminile.

INDOVINELLO: OGNI GIORNO POLEMICHE DA INVENTARE, CIFRE DA GONFIARE, MITI DA ABBATTERE, UNA VITA DIFFICILE LA SUA, MA SEMPRE MEGLIO DI LAVORARE

Striscione bolognese. (Bologna-Inter 1989/90)

In basso, scritta al contrario, c'era la soluzione:

GIORNALISTA SPORTIVO BOLOGNESE

SECOLO XIX, IL PIÙ VENDUTO

Striscione polemico dei genoani contro il quotidiano ligure. (Genoa-Empoli 2000/01)

E DI' A CASA CHE QUI MI TRATTANO BENE

Striscione palermitano apparso in una partita contro il Livorno. Sotto questo, c'è lo striscione viola

KORPS

trafugato ai legittimi proprietari dai padovani e ceduto poi ai gemellati rosanero. Una piccola finezza: non avendo modo di incontrare direttamente i viola, i palermitani mostrano il "corpo del reato" alla tifoseria livornese, in buoni rapporti con quella viola. (Palermo-Livorno, Coppa Italia 2001/02)

SCOR-REGGIO

Striscione messinese. (Messina-Reggina 2001/02)

RISSE, STRISCIONI, ESCORT E COCAINA: TESSERA DEL PARLAMENTARE QUANTO PRIMA

Striscione barese. Se per controllare meglio i tifosi è stata introdotta la vituperata Tessera del Tifoso, alla luce di recenti fatti di cronaca con protagonisti deputati e senatori, si invoca parità di trattamento. (Bari-Atalanta 2009/10)

IL CALCIO NON CI DÀ DA MANGIARE, INIZIATE PURE, LA FIESOLE È A LAVORARE

Protesta viola in Fiorentina-Chievo di Coppa Italia fatta disputare giovedì 10 gennaio 2010 alle ore 16.

SPERIAMO NON CI VEDA BRUNETTA

Tifosi aretini geniali in un match di Coppa Italia disputato di mercoledì alle 14.30. Brunetta era il ministro della Pubblica amministrazione dell'epoca. (26 gennaio 2011)

AVETE GLI STESSI PRINCIPI ATTIVI DEL GUTTALAX

Baresi ai propri giocatori, stagione 2010/11.

NON SPARIAMO SULLA CROCE ROSSA

FERRARA NON SI TOCCA

SENZA MOGGI FINISCE COME OGGI

Striscioni interisti in Inter-Juventus 2 a 0 della stagione 2009/10. Non è un gran momento per la Juventus, l'allenatore Ferrara è in bilico e ogni occasione è buona per rivangare Calciopoli.

SONO UBRIACO VEDO TRIPLO

WWF SOTTO SHOCK, STRAGE DI GUFI IN ITALIA

Striscioni interisti nell'anno del Triplete. (2009/10)

LA VECCHIA SIGNORA È PIÙ DI LÀ CHE DI QUA

I rossoneri in Milan-Juventus 2009/10.

GLI INSENSIBILI

Nuovo Inter Club nato all'indomani del quarto di finale di Champions League Real Madrid-Juve dell'aprile 2018, in cui un rigore discusso assegnato al 93° alle merengues fece esplodere la rabbia di Buffon che nel dopopartita disse: "L'arbitro al posto del cuore ha un bidone dell'immondizia (...) è una questione di sensibilità". (Inter-Juve 2017/18)

Poco dopo, venne disegnato anche uno striscione apposito, dove al posto della Coppa dalle grandi orecchie il portiere alzava altro...

ALZALA GIGI ALZALA, PATTUMIER LEAGUE

AVEC LE MARSEILLE JE ME LAVE LE SLIP

Striscione milanista. (Milan-Marsiglia, Champions League 2009/10)

NON FATECI STARE IN PENSIERO, APPENA ARRIVATE IN B CHIAMATECI

Napoli sfottono gli atalantini sull'orlo della retrocessione. (Napoli-Atalanta 2009/10)

OH NOO

Striscione laziale. Alla terzultima giornata il calendario propone Lazio-Inter. I nerazzurri si stanno giocando lo Scudetto con la Roma. Secondo i desiderata biancazzurri, l'Inter vince 2 a 0, tenendo a distanza la squadra di Ranieri. Appena l'Inter passa in vantaggio la curva Nord laziale espone il beffardo striscione. (Lazio-Inter 2009/10)

MENTRE TU FACEVI OH NOO, TUA MADRE FACEVA OH SÌÌÌ

Striscione giallorosso in Roma-Inter nella finale di Coppa Italia 2009/10. Pochi giorni prima l'Inter ha vinto a Roma contro la Lazio, vittoria chiave per lo Scudetto.

OH NOO

Dopo otto anni, a Sassuolo, la vendetta. Dopo la sconfitta della Lazio, sempre a opera dell'Inter, che estromette la squadra di Inzaghi dalla successiva Champions, i romanisti rievocano il famoso striscione, stavolta a parti invertite. (Sassuolo-Roma 2017/18)

GOAL DEL CESENA ME LO CONFERMI?

Annata 2011/12. Alla 33esima giornata le due contendenti per il titolo – Milan e Juventus – sono impegnate rispettivamente in casa col Genoa e in trasferta a Cesena. A un certo punto a San Siro corrono voci – fantozzianamente incontrollate – di un presunto gol del Cesena. Il simbolo di questo abbaglio collettivo diventa il tifosissimo rossonero Mauro Suma, che – durante la telecronaca di Milan-Genoa – annuncia la notizia urlando in preda all'euforia: "Ha pareggiato il Cesena, ha pareggiato il Cesenaaaaa", salvo poi incupirsi una volta appresa la verità. È uno dei primi esempi di video diventati virali. I tifosi della Juve girano il coltello nella piaga con questo striscione e con un coro diventato un *evergreen*:

DIN DON, DIN DON, DIN DON DIN DON DIN DON, INTERVENGO DA CESENA MA NESSUNO HA FATTO GOL

(Novara-Juventus 2011/12)

GOL DEL CESENA...

... ANNULLATO

Striscioni esposti in rapida sequenza dagli interisti.
(Inter-Milan 2011/12)

CHIEVO CAPITALE

Striscione clivense esposto all'Olimpico.
(Roma-Chievo 2009/10)

CI SONO 5 ITALIANI E 22 STRANIERI. È 'NA BARZELLETTA? NO È L'INTER

Striscione romanista sulla penuria di giocatori italiani dell'Inter. (Roma-Inter 2009/10)

TRIPLETE: MANCO GLI SLOGAN AVETE IN ITALIANO

Due aste bianconero. (Inter-Juventus 2010/11)

CI SONO UN INGLESE, UN CINESE E UN INDONESIANO CHE VOGLIONO FARCI TORNARE AD ESSERE LA BARZELLETTA D'ITALIA

Striscione interista, fra l'autocritico e il preoccupato. Si parla di Michael Bolingbroke, Steven Zhang, Erick Thohir. (Inter-Crotone 2016/17)

DIO SALVA

Antica epigrafe sui rossi mattoni della Christ Church di Liverpool. Profanata, un giorno di fine anni Ottanta, da un'aggiunta strepitosa...

... MA RUSH SEGNA SULLA RESPINTA

Ian Rush, leggendario bomber gallese dei Reds tra l'80 e il '96.

LA VOSTRA MADONNINA UN FALSO MADE IN CHINA

I milanisti hanno sentito parlare del possibile ingresso nell'Inter di un socio cinese… (Milan-Inter 2012/13)

MELDE

… e si adeguano dimostrando ai cugini di aver imparato la lingua prima di loro. (Milan-Inter 2012/13)

VIVA LA PAZZA GIOIA DI ESSERE ROMANISTI

(Roma-Palermo 2009/10)

VAFFANKULEN

Interisti in Baviera. (Bayern Monaco-Inter, Champions League 2010/11)

KITAMMUORTEN

Striscione *teutonopeo* in Napoli-Bayern Monaco di Champions dell'ottobre 2011. Nello stesso match: **SE IL NAPOLI VINCE MI FACCIO MONACO**

NOVEMBERFEST

Sempre i napoletani nella partita di ritorno a Monaco, il 2 novembre 2011. (Bayern-Napoli, Champions League)

SIMM' 'E NAPOLI MA TENIMM 'E CORNA

Mutazione genetica di due tifosi rossoneri in Milan-Napoli 2013/14.

DUE ANNI FA LECCO, OGGI CHIEVO, GRAZIE PRESIDENTE

Tifoso del Cesena. (Cesena-Chievo 2010/11)

STIMO UN SOLO ROMANO: NERONE

Striscione catanese. (Catania-Roma 2010/11)

ISCHIATTAMM

I tifosi dell'Ischia nel giorno della festa per la promozione in seconda divisione, aprile 2013.

CHISSÀ PERCHÉ LA JUVE HA GLI STESSI COLORI DELLA GAZZA LADRA?

Striscione interista. (Inter-Juve 2012/13)

YOURUBE

Gli interisti dedicano agli juventini una nuova piattaforma web. (Inter-Juve 2012/13)

PIÙ CHE DA G8 SIETE DA C1

Striscione senese. Molti ultrà del Livorno avevano manifestato al tristemente noto G8 di Genova del luglio 2001. (Siena-Livorno, Coppa Italia 2001/02)

ABBASSA LO SGUARDO

Due aste sardo. Citazione dei celebri personaggi interpretati da Aldo, Giovanni e Giacomo. (Atalanta-Cagliari 1996/97)

ONORE AI CAMPIONI... DI INCASSI. VERGOGNA

Striscione dei romanisti contro i propri giocatori all'indomani della polemica-premi seguita alla vittoria della Supercoppa. Alcuni giocatori si erano lamentati della mancata corresponsione di 50 milioni, pur avendone percepiti 800 a testa come premio-Scudetto giusto alcuni mesi prima. (Verona-Roma 2001/02)

LA MUCCA È PAZZA PERCHÉ IL TORO VA IN B

Striscione piacentino. (Piacenza-Torino 1995/96)

LUCCHESE: PORTA ELISA, CHE TI SI TROMBA!

Striscione empolese esposto a Lucca,
allo Stadio Porta Elisa.

ORE 16.00 = SPARUTA PRESENZA ORE 17.45 = PRESENZA SPARITA; CIAO CONIGLI

Striscione milanista dedicato al gruppo ultrà piacentino
Sparuta Presenza. (Piacenza-Milan 1995/96)

BABBO NATALE PORTACI 4 O 5 GIOCATORI, COMO SUNNU SUNNU

Letterina di Natale dei tifosi messinesi.
(Messina-Chievo 2005/06)

LA JUVE È MAGICA GUARDA COME SPARISCE DALLA A

Striscione cagliaritano in piena Calciopoli. (Cagliari-Inter 2005/06)

GENNAIO PARE AGOSTO, URAGANI A LONDRA, L'INTER PRIMA... MA CHE MONDO È?

Striscione viola. (Inter-Fiorentina 2006/07)

IN TRASFERTA CAGO MALE

Condivisibile striscione di un tifoso sampdoriano. (Udinese-Sampdoria 2004/05)

MAI STATI A SASSUOLO

I bolognesi infieriscono sulla recente stagione in C2 dei viola. (Fiorentina-Bologna 2004/05)

SE CERCHI "LADRO" CON GOOGLE LA RISPOSTA È JUVENTUS

Striscione interista. (Inter-Chievo 2005/06)

A PERUGIA SOLO BACI, AD AREZZO SI TROMBA ANCHE

Due aste aretino. (Perugia-Arezzo 2004/05)

CRISTOFORO COLOMBO TIFAVA CAGLIARI

Striscione dei sardi esposto a Genova.
(Sampdoria-Cagliari 2005/06)

11 JEDI

I milanisti coniano la versione *Guerre stellari*
del tradizionale "Vogliamo 11 leoni".
(Fiorentina-Milan 2000/01)

TIRATE QUI

Due aste sorretto da un tifoso del Lecco che di solito
si piazzava dietro la porta avversaria.

TANTO VI SI RIPIGLIA

Due aste viola presente durante la stagione 2006/07
cominciata per i toscani con 15 punti
di penalizzazione a causa di Calciopoli.

NON ABBIAMO UN CAZZO DA FARE

Tre tifosi del Chievo (in tutto) a Reggio Calabria, per una partita di Coppa Italia giocata di giovedì alle 13.30.
(Reggina-Chievo, Coppa Italia 2006/07)

ERO PICCIRILLO E TE SUNNAVO, MO CA' SO' VIECCHIO SI' VENUTO

A Napoli murales dopo il primo Scudetto del 1987.

VOI A DENARI, NOI A BASTONI

Gli interisti ai propri giocatori.

SE NON VINCETE VI SCOPO LE MOGLI

Un tifoso siciliano minaccia i suoi beniamini prima di Messina-Parma 2005/06: l'incontro termina pericolosamente 0 a 1…

DOMENICA SCORSA SCHERZAVO, STAVOLTA ME LE SCOPO DAVVERO

Lo stesso tifoso sette giorni dopo prova a essere più convincente. E ci riesce: Messina-Lecce finisce 2 a 1!

VOGLIO I CRAMPI

I bolognesi chiedono più impegno ai propri giocatori.
(Bologna-Inter 2004/05)

INTER RATEVI

Striscione viola in Inter-Fiorentina 2006/07.

SCALINO 62 PRESENTE

Due aste di un tifoso laziale che evidentemente ci tiene a segnalare la sua presenza al solito posto.
(Stagione 2004/05)

MAH?

Un perplesso udinese in trasferta. Sublime.
(Lecce-Udinese 2004/05)

TELL YOUR MOTHERS TO TURN PRICES DOWN

Lo striscione interista suggerisce ai supporter dell'Ajax Amsterdam: "dite alle vostre madri di ribassare i prezzi"...
(Inter-Ajax, Champions League 2005/06)

POVERO CALCIO SCHIACCIATO DAGLI ABUSI DEL POTERE DI GENTE INFAME, CHE NON SA COS'È IL PUDORE

I sampdoriani citano *Povera patria* di Battiato in Sampdoria-Lecce 2005/06.

PALERMO: 20.000 L'INGRESSO, 400.000 PER IL VIAGGIO... GLI ABBONATI RINGRAZIANO

Striscione juventino. La partita di Coppa Uefa contro l'Omonia Nicosia è stata giocata a Palermo. La Juve non era nuova a spostare le partite casalinghe a Palermo per realizzare un maggiore incasso. (Juventus-Venezia 1999/2000)

ONORE ALLA FESSA

Scritta murale nei dintorni di San Siro. Si sfottono i molti "onore alla Fossa" apparsi dopo lo scioglimento dello storico gruppo rossonero Fossa dei Leoni.

CHI APPLICA LA LEGGE NEMMENO LA SA LEGGE'

Striscione livornese. (Livorno-Lecce 2004/05)

NOI A ISTANBUL VOI A GARDALAND

I milanisti agli juventini, una volta acquisito l'accesso alla finale di Champions. (Milan-Juventus 2004/05)

NOI A GARDALAND CI SIAMO TANTO DIVERTITI, VOI A ISTANBUL?

Risposta bianconera dopo la rocambolesca e beffarda sconfitta milanista contro il Liverpool. (Juventus-Cagliari 2004/05)

SEMPRE PIÙ IGNORANTI

Due aste bolognese.

UNN'È MICA I VEDEVVI, GLI È I RIVEDEVVI

Striscione viola per gli juventini. Per chi legge da fuori Toscana: "Non è mica il vedervi, è il rivedervi". (Fiorentina-Juventus 2005/06)

1X2 FISSO

Due aste nonsense bresciano.

SCHEMA VINCENTE JUVE? 2 PUNTE 1 CENTROCAMPISTA 1 CENTRALINISTA

Suggerimento tecnico nerazzurro ai tempi delle intercettazioni di Calciopoli. (Inter-Siena 2005/06)

PUZZIAMO DI DISGRAZIA

Striscione che dalla stagione 2003/04 accompagna le partite del San Salvo (Ch) reduce da stagioni tribolate.

GIOCA LA TRIPLA: 1 INTER 2

Un messinese a San Siro. L'Inter era reduce da una quantità impressionante di pareggi. (Inter-Messina 2004/05)

– PUNTI VENDITA + PUNTI IN CLASSIFICA

I tifosi viola contestano i Della Valle, patron viola e di TOD'S. (Fiorentina-Salernitana 2003/04)

ROMA-GALLIA DUE FISSO

Striscione viola dalla parte… di Asterix.
(Fiorentina-Roma 2005/06)

SCONFITTI PURE DA ASTERIX E OBELIX

Due aste interista esposto nella partita casalinga contro la Roma del 2010/11.

CREDEM: SOM IN DLA MERDA

Striscione dei tifosi della Reggiana nella stagione 2004/05. Il Credem (Credito Emiliano) è lo sponsor della squadra.

NOI NON VINCIAMO XCHÉ NON TELEFONIAMO

Ai tempi di Calciopoli, gli interisti ipotizzano il motivo di una così lunga astinenza di vittoria.
(Inter-Roma, Coppa Italia 2005/06)

GIÙ ATTACCA CHE QUA SO' CAZZI

Un tifoso juventino un po' intimorito durante Moggiopoli.
(Reggina-Juventus 2005/06)

VU TORNAHE IN PEDALÒ

Striscione viola ai palermitani.
(Fiorentina-Palermo 2005/06)

LECCO TROPPA FIA. QUALCUNO MI AIUTI

"Annuncio" pistoiese. (Pistoiese-Gela 2005/06)

VESUVIO FAGLI UN RUTTO

Striscione viola. (Fiorentina-Napoli 2003/04)

NOI OTTAVI, VOI PRIMI NEL TIFO

Striscione issato dai giocatori della Samp verso i propri tifosi in Sampdoria-Roma, ultima di campionato 2003/04.

LOTTA AL CALCIO MODERNO? NON ABBIAMO TEMPO

Striscione veronese. (Verona-Brescia 2005/06)

NO ALLA VIVISEZIONE USIAMO IL REGGINO

Urticante striscione palermitano
in Palermo-Reggina 2001/02.

C'HO L'ANSIA

Due aste di un tifoso viola. (Fiorentina-Lecce 2005/06)

I LOVE INTER E VAGINA

Punti fermi nella vita. (Fiorentina-Inter 1997/98)

ANNABELLA MAIALA

Striscione grossetano riferito alla storica maison pavese
di pellicce. (Pavia-Grosseto, playoff C1 2004/05)

PROSSIMO TURNO GIOVEDÌ MATTINA

Striscione bianconero apparso nel match
di B Juventus-Treviso 2006/07 fatto disputare
dalla Lega di martedì alle ore 15.

TIFOSI CORRETTI... CON GRAPPA

Due aste del Chievo. (Cagliari-Chievo 2006/07)

I VOSTRI 29 SCUDETTI? FINTI COME IL WRESTLING

Striscione granata contro la Juventus. (Torino-Rimini 2005/06)

MAI ALLA MESSA

Striscione viola. Tra anticipi e posticipi, c'è ancora qualche partita la domenica... (Livorno-Fiorentina 2005/06)

TIGRI, LEONI, BULLDOG, ARIETI, PANTERE. ULTRAS? NO; È LO ZOO

Striscione romanista riferito a gruppi ultras milanisti realmente esistiti. (Roma-Milan, Coppa Italia 2003/04)

VU' SIETE IN CULO AL MONDO

Striscione fiorentino esposto a Reggio Calabria. (Reggina-Fiorentina 2005/06)

VI FAREMO IL CULO A TORTELLINI

Interisti ai bolognesi. (Inter-Bologna, Coppa Italia 2004/05)

VOI MANGIAGATTI, NOI LECCATOPE

Striscione aretino ai vicentini. (Arezzo-Vicenza 2005/06)

– INTERNET + CABERNET

Striscione vicentino 2008/09.

CANARINI IL MANGIME È FINITO... ORA MAGNATE LA MERDA

I perugini ai modenesi. Il canarino è il simbolo del club emiliano.

MA QUANTO COSTANO I BAGNI A EMPOLI?

Striscione viola ricordando la squalifica del campo ottenuta a causa della devastazione dei bagni dello stadio di Empoli nella partita di andata. (Fiorentina-Empoli 2005/06)

INTER FRESH
PERDENTI FORTI

Striscione palermitano in Palermo-Inter 2004/05.

NUN C'È TRIPPA PE' GALLI

Striscione romanista a Lione.
(Lione-Roma, Champions League 2006/07)

NO TRIP FOR CATS

... ed ecco che i giallorossi contro il Manchester
ne coniano anche una versione "anglocapitolina".
(Roma-Manchester United, Champions League 2006/07)

YURI SCENDI

Scritta per un amico sulla fermata dell'autobus davanti allo stadio di Livorno. A Livorno, per anni città rossa dalle percentuali bulgare, sono stati in voga i nomi di battesimo sovietici: Yuri, Yari, Igor, Dimitri...

TOGLIAMO IL DISTURBO

Striscione trevigiano apparso nell'ultima partita della prima stagione in A dei veneti, conclusasi con la retrocessione e tormentata da tanti torti arbitrali.
(Treviso-Udinese 2005/06)

MINKIA... A SAN SIRO SUGNU

Due aste rosanero (Inter-Palermo 2004/05). Giovanni, il tifoso palermitano divenuto poi famoso, non si fermerà a Milano...

MINKIA PURU ALL'OLIMPICO SUGNU

Dall'autore di "Minkia... a San Siro sugnu", vincitore del primo Scudetto dello striscione. (Roma-Palermo 2004/05)

AH... MINKIA, A CASA SUGNU

Giovanni è tornato a casa... (Palermo-Livorno 2004/05), ma ha fatto proseliti...

MINKIA IN SIBERIA SUGNU

Striscione citazionista di una tifosa italiana, evidentemente al seguito dello Zenit San Pietroburgo di Spalletti in trasferta in Siberia. (Tomsk-Zenit San Pietroburgo 2009)

NELLA STRADA COME ALLO STADIO O SEI GUARDIA O SEI LADRO

Striscione romanista. (Roma-Inter 2003/04)

TIM INFORMAZIONE GRATUITA: LA COPPA DA VOI DESIDERATA NON È AL MOMENTO RAGGIUNGIBILE

Striscione ascolano per gli interisti appena usciti dalla Champions dopo la calda notte di Valencia. E non è un caso che con Tronchetti Provera vicepresidente l'operatore telefonico sia Tim. (Ascoli-Inter 2006/07)

CHI HA SEGNATO?

Polemico striscione grossetano srotolato dopo un gol: lo stadio maremmano non brilla per buona visibilità. (Grosseto-Lucchese 2005/06)

COSTITUITEVI

Capolavoro di sintesi interista indirizzato alla società bianconera durante il processo che la vedeva sotto accusa per somministrazione di Epo ai propri atleti. (Inter-Juventus 2004/05)

DIO C'È... E ORA C'HO LE PROVE

Dopo oltre 50 anni il Livorno torna in A. Sui muri dello Stadio Armando Picchi compare questa scritta.

TIRA CHIÙ LU LECCE CA LU PILU

Leccesi in trasferta. (Fiorentina-Lecce 2004/05)

OPZIONE MILANTIM: PARLI GRATIS 45' E TACI TUTTA L'ESTATE

Juventini dopo l'atroce sconfitta del Milan con il Liverpool in finale di Champions League. I rossoneri al termine del primo tempo vincevano per 3 a 0. (Juventus-Cagliari 2004/05)

LE BAGUETTE METTEVELE AR CULO

"Delicatissimo" lo striscione romanista per i francesi del Lione. (Roma-Lione, Champions League 2006/07)

MEGLIO L'ERBA DEL VICINO CHE IL VICINO DI ERBA

Striscione viola, dopo la famigerata strage della cittadina brianzola. (Inter-Fiorentina 2006/07)

X-FIGHTERS: CASI IRRISOLTI DI ULTRAS SCOMPARSI

Striscione vicentino in riferimento alla ricostituzione, dopo sette anni dallo scioglimento, dei Fighters Juventus.

FRAZIONE DE ROMA!

Striscione romanista a Brescia.

GATTO – MOGLIE – SUOCERA: IO LO SO PERCHÉ NON RESTO A CASA

Due aste di un maturo tifoso viola in trasferta.
(Roma-Fiorentina 2005/06)

PANZA E PRESENZA

Due aste palermitano, stagione 2004/05,
che inalbera la storica frase siciliana che si dice
quando si va a mangiare da amici senza portare altro che…
la propria compagnia e un vorace appetito!

FAVORIAMO I GRANDI CLUB

I leccesi reiventano l'acronimo della Figc.
(Lecce-Reggina 2000/01)

LEGA DER CACCOLA

Striscione romanista 2004/05.

ROMOLO, BRUTO... QUANTA INFAMIA NELLE VOSTRE ORIGINI

Striscione milanista antiromano in Milan-Roma 1990/91. Come si sa, Romolo uccise il fratello e Bruto il padre.

DONNA NANA

Due aste pistoiese: sono le prime due parole del detto toscano che si completa con una nota rima baciata.

PORTE CHIUSE? COMBATTIAMO GLI SPIFFERI

Striscione viola visto fuori dallo stadio prima di Fiorentina-Udinese 2006/07, giocata a porte chiuse.

VE PESTAMO ALLA GENOVESE

Striscione romanista. (Roma-Sampdoria 2005/06)

FINE DEA GITA

Ultima partita casalinga della prima non fortunata stagione trevigiana nella massima categoria, i veneti sono già matematicamente in serie B. (Treviso-Parma 2005/06)

NOI COME VOI: GIÀ IN VACANZA

I laziali contestano la squadra durante uno sciopero del tifo.

OCCHIO NON VEDE, JUVE VINCE

Striscione udinese in Udinese-Juventus 1997/98. All'andata l'arbitro Cesari non aveva convalidato un gol di Bierhoff che aveva superato di gran lunga la linea di porta juventina.

ARIFAMO LE SQUADRE, SO' SQUILIBRATE

Striscione comparso in un'amichevole tra ultras romanisti e la Roma dello Scudetto 1982/83.

MA QUALE RESISTENZA ULTRÀ, PANE E COPERTO LA VOSTRA SPECIALITÀ

Striscione romanista ad Ancona. Si ironizza sulla notevole quantità di ristoratori marchigiani presenti a Roma. (Ancona-Roma 2003/04)

I RAGAZZI DELLO ZOO DI TORINO

Striscione romanista. Si parafrasa il crudo romanzo di Christiane F., *Noi, i ragazzi dello zoo di Berlino*, autobiografia sull'abisso della droga, bestseller degli anni Ottanta. (Roma-Juventus 2003/04)

MI HAN TOLTO I PUNTI DALLA PATENTE: NE HO SEMPRE PIÙ DELL'INTER

Striscione juventino. (Inter-Juventus 2004/05)

DOPO PORTA CAMOLLIA I MEDICI

I senesi tirano in ballo la famosa casata fiorentina, riferendosi agli scontri con i fiorentini presso Porta Camollia dell'anno precedente. (Siena-Fiorentina 2005/06)

PIÙ CASE MENO CALABRESI

Striscione romanista. (Roma-Juventus 2003/04)

1914-1918; 1939-1945... NON AVETE ANCORA CAPITO? NO WAR

Striscione empolese. La guerra tra America e Iraq incombe. Oltre all'eloquente striscione, la curva toscana con una fumogenata compone i colori dell'arcobaleno. (Empoli-Torino 2002/03)

PUTIN GOBBO

Striscione viola. (Fiorentina-Verona 2021/22)

NÉ CON PUTIN, NÉ CON L'INTER

Scritta su un autobus milanese, 2022.

YOU LOSE INSERT COIN

Interisti dopo la finale persa dal Milan contro gli inglesi del Liverpool. (Inter-Reggina 2004/05)

MA VAFFANFULLA

Striscione nuorese. (Nuorese-Fanfulla Lodi 2005/06)

SEGAIOLI D'ITALIA UNIAMOCI: NO ALLA PORNO TAX

Striscione spallino che fa riferimento al progetto di legge che impone un'addizionale di imposta pari al 25% sui redditi, per tutti i soggetti che producono, vendono, distribuiscono o rappresentano materiale pornografico. (Spal-Montevarchi 2005/06)

74/04 SBN: 20 ANNI DI CORSA

Nel marzo 2004, durante Livorno-Ascoli i labronici "celebrano" il trentennale del gruppo ascolano "Settembre bianconero" sbagliando i conti. L'anno seguente – stessa sfida – si correggono riproponendo il vecchio striscione e aggiungendo:

4 MARZO 2004: 10 IN MENO PER LO SPAVENTO

VI ALLARGHIAMO LO STRETTO

I cagliaritani in Cagliari-Messina 2004/05.

FREE OPERA IN SERIE A

Striscione milanista pro Free Opera, la squadra dell'omonimo carcere milanese, unica squadra di calcio in Europa composta esclusivamente da detenuti a essere regolarmente iscritta a un campionato ufficiale della Figc. (Milan-Inter 2004/05)

PUTTANE STRAPAGATE MA NON FATE GODERE

Striscione barese ai propri giocatori.

BELLA DA STRAPPARSI I CAPELLI

Due aste cavese per la propria compagine, comparso nella stagione 2005/06. Lo stendardo è sorretto da un tifoso calvo!

SETTORE OSPITI: ALZI LA MANO CHI È DI TORINO

Striscione senese per gli juventini, che, come si sa, in trasferta – ma anche in casa – fanno il pieno di tifosi provenienti da tutta Italia. (Siena-Juventus 2004/05)

MAGNATE TRANQUILLI

Due aste romanista. (Parma-Roma 2005/06)

... MEGLIO ISOLATI CHE EMARGINATI

Striscione cagliaritano in Cagliari-Napoli 1993/94.

AMO L'INTERTOTO

I laziali in Lazio-Inter 2001/02. Ultima di campionato: l'Inter è in corsa per lo Scudetto, le altre pretendenti sono Roma e Juve. Lazio e Inter sono gemellate, l'Intertoto è la Coppa disputata dalle squadre che si piazzano subito dopo quelle qualificate per la Coppa Uefa. I laziali pur essendo in corsa diretta per l'Uefa preferiscono rischiare di disputare l'Intertoto piuttosto che ostacolare l'Inter e avvantaggiare le storiche rivali.

'STI CAZZI!!!

Possente coro della curva laziale: usato come chiosa ogni volta che l'altoparlante annuncia una sostituzione della squadra avversaria.

AUTAN FOREVER

Striscione veronese. Si ironizza sulla grande presenza di zanzare nella zona di Mantova. (Verona-Mantova 2005/06)

I CAZZ' A CAGNAT, I CUL È SEMPRE CHIJE

Striscione sambenedettese dopo l'ennesimo avvicendamento societario. Traduzione: "I cazzi sono cambiati, i culi sono sempre quelli". (Sambenedettese-Pavia 2005/06)

ORA CHE AVETE ROTTO IL GIOCATTOLO NON DITE CHE NON L'AVEVAMO DETTO

Striscione parmense sul calcio pilotato. (Lazio-Parma 2005/06)

MA VOI CHI VU' SIETE?

Due aste viola stagione 2004/05.

CIÒ STAM TERZIAN'

Striscione napoletano. *Terziare* o *trezziare* in napoletano significa assaporare, godersi una cosa a poco a poco. Lo striscione è apparso dopo che gli azzurri falliscono il primo *match point* Scudetto pareggiando con la Salernitana. (Maggio 2023)

VI SI TROMBA ANCHE LA MONACA

I grossetani a Monza. (Monza-Grosseto 2006/07)

NEL 2005 HO DETTO: SE L'INTER VINCE LO SCUDETTO TI SPOSO! "ME TOCCA!"

Promesso sposo interista. (Inter-Siena 2006/07)

A PISA PENDE... A REGGIO CADE!!

Striscione reggino sulla celebre torre. (Reggina-Pisa 1989/90)

TORO INCENSO E BIRRA

I Re Magi in versione granata. (Atalanta-Torino 2006/07)

JUVE 94-98 BELLE EPOQUE

Striscione interista sul processo juventino per somministrazione di Epo. (Inter-Juventus 2004/05)

JUVENTINI PAZZI DI MERDA

Piccolo refuso degli olandesi dell'Ajax...
(Ajax-Juventus, Champions League 2004/05)

BESAMOS LAS MANOS

Striscione palermitano a Barcellona.
(Espanyol-Palermo, Coppa Uefa 2005/06)

SE IL MONDO FOSSE UNA TORTA DI MERDA, VOI SARESTE LA FETTA PIÙ GRANDE

Striscione bolognese per i romanisti.
(Bologna-Roma 2001/02)

FURTOGRILL

Due aste juventino scritto con i caratteri del logo Autogrill.
(Siena-Juventus 2005/06)

AN SERIE A SENSA TELEFONÀ

Striscione dell'orgoglio atalantino nella stagione 2006/07.

MOVIOLA IN CAMPO?
C'È GIÀ IL MILAN

Striscione palermitano. (Palermo-Milan 2004/05)

MA IN CHE LINGUA VI INSULTO?

Gli juventini sulla multietnia della formazione interista. (Inter-Juventus 2005/06)

DIO CI SALVI DA CHI NON BEVE

Due aste atalantino. (Atalanta-Roma 2004/05)

AGLI ARBITRI OROLOGI,
A VOI LA SVEGLIA

Striscione romanista per i propri giocatori dopo il discusso caso dei Rolex regalati dalla società capitolina agli arbitri per il Natale 1999. (Roma-Bari 1999/2000)

F.C. INTERCETTAZIONALE

Gli juventini parafrasano la dicitura della società nerazzurra dopo le presunte intercettazioni telefoniche commissionate da Moratti ai danni di Vieri e dell'arbitro De Santis. (Piacenza-Juventus 2006/07)

WEST HAMINKIA

Striscione palermitano per gli inglesi del West Ham. (Palermo-West-Ham, Coppa Uefa 2006/07)

IO ERO X CARTAGINE

Striscione viola contro la Lazio. (Fiorentina-Lazio 2004/05)

BUONANNO E FELICI SCONTRI NUOVI

I romanisti nella prima partita del 2003. (Roma-Chievo 2002/03)

ULIVEPO

Interisti per gli juventini. (Inter-Juventus 2004/05)

INTERTRISTI

Neologismo juventino. (Juventus-Inter 2004/05)

VI TIFIAMO PER INERZIA

Striscione interista dopo il derby perso la domenica precedente e la fresca eliminazione dalla Champions League a opera del Villareal. (Inter-Reggina 2005/06)

E LA CHIAMAVANO SUDDITANZA PSICOLOGICA

Striscione ascolano all'indomani della pubblicazione delle intercettazioni tra dirigenti di grandi club e i vertici arbitrali nel maggio 2006. (Empoli-Ascoli 2005/06)

FORZA PASCOLI

Striscione pescarese contro gli ascolani.
La coreografia era comprensiva di tante pecore di cartone.
(Pescara-Ascoli 2003/04)

21/04/06: 2759 ANNI, AUGURI ROMA... A VOJA A SOFFIÀ

Striscione romanista per il compleanno dell'Urbe.
(Roma-Sampdoria 2005/06)

DE TANTI LAVORI... I CALCIATORI???

Striscione ternano per i propri giocatori la settimana seguente la sconfitta per 4 a 0 nel derby con il Perugia. (Ternana-Crotone 2004/05)

SIAMO AI' BONGO

Il bongo a Firenze è il profiterole. Molto oltre la frutta dunque... (Fiorentina-Parma 2004/05)

MENO SKY PIÙ TAJ

Due aste udinese 2003/04. *Taj* è la contrazione di *tajut*, il "taglio" di vino tipico delle osterie friulane.

MERCENARI: VANNO DOVE TIRA IL "VENTO" MA NON SARANNO MAI BANDIERE

Striscione bresciano per i propri giocatori appeso in Brescia-Perugia 2002/03.

JUVE TUTTO FUMO E NIENTE ARRESTO

Striscione romanista. (Roma-Juventus 2004/05)

C'AVETE PIÙ PELATI VOI CHE 'NA PASSATA DE POMODORI

Striscione romanista riferito alla presenza in rosanero dei calvi Fontana, Guana, Corini, Bresciano. (Roma-Palermo 2006/07)

HAI PIÙ CORNA CHE UNA PUNTATA DI BEAUTIFUL

Impropero all'indirizzo dell'arbitro udito a Catania.

IN CURVA IRRIDUCIBILI, PER STRADA IRREPERIBILI

I tarantini sulla presunta codardia del gruppo ultrà catanese Irriducibili. (Taranto-Catania, finale playoff C1 2001/02)

L'UNICA 'OSA IRRIDUCIBILE È LA MI FAVA

Ma anche la Lazio ha il gruppo degli Irriducibili… Striscione livornese. (Livorno-Lazio 2006/07)

NOUS VE SE MAGNAMO

Striscione romanista esposto a Lione. (Lione-Roma, Champions League 2006/07)

DI GIORNO TRAVESTITI AL CARNEVALE, LA NOTTE TRAVESTITI SUL VIALE

Striscione massese per i tifosi del Viareggio.

JUVANNA MARCHI

Striscione milanista. Vanna Marchi, regina delle televendite, condannata per truffa aggravata, pochi giorni prima di Milan-Roma 2005/06.

NUN SUCCEDE MA È SUCCESSO

Due aste laziale dopo la vittoria dello Scudetto 1999/2000.

FINKÉ MORTE NON CI SEPARI

Issato da tifosi della Scorranese, appollaiati su un'autogru noleggiata per assistere a un incontro a porte chiuse!

CARCI 'N BOCCA ALLA ROMANA

Striscione romanista 2006/07.

SCUSATECI L'ERRORE RIMEDIAMO SUBITO

Gli juventini prima espongono lo striscione **NUOVA GUARDIA** rubato agli interisti poi – una volta esposto lo striscione in oggetto – estraggono e mostrano quello della **NUOVA GUARDIA** viola rubato ai fiorentini. (Juventus-Fiorentina 1995/96)

09/05/04 "AMARO LUCANO"

I tifosi della Juve Stabia ricordano ai potentini la data dell'ultima partita della precedente stagione in cui le due squadre si affrontarono e i primi, vincendo, scavalcarono i secondi, aggiudicandosi il campionato. (Juve Stabia-Potenza 2004/05)

EPO DONA LORO ETERNO RIPOSO

Striscione parmense in un Parma-Juventus.

9° COMANDAMENTO: NON DESIDERARE LA SQUADRA D'ALTRI

Striscione udinese. (Udinese-Juventus 2005/06)

SETTORE OSPITI 31€ E X TUTTO IL RESTO C'È MASTERCARD

Il polemico striscione doriano sul caro prezzi a Udine. Si parafrasa il claim della nota carta di credito. (Udinese-Sampdoria 2004/05)

TANA LIBERA TUTTI

Due aste ternano. (1994/95)

RESTANO 30 PUNTI: O LI FATE VOI O VE LI FAMO NOI

I romanisti alla squadra. (Roma-Milan 2004/05)

CAMPIONATI 1998-1999-2000: DAI TORTI AI PASSAPORTI C'È SEMPRE UN DISPETTO PER TOGLIERCI LO SCUDETTO

Striscione laziale. Pensare che la stessa domenica che viene esposto questo striscione la Lazio vincerà lo Scudetto. (Lazio-Reggina 1999/2000)

L'AMORE PER L'INTER È INFINITO, L'AMORE PER VOI È FINITO

Striscione interista rivolto ai propri giocatori. (Inter-Brescia 2003/04)

SIETE ANCORA FURIOSI?

Milanisti alludono alla sottrazione dello striscione del gruppo Furiosi Cagliari, avvenuta al Sant'Elia anni addietro, provocando gravi incidenti. Dall'episodio prende il titolo il romanzo *I furiosi* di Nanni Balestrini, pubblicato da Bompiani nel 1994. (Cagliari-Milan 2004/05)

QUEL CHE 'UN AMMAZZA INGRASSA

Due aste senese 2003/04.

ALTO-BASSO, MAGRO-GRASSO, BELLO-BRUTTO, SPORT-JUVE

Striscione interista. (Messina-Inter 2005/06)

SCHIAVI DELLA COLDIRETTI

Striscione viola per i bergamaschi. (Fiorentina-Atalanta 2006/07)

NO ALLA VIOLENZA NEGLI STADI... E CI VEDIAMO FUORI

Striscione palermitano rivolto ai reggini.
(Palermo-Reggina 2004/05)

IL PROSSIMO RIPESCAGGIO CON LA SCIALUPPA DI SALVATAGGIO. ARNO RIPROVACI

Juventini sul ripescaggio viola in serie B.
(Juventus-Fiorentina 2004/05)

STRONZI DI RIACE

Due aste leccese per i reggini.

SERIE A IN TRE ANNI... LUCE!!!

Striscione viola di critica alle promesse della società: i Della Valle avevano garantito la conquista della serie A in tre anni. (Fiorentina-Salernitana 2003/04)

ER EZIONE

Per la serie "non solo er pomata"...
Due aste romanista 2006/07.

NON RUBATE AI POVERI

Implorazione aretina per gli juventini.
(Juventus-Arezzo 2006/07)

GEMELLAGGIO SÌ... MA CON LE VOSTRE MAMME!

Striscione napoletano ai romanisti. (Napoli-Roma 1993/94)

BERNA '89, WEMBLEY '92, ATENE '94: NOI COL BARCELLONA GODIAMO SEMPRE

Striscione milanista in Milan-Sampdoria 1994/95. Nell'89 a Berna la Sampdoria fu sconfitta in finale di Coppa delle Coppe dai catalani che si reimpongono anche a Wembley nel '92 in finale di Coppa dei Campioni. Il riferimento al '94 invece riguarda direttamente il Milan che strapazzò proprio i *blaugrana* per 4 a 0 in finale di Coppa dei Campioni.

CHI LOTTA È ROCK, CHI SE DOPA È LENTO. LUMACHE

Correva il 2005 e Celentano, in un suo celebre monologo, divise il mondo in *rock* e *lento*. Striscione romanista per gli juventini. (Roma-Juventus 2005/06)

SE CI TOLGONO IL VECCHIO NE ABBIAMO UNO DI NUOVO

Gli juventini, in apprensione per la revoca dell'ultimo Scudetto, conquistano quel giorno un altro titolo che gli sarà poi ugualmente revocato. (Reggina-Juventus 2005/06)

INTERTRISTI CORAGGIO: TRA 4 MESI È AGOSTO

Striscione ascolano sugli interisti, per antonomasia i campioni "d'estate". (Ascoli-Inter 2005/06)

SE L'INTER HA VINTO LO SCUDETTO LA PACE È POSSIBILE

Visto alla Marcia della Pace a Roma nell'inverno 2007.

FEDERAZIONE ITALIANA GIUOCO CLANDESTINO

Polemico striscione napoletano in riferimento all'ultimo scandalo del calcio scommesse. (Napoli-Cittadella 2004/05)

SIETE TUTTI FRANCAVILLESI AH AH

Striscione teatino, che rimanda a presunti amorazzi balneari delle signore pescaresi. (Pescara-Chieti 2001/02)

DE', ERA UN MINUTO

Striscione livornese esposto nella partita che riporta
in serie A il Livorno dopo ben 55 anni.
(Piacenza-Livorno 2003/04)

Partita del campionato dilettanti. Punizione da 30 metri.
Il portiere di casa, leggermente sovrappeso, nonostante
il tiro non irresistibile, si tuffa in ritardo e subisce gol.
Dopo qualche secondo di gelo, dagli spalti arriva un grido:

SE ERA UN PIATTO DI PASTASCIUTTA CI ARRIVAVI

BELIN CHE VIAGGIO

Striscione genoano esposto a Oviedo, in Spagna.
(Oviedo-Genoa, Coppa Uefa 1991/92)

DELLA BISTECCA VI È RIMASTA SOLO LA B

Striscione laziale a seguito della messa al bando
della bistecca a causa del morbo della Mucca Pazza,
in concomitanza con il precipitare della Fiorentina
in serie B nella stagione in questione.
(Fiorentina-Lazio 2001/02)

NOI CI SIAMO VUJE FACITE E'PRESS

Striscione napoletano nella prima partita di serie C dopo il fallimento. Ci sono 50.000 persone allo Stadio San Paolo a vedere il nuovo Napoli di De Laurentiis. (Napoli-Cittadella 2004/05)

TERIMPATRIANO

Gioco di parole dei bergamaschi sull'allora allenatore viola, il turco Fatih Terim. (Atalanta-Fiorentina 2000/01)

BUO DI 'ULO

Due aste livornese completato da un foro centrale.

COME È MISERA LA VITA NEGLI ABUSI DI POTERE

I cagliaritani citano *Bandiera bianca* di Battiato per dare addosso alla polizia.

SAN LUCA SE BUCA

I romanisti a Bologna la dicono con *Silvia lo sai* di Luca Carboni. La curva ospiti si trova ai piedi del Santuario del Patrono. (Bologna-Roma)

MAGNAGATTI
IN MAGNA GRECIA

Striscione di un gruppo di tifosi vicentini a Italia-Russia di pallavolo maschile alle Olimpiadi di Atene 2004.

NAPOLI:
PIETÀ PER I DEBOLI

Pretenzioso striscione napoletano, stagione 1973/74.

VOI COMASCHI,
NOI CO' FIASCHI

I fiorentini a Como, stagione 2003/04.

O CH' CIAI 'L PIEDE MARINO?

A Perugia, dopo un clamoroso gol sbagliato da un attaccante.

E ME DICISTE SÌ
'NA SERA 'E MAGGIO

Murale a Napoli dopo il primo Scudetto del 1987, in riferimento alla celebre canzone.

LA STRISCIA CI GAZA

Narco-striscione napoletano 2022/23.

VENDO GAZZETTA DELLO SPORT DI IERI CON LA JUVE ANCORA TERZA IN CLASSIFICA A 70€

Giornalaio milanese nella primavera 2023, il giorno dopo la penalizzazione per il caso plusvalenze, che retrocede la Vecchia Signora di 10 punti.

NUN TE PREOCCUPÀ GUAGLIÒ, CE STA O NAPULE FORE

Dopo l'eliminazione dalla Champions del Napoli a opera del Milan, i tifosi rossoneri citano la serie tv del momento, *Mare fuori*, ambientata a Napoli. (Milan-Lecce 2022/23)

ADDIO E BUON CAMMINO

Striscione laziale diretto contro la Fiorentina. La speranza-augurio di veder finire i viola in B e addirittura in C è degna di Bartezzaghi. (Fiorentina-Lazio 2001/02)

S. FRANCESCO VIDE PERUGINO E FOLIGNATE. DISSE: FRATELLI CONIGLI

Striscione ternano.

I NOSTRI PROGRAMMI? TUTTI A PUTTANE!

La settimana precedente l'incontro la magistratura aveva messo sotto inchiesta alcuni giocatori dell'Inter per aver preso parte a festini erotici in compagnia di prostitute brasiliane. (Gli interisti a Bologna 2000/01)

AAA CERCASI AVVOCATO PER CURVA QUERELATA

Striscione viola in risposta all'allora dirigente Mario Sconcerti, che dopo alcuni cori pesantissimi al suo indirizzo aveva espresso l'intenzione di denunciare tutta la curva per diffamazione.
(Fiorentina-Atalanta 2000/01)

BUT WOMAN NEVER WING

Bestemmia-rebus dei fiorentini: basta tradurre parola per parola... (Piacenza-Fiorentina 2003/04)

VOLETE IL SORPASSO? ATTACCATEVI AL CASSO

Striscione romanista rivolto ai tifosi della Juve, che vincendo la sfida avrebbe potuto sorpassare i capitolini. (Roma-Juventus 2001/02)

NOI VI ACCETTIAMO

Il classico striscione... a doppio taglio dei tifosi del Chievo, con il disegno di due accette ai lati. (Chievo-Napoli 1999/2000)

STASERA PER CHI TIFERÒ TRA JUVENTUS E AJAX? PURTROPPO HO UNA NONNA AD AMSTERDAM

Fulminante risposta dell'avvocato Peppino Prisco, mitico vicepresidente interista, durante un'intervista.

MEGLIO LIBERI ALL'INFERNO CHE SCHIAVI IN PARADISO

Il Cosenza è appena retrocesso dalla B alla C1. A causa di una gestione dissennata che non può dare le garanzie bancarie sufficienti all'iscrizione in campionato, la società fallisce e il presidente Pagliuso se ne va, con grande gioia dei tifosi, contenti anche di ripartire dall'"inferno" del Campionato Nazionale Dilettanti. (Cosenza-Rossanese 2003/04)

ROMANISTA CAPUT MINCHIAE

Striscione interista.

ICCHE VU FATE VOI QUI?

Due aste viola che cita una battuta di Massimo Ceccherini alle ballerine spagnole nel film *Il ciclone*.

SOSPENDETE LA PARTITA... DOBBIAMO ANDARE A BERE

Striscione senese in relazione al noto episodio del derby romano sospeso il 21 marzo 2004 per motivi di ordine pubblico: si era sparsa la voce che la polizia avesse ucciso un bambino fuori dello stadio e alcuni tifosi chiesero, entrando in campo, la sospensione della partita. Né le autorità, né lo speaker dell'Olimpico riuscirono a convincere i tifosi dell'infondatezza della voce. La decisione finale venne presa dal presidente di Lega Galliani, via cellulare, a 600 chilometri di distanza. (Siena-Udinese 2003/04) Sempre su questo episodio i perugini:

SONO MORTI 2 GATTI SOSPENDETE LA PARTITA

(Perugia-Lazio 2003/04)

PIÙ CHE PRENDERE GIOCATORI A BREVE, CI PRENDETE PER IL CULO A LUNGO

Striscione senese. (Siena-Genoa 2001/02)

MILAN CACCA, JUVE POPÒ, VOLETE SIANO QUESTI I NUOVI SFOTTÒ?

Striscione viola contro le nuove regole che impediscono l'ingresso agli striscioni più cattivi. (Fiorentina-Parma 2013/14)

IL SETTORE OSPITI NON ESISTE. OSPITI SONO QUELLI CHE SI INVITANO A CENA, E IO QUESTI PE' CASA 'UN CE LI VOGLIO

Cartello affisso su una biglietteria a Firenze prima di Fiorentina-Juve 2013/14.

SCUSATE, NON MI LEGO A QUESTA SCHIERA MORRÒ PECORA NERA

Striscione leccese tratto da *Canzone di notte n. 2* di Guccini.

LE ECCHIMOSI, SI SA, VANNO E VENGONO

Così Aldo Biscardi commenta in diretta lo scoop di *Striscia la notizia* che smaschera il suo inviato con le ferite che si spostano da una guancia all'altra… (Marzo 2004)

E DIO DISSE LAZIO!

e

DAJE CHE È L'ANNO BONO!

Drappi laziali, metà anni Novanta. In quel periodo in curva nord si segue la moda del tifo *british*: le *ends* inglesi – l'equivalente delle nostre curve, perlopiù rettilinee e parallele al terreno di gioco – sono costellate di striscioni molto più piccoli di quelli ai quali siamo abituati in Italia, che creano una sorta di effetto patchwork.
In compenso i laziali si meritarono un paio di striscioni dei cugini che recitavano:

LEVATE QUEI STRACCI CHE SO' ASCIUTTI

e

CURVA ALL'INGLESE COME PORTA PORTESE

H901

Striscione sangiovannese. Dopo la moda dei due aste con prefissi e CAP di appartenenza, ecco una novità: sono i quattro caratteri fissi del codice fiscale di Sangiovanni Valdarno (Ar).

ALMENO PER UNA PARTITA FATECI GODERE

Striscione lecchese. (Lecco-Modena 1999/2000)

ENTRATI IN CURVA, ENTRATI NEL CORTEO, OKKIO VI S'ENTRA IN CASA

I pisani ricordano ai rivali alcuni precedenti e minacciano… Nel 1999 la Prefettura di La Spezia, per motivi di ordine pubblico, concesse a 2500 tifosi toscani la curva abitualmente occupata dai sostenitori liguri. (Pisa-Spezia 2001/02)

L'UNICA MAGLIA CHE MERITATE È QUELLA DI DOLCE & GABBANA

Striscione interista, sfottò per i propri giocatori. (Inter-Chievo 2003/04)

SDRAIAVACCHE GROUP

Striscione ternano, stagione 1996/97.

ASCOLANO, GUARDA IL FESTIVAL

Striscione degli anconetani in Torino-Ancona; la partita viene trasmessa in tv e i tifosi dell'Ancona consigliano ai cugini di sintonizzarsi altrove. (Coppa Italia, 9 febbraio 1994)

GASTRONOMICAMENTE INGOVERNABILI

Striscione aretino, stagione 2004/05.

A QUANN' STANN' L' COZZ'?

Striscione campobassano per i tarantini:
"Quanto costano le cozze?".
(Campobasso-Taranto 2000/01)

UN'ALTRA SBORNIA È POSSIBILE

Due aste pistoiese. Si cita uno dei motti del movimento no-global. (Albinoleffe-Pistoiese 2002/03)

DOMANI SENZA VOCE

Striscione laziale, stagione 1999/2000.

GUEVARA... UNO CHE FACEVA MAGLIETTE

Striscione palermitano esposto in un incontro con il Livorno. Le due tifoserie in questione sono tra le più connotate e contrapposte politicamente. (Palermo-Livorno 2002/03)

TRI CHE TASE DU CHE SCOLTA

Due aste veronese: "Tre stanno zitti e due ascoltano". (Verona-Palermo 1994/95)

BRUTTI DENTRO

Due aste milanista, stagione 2003/04.

NUN SAPETE CHE VI SIETE PERSI

Scritta spray sul muro del cimitero di Secondigliano: una mano ignota la tracciò dopo la vittoria del primo Scudetto del Napoli. (Maggio 1987)

SCUSATE L'EVENTUALE DISTURBO

Striscione appeso alla parete di un cimitero di Napoli durante i festeggiamenti per lo Scudetto 2023.

BYE BYE NAPOLI

Striscione con cui i laziali "salutano" il Napoli, retrocesso di fresco nella serie cadetta. (Lazio-Udinese 2001/02)

"NON VENDIAMO FUMO": PECCATO...

Striscione pisano in riferimento a una dichiarazione del presidente nerazzurro dell'epoca Enrico Gerbi.

VE FAMO ER PREFISSO

I romanisti agli interisti. Considerando che il prefisso di Milano è 02... il pronostico è servito! (Inter-Roma 2001/02)

NOI PRIMA VOI DOP ING

Striscione romanista in Roma-Juventus.

ORMAI NON FA PIÙ NOTIZIA: BISCARDI COLLABORATORE DI GIUSTIZIA!

Striscione catanese sull'atteggiamento di Biscardi riguardo agli incidenti di Avellino-Napoli del settembre 2003: il giornalista ha più volte ripetuto nomi e cognomi dei ragazzi indagati, anche incensurati, vantandosi di aver contribuito all'arresto di "questi delinquenti"; ha riproposto all'infinito le immagini dei disordini e ha addirittura chiesto al questore di elencare in diretta i precedenti dei fermati. (Catania-Vicenza 2003/04)

IL CALENDARIO DEL PERUGIA? MEGLIO QUELLO DELL'ARCURI

Battuta di Serse Cosmi.

SENZA FERIE

Striscione romanista a Pescara per un'amichevole disputata sabato 21 agosto 2004.

PRIMA DI SCIOPERARE PROVATE A LAVORARE

Striscione atalantino esposto in occasione di un'annunciata protesta dei giocatori professionisti, con tanto di sciopero di categoria. (Atalanta-Inter 2000/01)

VI SERVE UNA MONETA?

Striscione cagliaritano rivolto ai napoletani. Fa riferimento a una discussa vittoria a tavolino del Napoli contro l'Atalanta l'anno precedente: il centrocampista azzurro Alemão era stato colpito da una moneta, e quei due punti contribuirono alla conquista dello Scudetto del Napoli. In seguito, in un filmato tv, si sentì distintamente la voce del massaggiatore azzurro che invitava Alemão a "stare a terra"... (Cagliari-Napoli 1990/91)

VERONA IN B: DIO C'È

Striscione salernitano. La domenica precedente il Verona era retrocesso dalla A alla B. (Salernitana-Reggina, serie B 2001/02)

TESTE DI HAZZO

Striscione interista madre lingua. (Inter-Fiorentina, semifinale di Coppa Italia 1995/96)

IL TIFO DI OGGI VI È OFFERTO DA FUTURI PREGIUDICATI

Striscione parmense per contestare i nuovi provvedimenti che consentono alla pubblica sicurezza di prolungare la flagranza di reato fino a 36 ore nei confronti di chi commette reati da stadio. (Parma-Lazio 2002/03)

29/11/92 EMPOLI: CHI NON MUORE SI RIVEDE

Autunno '92, all'esterno dello Stadio Castellani due tifosi del Vicenza vengono feriti alle spalle da due proiettili durante alcuni scontri con la polizia. Neanche il processo porterà mai alla condanna dei colpevoli. Nel novembre '98 i vicentini espongono al Menti questo striscione commemorativo.

STRISCIONE CON SCRITTA CONSENTITA

Striscione veronese esposto durante una trasferta ad Ascoli, nella stagione 1991/92. In quel periodo era frequente la rimozione degli striscioni che non passavano la "censura" delle forze dell'ordine.

EMPOLESE FIGLIO DI UNA SCOREGGIA

Striscione interista. (Inter-Empoli 2003/04)

TUTTI CI ODIANO MA NESSUNO CI AFFRONTANO

Scritta su un muro nel rione Traiano a Napoli.

IL SANTO DEGLI SCEMI: SAN SEPOLCRO

Striscione della Sangiovannese contro il Sansepolcro.

SIETE COME LA LIRA NON VALETE + NIENTE

I rosanero in Palermo-Reggina 2001/02, all'indomani dell'introduzione dell'euro.

NOI MAI RETROCESSI IN B E VOI?

Striscione senese: paradossalmente il Siena, essendo all'epoca al primo anno di A della sua storia, non era mai retrocesso in B, al contrario del Milan! (Siena-Milan 2003/04)

V'APREM COM LE COZZ

Striscione pescarese alla finale playoff della C1. (Pescara-Martinafranca 2002/03)

SE AMARTI È UNA CONDANNA CHE CI DIANO L'ERGASTOLO

Striscione interista. (Inter-Palermo 2004/05)

COMUNICATO UFFICIALE JUVENTUS F.C. TUTTI I TIFOSI JUVENTINI SONO PREGATI DI LASCIARE LO STADIO A FINE PARTITA IL PIÙ IN FRETTA POSSIBILE CAUSA DISINFESTAZIONE SETTORE OSPITI

Striscione bianconero. (Juventus-Fiorentina 2011/12)

ATTENZIONE, CON LE PICCOLE SI SOFFRE SEMPRE

Gli juventini contro l'Inter, stagione 2011/12.

A PURCIARI

Striscione romanista esposto a Genova, capitale della parsimonia. (Sampdoria-Roma 2010/11)

SI VINCIMM 'O MARASS M'VEN NU'COLLASS

Tifosi della Juve Stabia a Genova. (Sampdoria-Juve Stabia 2011/12)

SCAMBIO SOCERA CON SERPENTE. PAGO LA DIFFERENZA

Tifosi del Livorno, stagione 2011/12.

PRIMA LA ROMA POI MI' MADRE

Due aste giallorosso. (Lazio-Roma 2011/12)

30 SUL CAMPO LI HA SOLO MUDINGAYI

Striscione interista del 2012. La Juventus ha da poco vinto il suo 28esimo Scudetto (ma molti juventini continuano a includere nel computo quello revocato nel 2005 e quello assegnato all'Inter l'anno seguente per le vicende legate a Calciopoli). Gabi Mudingayi è un centrocampista nerazzurro di origine congolese di cui si magnificano le doti fisiche. E non solo polmonari.

Infatti…

MUDINGAYI 35, SÌ MA DI FAVA

Quattro anni dopo a Pisa si ipotizza che il centrocampista Mudingayi non avesse scelto quel numero di maglia casualmente. (Salernitana-Pisa 2016/17)

SE AVESSI DUE VITE TE LE DEDICHEREI ENTRAMBE

Due aste interista. (Inter-Siena 2012/13)

30... DI GALERA

Striscione interista. (Juve-Inter 2012/13)

30 € SUL CAMPO, 50 € IN ROULOTTE

Gli interisti realizzano uno striscione con tanto di fumetto che ritrae Andrea Agnelli con le sembianze di una prostituta. (Inter-Juve 2012/13)

In un tweet del maggio 2012 l'ex velina Federica, moglie del centravanti juventino Matri, scrive: "Ringrazio carinamente i ladri che mi hanno aperto la macchina e rubato tutti i regali miei e di Ale Matri". Non si fa attendere la risposta di un follower:

NON LI HANNO RUBATI, LI HANNO VINTI SUL CAMPO!

MEGLIO I LUPI CHE CERTI AGNELLI

Striscione interista in Inter-Roma 2012/13.

1... 2... 3... ANCHE SE VI CONTIAMO NON CI ADDORMENTIAMO... PECORE

Striscione napoletano contro i cagliaritani, che si erano mossi in pochi. (Napoli-Cagliari 2003/04)

SEMO TANTI E IGNORANTI

Striscione romanista.

JUVE IN TRASFERTA CALABRIA DESERTA

Striscione romanista. (Roma-Juventus 2001/02)

UNO DI NOI, MILLE DI VOI

Striscione senese rivolto agli avversari del Perugia. Ne hanno ben donde, i senesi, visto che sono presenti appena in una settantina. (Perugia-Siena 1993/94)

NOI 100 TORRI, VOI UNA E PURE STORTA

Ascolani ai pisani. (Ascoli-Pisa 2014/15)

SENZA DI VOI SAREBBERO SEMPRE IN VOLO

Striscione viola per gli juventini raffigurante delle mosche. (Fiorentina-Juve 2014/15)

SE L'ISIS ARRIVA A ROMA, PAREGGIA

Vista la lunga serie di pareggi giallorossi, due tifosi della Juve ne sono certi. (Juve-Sassuolo 2014/15)

MA VI RENDETE CONTO CHI SIAMO?

I milanisti cercano di scuotere la squadra, l'annata 2014/15 non passerà alla storia del club. (Milan-Lazio, Coppa Italia 2014/15)

C'È UN LAVANDINO CHE PERDE IN PIAZZA DI SPAGNA

Dopo i danni provocati dai tifosi olandesi del Feyenoord alla fontana della Barcaccia a Roma, i veronesi punzecchiano al vetriolo. (Verona-Roma, febbraio 2015)

CONTRO LA TV TUTTI A TV

Striscione pisano contro il calcio in televisione.
(Treviso-Pisa 2002/03)

NEL VOSTRO CALCIO CHE AFFONDA SOLO LA NOSTRA FEDE RESTA A GALLA

Striscione issato dai bresciani, con tanto di ciambelle gonfiabili in mano, in occasione di una manifestazione davanti alla sede della Lega Calcio a Milano. (29 agosto 2003)

BARCOLLOSKIJ MA NON MOLLOSKJI

Striscione granata in Torino-Zenit San Pietroburgo, ottavi di Europa League 2015.

PAURA E SOLDI MAI AVUTI

Due aste di una tifosa dell'Ostuni (Br).

PAURA E FICA MAI AVUTE

Declinazione hard dei tifosi del Caprese Michelangelo (Ar).

BOLOGNESE GOBBO MALATTIA IMBARAZZANTE

Striscione bolognese. *Malattie imbarazzanti*, è stato un programma televisivo in onda su Real Time. (Bologna-Juve 2015/16)

GIOCATE PER BATTERVI CONTRO L'IDEA DI PERDERE

Questo due aste granata vince il Premio Freud. (Torino-Udinese 2015/16)

ARSENIO LUPIN VI FA UNA SEGA

Striscione senese. (Siena-Juventus 2004/05)

QUESTO CALCIO CI FA SKY-FO

Striscione mostrato dalla stragrande maggioranza delle tifoserie italiane nella prima giornata della stagione 2003/04.

M'HAI COSTRETTO A TIFA' JUVE!

Striscione romanista rivolto ai laziali alla penultima di campionato: la Juve e la Lazio sono allo sprint finale per la vittoria. (Roma-Milan 1999/2000)

COL TRATTORE IN DOPPIA FILA ALLE SOGLIE DEL DUEMILA, COL TRATTORE IN DOPPIA FILA ALLE SOGLIE DEL DUEMILA

Coro dei tifosi del Legnano a quelli del Vercelli ispirato a uno striscione romanista del 1994/95: **STAMO QUASI NEL 2000 E C'HAI ER SOMARO 'N DOPPIA FILA!**

A MONOPOLI, L'UNICA PROBABILITÀ È L'IMPREVISTO

Biglietto da visita dei Bad Boys Monopoli 2015/16.

AVETE AVUTO PIÙ TECNICI VOI CHE IL GOVERNO MONTI

Sfottò milanista per i palermitani. I rosanero – in quella stagione disgraziata – arrivarono a cinque cambi di allenatore. (Milan-Palermo 2012/13)

SCUSATE CHI C'È OGGI IN PANCHINA?

Alla 23esima giornata se lo chiedono anche i tifosi del Palermo, giunti – ancora una volta – a cinque allenatori diversi. Ma il presidente Zamparini da lì alla fine imporrà altri quattro cambi. (Palermo-Milan 2015/16)

IL VAFFANCULO AL GOBBO È COME LO SCATTO ALLA RISPOSTA: PARTE IN AUTOMATICO

Due aste interista. (Inter-Juve 2015/16)

GLI ALTRI SONO AL MATRIMONIO

Gli ultras del Thiesi (Ss) si scusano per la curva un po' sguarnita, 2015/16.

E IO PAGO

Striscione romanista sul caro biglietti, da leggere come farebbe il grande Totò. (Roma-Como, Coppa Italia 1988/89)

VENDESI PANDA

Capolavoro del surreale di un tifoso udinese. (Bologna-Udinese 2012/13)

DOPO IL MATRIMONIO NON C'È TEMPO PER CAMBIARE ABBIGLIAMENTO. TI HO SPOSATA QUI VICINO PER VENIRE AL MASSIMINO

Striscione sorretto dai testimoni di una coppia di sposi, tutti assiepati sugli spalti dello stadio di Catania e tutti in abito da cerimonia. (Catania-Pescara 2012/13)

GUALDO...
MA 'UN TI VEDO

Striscione viola. (Gualdo Tadino-Florentia Viola 2002/03)

'CCI TUA,
VITA MEA

Due aste romanista. (Torino-Roma 2013/14)

NON SCOPIAMO MAI

Il bilancio del Gruppo Oppini, tifosi della Dukes Sansepolcro, squadra amatoriale di basket 2014/15. Il Gruppo si segnala per uno stile molto deciso ma efficace, anche se un po' ripetitivo, e propone nel tempo anche

BASTA APERITIVI, SOLO VIOLENZA

NO FICA

CARDINAL BERTONE ONESTO

FICA MERDA

NOI SIAMO UN POPOLO,
VOI UN BACINO D'UTENZA

Striscione viola per gli juventini. (Fiorentina-Juve 2014/15)

NARICI FEROCI

Due aste tifosi del Giulianova, maggio 2015.

ABBASSA LO SMARTPHONE

Tifosi del Messina. (Stagione 2015/16)

MIO FIGLIO VUOLE IL FOGGIA SU FIFA 2017

Tifoso foggiano, 2016.

POCHI MA SBRONZI

TIFOSI CORRETTI... SAMBUCA

Striscioni del Centro Storico Lebowski, squadra dilettantistica fiorentina, primo esperimento riuscito di azionariato popolare.

CHI PENSA DI AVERE UN FIGLIO CAMPIONE È PREGATO DI PORTARLO IN UN’ALTRA SOCIETÀ

All’ingresso della Polisportiva Ponzano (Empoli).

BELINI FRIZZANTI

Noto due aste spezzino.

ENTRADA 90 €
1 € POR MINUTO?
EL FUTBOL NO ES SEXO TELEFONICO

Striscione di protesta (in perfetto spagnolo) dei tedeschi dello Schalke 04 contro il caro biglietti. Il loro tagliando per la trasferta di Europa League a Bilbao fu evidentemente salato. (Aprile 2012)

Sempre su questo tema:

75 € A TICKET?
WE ARE NOT NEYMAR

Striscione tedesco. (PSG-Bayern Monaco 2017/18)

70 €? WE'RE STILL NOT NEYMAR.
FUCK PSG

Anni dopo, i tedeschi dimostrano di non aver apprezzato lo sconto di 5 euro. (PSG-Bayern Monaco 2022/23)

GHIRARDI FALSO IN BILANCIA

Nel marzo 2015, Tommaso Ghirardi, corpulento ex presidente del Parma, viene iscritto nel registro degli indagati per la bancarotta alla base del crac della società ducale. I tifosi del Parma lo scherniscono.

RANOCCHIA MA SE TI BACIO TI TRASFORMI IN UN CALCIATORE?

Tifosi interisti le provano tutte per spronare il centrale Andrea Ranocchia. (2014/15)

LA VITA È COME UN CROSS DI ABATE. NON SAI MAI DOVE VA A FINIRE

Scritta spray, settembre 2017. Ignazio Abate, difensore del Milan, come un nuovo Forrest Gump.

BASCHIROTTO NON ANDARE VIA

I salentini scomodano Baglioni per il difensore Federico Baschirotto. (Lecce-Sassuolo 2022/23)

YOU ARE MORE UGLY THAN CAMILLA

Striscione bianconero. Traduzione: "Siete più brutti di Camilla". (Juventus-Liverpool, Champions League 2004/05)

LIPPI AL CERVIA, CICCIO IN NAZIONALE

C'è chi vorrebbe il fumantino Ciccio Graziani alla guida degli azzurri e Lippi declassato ct della squadra del reality *Campioni*. (Amichevole Italia-Islanda, Padova, 30 marzo 2005)

CE VEDEMO AL RITORNO

Anconetani in Ancona-Notts County, Coppa Anglo-Italiana 1993/94, ma la partita di ritorno non era prevista!

A NOI CE S'È ROTTO ER FAX

I romanisti nella prima domenica di entrata in vigore di nuove assurde misure, che prevedono l'invio dello striscione via fax alla società una settimana prima, la società lo gira alla Questura, la Questura... che al mercato mio padre comprò... Per l'autore è stato chiesto il Daspo. (Roma-Milan 2006/07)

Nord chiama: Sud risponde

VESUVIO FACCI SOGNARE

Provocatorio striscione veronese a Napoli, verso la metà degli anni Ottanta. Oggi, nel gergo della cultura hip hop, si definirebbe un *dissing*. Voce che deriva dall'inglese *disrespect*, ovvero sbeffeggiare, mancare di rispetto in pubblico. Quasi sempre con la replica dell'offeso, la contro-replica e così via, potenzialmente all'infinito. Alcune tifoserie, nel corso degli anni, hanno dato vita a botta e risposta lunghissimi, a dir poco sarcastici, spesso velenosi, talvolta decisamente sopra le righe. Mettiamola così: non ci fosse stato questo striscione, non ci sarebbe stata nemmeno la celebre geniale risposta...

GIULIETTA SI 'NA ZOCCOLA!

Arcinota replica napoletana nella partita di ritorno al Bentegodi. Ha fatto epoca e generato infinite varianti, fra le quali:

ROMEO ANDAVA A TRANS

Napoli-Chievo Verona 2009/10.

HEIDI ERA 'NA MIGNOTTA

Striscione romanista rivolto agli svizzeri del Basilea.
(Roma-Basilea, Europa League 2009/10)

AVEMO RIMESSO GIULIETTA SULLA SALARIA

Meme romanista dopo Verona-Roma 1 a 3, 2013/14.

SCUDETTO SUDATO? NO. VISTO E TAROCCATO

Striscione juventino. (Juventus-Napoli 2000/01)

TASSE? CHI SE NE FREGA: PAGA LA LEGA...

Striscione napoletano a Bergamo.
(Atalanta-Napoli 1991/92)

BOSSI: L'UNICA SECESSIONE È QUELLA... DAL MILAN

Striscione interista per il leader storico della Lega Nord Umberto Bossi, che proponeva la secessione della Padania.
(Inter-Perugia 1996/97)

MA A ROMA QUANDO VENITE?

Striscione romanista. Questa domanda è stata poi rivolta agli avversari, in versione coro, da tante tifoserie italiane nel corso degli anni. (Inter-Roma 1987/88)

GARIBALDI INFAMONE

Striscione milanista. (Milan-Napoli 1993/94)

SE NAPOLI È LA TERRA DEL SOLE, MEGLIO LA NEBBIA

Striscione rossonero in Milan-Napoli di andata del 1991/92.

MEGLIO MORIRE SOTTO LA LAVA DEL VESUVIO CHE NELLA NEBBIA DI MILANO

Amara risposta napoletana al ritorno all'allora San Paolo.

BENVENUTI IN ITALIA

Striscione veronese rivolto ai napoletani. (Verona-Napoli 1985/86) È da notare che lo stesso striscione è stato esposto anche dagli udinesi in Udinese-Triestina 1990/91.

BERGAMO E MILANO SOTTO L'IMPERO ROMANO

Striscione romanista. (Atalanta-Roma 1995/96)

GARIBALDI PERCHÉ?

Striscione viola. (Fiorentina-Napoli 1992/93)

MILANO IN FIAMME? E VOI DOVE ANDATE A LAVORARE?

Striscione milanista di risposta al coro napoletano: **UN SOLO GRIDO UN SOLO ALLARME, MILANO IN FIAMME!** (Milan-Napoli 1991/92)

PULECENELL È BIANCONERO

Gli juventini a Napoli profanano un simbolo di Napoli; per i tifosi azzurri è un'amara verità. (Napoli-Juve 2011/12)

FACCIAMOLI A TINTA UNITA, TUTTI NERI

... ma i napoletani propongono una soluzione. (Napoli-Juve 2011/12)

REMATE A FARE IN CULO

Striscione palermitano. (Palermo-Venezia 2002/03)

VE L'AVIMMO MISO N'GULLIT E MANCO VAN BASTEN

Striscione napoletano. L'anno precedente il Napoli aveva vinto lo Scudetto con due punti di vantaggio sul Milan degli olandesi. (Napoli-Milan 1990/91)

CUCS: VISTI DA QUI SEMBRATE ANCORA + TERRONI

Striscione dei bergamaschi per i tifosi della Roma esposto in Galles, a Merthyr Tydfil, in una gara di Coppa delle Coppe 1987/88.
Cucs sta per Commando Ultrà Curva Sud.

NO ALLA LEGGE MERLIN: DIAMO UN TETTO ALLE BOLOGNESI

Striscione napoletano. La legge Merlin, del 1958, abolì la regolamentazione della prostituzione. (Napoli-Bologna)

I tifosi del Padova a Napoli espongono:

BASTA CON I TEST NUCLEARI A MURUROA...

Tutto il San Paolo applaude, ma subito dopo i padovani sferrano il colpo basso: un altro striscione che recita:

FACCIAMOLI A NAPOLI

(Napoli-Padova 1995/96)

MILANO 250 CASI DI AIDS: LAVATEVI VOI

Corrosivo striscione napoletano in risposta a un **LAVATEVI** interista dell'anno precedente. (Napoli-Inter 1996/97)

LA COSA + BELLA DI MILANO? IL TRENO PER ROMA

Striscione romanista. (Milan-Roma 2006/07)

NAPULE È MILLE COLORI VOI... BIANCONERI

Striscione partenopeo. (Napoli-Juventus 1986/87) Al ritorno gli juventini risposero in modo del tutto scomposto con: **NAPOLI MILLE COLERA**, premeditato fallo di reazione e rosso diretto.

Autoironici

JE SUIS TERRUN

Striscione dei tifosi della Fidelis Andria.

LUI CUADRADO, IO TONDO

Tifoso viola oversize fa autoironia con tanto di striscione segnaletico. Juan Cuadrado ai tempi era esterno viola. (Juve-Fiorentina 2012/13)

COME SI SCRIVE CEMPIONS LIG?

Delizioso striscione dei tifosi del Chievo che cominciavano a sognare l'accesso alla Champions League, riservato alle prime quattro squadre classificate in campionato. (Chievo-Inter 2001/02)

MAI STATI IN B

Il Fano ha sempre militato nelle serie minori…

FATECI FARE UN PROVINO ANCHE A NOI, MAGARI UNO BUONO LO TROVATE, DI CERTO È INTERISTA

La curva nord nerazzurra ironizza in una stagione non esaltante. (Inter-Bologna 2012/13)

GIOCHIAMO IN CASA

Autoironico striscione dei tifosi bresciani in Palermo-Brescia 1995/96, partita nella quale, data anche la distanza, la folla dei sostenitori lombardi non era certo oceanica.

PERUGIA STIAMO ARRIVANDO

Striscione aretino esposto nell'ultima partita casalinga di serie B 1987/88, che sanciva la definitiva retrocessione dell'Arezzo in C1, dove l'anno seguente avrebbe incontrato appunto il Perugia.

TUTTI A LECCE... ANCHE LA SQUADRA

Nel maggio 2023, la curva sud dell'Hellas firma questo striscione dopo Verona-Inter 0 a 6.

CHIUSO PER DIGNITÀ

Malinconico striscione interista durante uno sciopero della tifoseria nel corso dell'ennesima stagione fallimentare dei nerazzurri. (Inter-Parma 1998/99)

NON VE SE POL VEDERE

Striscione esposto dai tifosi aretini – e rivolto ai propri giocatori – presentatisi allo stadio tutti con la maschera di Ray Charles. (Marzo 2014)

NON ACQUISTIAMO NEANCHE CON I SALDI

Scritta del 2007: i foggiani commentano così la deludente campagna acquisti.

MENO MALE CHE SONO UBRIACA

Disperata ammissione di una tifosa del Torino. (2008/09)

VENITE A MUNGERCI

I cagliaritani, spesso associati agli ovini, espongono uno striscione autoironico. (Salernitana-Cagliari, Coppa Italia 2000/01)

AVETE IMPEGNI PER DOMENICA?

Tifosi bianconeri punzecchiano la squadra
nella deludente stagione 2010/11.

RIGORE È...
QUANDO PARMA DIFENDE

Dopo cinque rigori a sfavore nelle ultime quattro partite, i tifosi del Parma riadattano la celebre frase dell'allenatore Vujadin Boškov: "Rigore è quando arbitro fischia". (Parma-Milan 2010/11)

21-12-2012 FINE DEL MONDO?
NO... MA PROPRIO ORA
CHE SIAMO SECONDI IN CLASSIFICA?

Lo sgomento dei tifosi del Livorno dinanzi alla profezia maya. (2012/13)

21/12/2012 PECCATO,
ALMENO AVREI SMESSO
DI SOFFRIRE ANCORA PER VOI

Un tifoso del Toro, nella partita contro il Chievo, il giorno dopo la presunta fine del mondo.

SNEJDER RIMANI ALMENO FINO AL 21 DICEMBRE

Dicembre 2013: i rapporti tra l'infortunato Sneijder e l'Inter peggiorano, un tifoso interista tenta di trattenere il centrocampista olandese almeno fino alla data indicata dai maya per la fine del mondo. (Inter-Napoli 2012/13)

A NOI LA B HA ROTTO LE PALLE. A VOI?

I tifosi doriani incitano la propria società e squadra a riguadagnare al più presto la serie A. (Sampdoria-Crotone 2000/01)

LA MERDA IN CONFRONTO A VOI È UN SOSPIRO DI SOLLIEVO

I veneziani contro i loro giocatori. (Venezia-Udinese 2001/02)

CI FAI SOFFRIRE, CI FAI PALPITARE... MA CI PIACI COSÌ, VECCHIO CUORE MOLOSSO

Striscione nocerino. (Nocerina-Albanova 1994/95)

SE LA PALLA ENTRA FATE GOAL, LO SAPETE?

Tifosi tarantini esasperati, stagione 2022/23.

21/08/93 WASHINGTON SE PERDIAMO NOI ESULTIAMO

Striscione milanista esposto nell'amichevole ferragostana Milan-Real Madrid, contro la decisione della società milanese di far giocare la finale di Supercoppa italiana tra Milan e Torino addirittura a Washington. Oggi sappiamo bene come sia ormai diventata un'abitudine.

PERUZZI APPÒGGIATE AR PALO

Ultima di campionato, l'Inter va a Roma e deve vincere per aggiudicarsi lo Scudetto. La Juve è a Udine e la Roma è a Torino. I tifosi della Lazio – gemellati con gli interisti in chiave antiromanista e antijuventina – "chiedono" al proprio portiere di farsi una domenica di relax... (Lazio-Inter, 5 maggio 2002)

TIRIAMO DI PIÙ NOI

Tifosi del Toro sfottono allusivamente i propri giocatori nell'annata 2008/09.

ORMAI VENGO A SAN SIRO SOLO PER CUCCARE

La demoralizzazione di un tifoso interista. (Inter-Atalanta 2011/12)

DIFFIDÀTI DALLE MOGLI

Striscione dei tifosi siracusani in Alcamo-Siracusa, spareggio per la D. "*Perché perché, la domenica mi lasci sempre sola...*"

PER FAVORE AGGREDITECI

Provocatorio striscione viola. (Juventus-Fiorentina 2000/01)

VAI A RITIRARE L'INVALIDITÀ

Battuta indirizzata alla punta Alfredo Aglietti a Verona dai suoi stessi tifosi. (1999/2000)

PAGA DA PROFESSIONISTI GRINTA DA PENSIONATI

Striscione siracusano. (Siracusa-Rossanese 2002/03)

CI STATE PRENDENDO PER LE CHIAPPARA

Rassegnato striscione empolese. Roberto Chiappara era un giocatore azzurro. (Empoli-Udinese 1998/99)

FARZI INVALIDI

Striscione storico livornese.

DOVE PASSA IL GIRO CRESCE L'ASFALTO, GRAZIE

Striscione avvistato a Catanzaro Lido, Giro d'Italia 2008.

PASSATE ANCHE NEL 2016, CI SONO ALTRE BUCHE DA ASFALTARE

Striscione esposto lungo il percorso del Giro d'Italia 2015.

CHI ARRIVA ULTIMO TENE O PILO 'NGUL

Striscione esposto a San Michele di Serino (Av) lungo la nona tappa del Giro d'Italia 2015.

W LA GRAZIELLA

Ragazzo romantico lungo una tappa del Giro d'Italia 2018.

11 SALMONI

Striscione di protesta dei veronesi nei confronti dei loro giocatori. (Perugia-Verona 1994/95)

VOLEVAMO FARE UNO STRISCIONE MA C'È MANCATA L'ISPIRAZIONE

W la sincerità dei tifosi del Monopoli, febbraio 2015.

NON BASTA ESSERE INTELLIGENTI PER ESSERE GENOANI. BISOGNA AVERE UNA PREDISPOSIZIONE PER IL SADOMASO

L'amara considerazione di un tifoso rossoblù si traduce in un autoironico murales su un muro cittadino.

VOI CAPITOLINI NOI CAPITOLAMO

Due aste dei tifosi dell'Ancona nella partita contro la Roma del 2003/04. I dorici, ultimi in classifica, stanno precipitando in B.

... E CI PUZZANO I PIEDI

Due aste genoano.

LA ROMA È GRANDE COME ME

Due aste issato da un corpulento tifoso giallorosso.

2 FISSO X 3 FESSI

Striscione degli unici tre tifosi dell'Albinoleffe
in trasferta a Olbia. (Olbia-Albinoleffe 2020/21)

ADÈ SEMO 'NA POTENZA

Striscione autoironico anconetano dopo gli acquisti
del cosiddetto mercato di riparazione di gennaio,
con la squadra a 4 punti… (Empoli-Ancona 2003/04)

PAZZA INTER... IO DI PIÙ

Masochistico striscione interista, stagione 2003/04.

AUTOIRONIA: HO SEMPRE SOGNATO LA C1

I viola nel giorno della promozione in C1.
(Florentia Viola-Savona 2002/03)

BASTA FAVORIRCI VOGLIAMO SALVARCI DA SOLI

Ironico striscione trevigiano dopo una lunga serie di errori arbitrali ai danni della squadra. (Treviso-Lazio 2005/06)

TERRONI DEL NORD

Autoironico stendardo di un gruppo veneziano, stagione 2004/05.

FOSSA DEI PANDORINI

Striscione autoironico dei tifosi del Chievo. (Chievo-Hellas Verona 2001/02)

SO PISCIAIUOOO’, SO’ NATO PISCIAIUOOO’ ... PUZZO DI PESCE, MA CHE CI POSSO FARE SE PUZZO DI PESCE ...

Coro salernitano sull’aria della hit *Freed from Desire* di Gala.

Buon appetito

TARIBO MANGIALI

Striscione interista. Taribo West era un terzino interista di origine nigeriana, autore di alcune entrate da codice penale. Circolava voce che West fosse addirittura cannibale.
(Inter-Milan, fine anni Novanta)

LO CHEF CONSIGLIA: CONIGLIO ALLE SPEZIE

Striscione dei tifosi dell'Arezzo.
(Arezzo-Spezia, spareggio playoff C1, 1999/2000)

CARIE PER CHI MANGIA PALUANI

Scritta su un muro a Verona. Il proprietario della Paluani era il presidente del Chievo Verona. Facile immaginare che l'autore della scritta fosse un fan dell'Hellas.

IL PARMIGIANO LO GRATTUGIAMO

Striscione modenese.

CECCHI GORI MÀGNATE TUTTO

Striscione romanista. (Roma-Fiorentina, finale di Supercoppa 2001)

FOSSA DEI BEONI

Striscione lucchese. Variante etilica della più celebre Fossa dei Leoni milanista. (Anni Novanta)

MAGNO, BEO E TIFO CEO

Striscione clivense. (Chievo-Sampdoria 2003/04)

RANIERI SÌ: MA LA SORBETTERIA

Striscione viola contro il proprio allenatore Claudio Ranieri, che fa riferimento a un marchio di gelati molto conosciuto ai tempi. (1996/97)

I DON'T WANT MINERAL WATER

Drappo laziale in onore di Paul Gascoigne, mezzala inglese, genio e sregolatezza – specialmente etilica – della Lazio di quell'epoca. (1993)

SCUDETTO SÌ MA... VALLESPLUGA

Sfottò juventino per gli interisti. Vallespluga, nota marca di galletti amburghesi, ha come marchio uno scudetto rosso. (Inter-Juventus 1988/89)

ARANCIA MECCANICA? E NOI CI FACCIAMO UNA SPREMUTA!

Striscione cesenate che prende di mira il gruppo Arancia Meccanica, per anni leader in curva Filadelfia, quella del tifo juventino, il cui nome e logo si rifanno al celeberrimo film di Kubrick. (Cesena-Juventus 1988/89)

LOCATELLI FA LE COSE PER BENE

I tifosi bolognesi citano lo slogan pubblicitario anni Ottanta di una nota azienda di formaggi, per inneggiare al loro idolo Tomas Locatelli.

CARECA LAMBADA, MARADONA LOMBATA

Striscione laziale. Antonio Careca era un fortissimo centravanti brasiliano del Napoli. (Lazio-Napoli 1989/90)

IL VERO CACCIUCCO
È BUITONI

Striscione pisano contro i livornesi. Siamo al vilipendio puro!... Si rivendica la qualità superiore della versione confezionata della tipica zuppa di pesce livornese rispetto all'originale. (Livorno-Pisa 1999/2000)

AIA UN VERO NOME DA POLLI

Striscione dei tifosi del Chievo rivolto all'Aia – Associazione Italiana Arbitri – che, guarda caso, è anche una nota marca di polli. (Chievo-Lecce 2001/02)

I TEMPI DEI BACI SONO FINITI,
PER VOI SOLO BANANE

Striscione perugino rivolto ai tifosi salernitani, rei di aver rotto il gemellaggio tra le due curve. La coreografia annessa consisteva in una gigantesca riproduzione della banana di cioccolata Perugina; nello striscione, la parola "baci" era scritta coi tipici caratteri tipografici dei cioccolatini.

MEGLIO JU CASTRATO
CHE JU PESCE AVARIATU

Striscione aquilano di stampo culinario rivolto ai pescaresi, che, per estensione, come tante altre tifoserie di città marine, sono considerati tutti pesciaioli. (L'Aquila-Pescara)

MANGIAPANE A TRADIMENTO

Striscione dei tifosi del Sora contro i propri giocatori.
(Sora-Avellino 2001/02)

PER SALVARCI ABBIAMO PANE, NON CI SERVE FARINA

Il messaggio si riferisce alla sentenza che penalizzava di 2 punti l'Empoli per un presunto tentativo di corruzione dell'arbitro Farina di Novi Ligure prima di Sampdoria-Empoli. L'arbitro si rifiutò di dirigere l'incontro per motivi di opportunità e denunciò i fatti. Alessandro Pane era un giocatore empolese.
(Empoli-Perugia 1998/99)

Dalla stagione 2010/11 parte l'esperimento della partita giocata all'ora di pranzo. Per blandire i telespettatori cinesi – così si dice – la Lega fissa un incontro di serie A alle ore 12.30, dando vita alla risposta delle curve italiane…

OGGI SALTO CATECHISMO

(Atalanta)

ORE 12.30 LASAGNE

(Brescia)

FATE PRESTO, HO FAME

IL CALCIO MODERNO DOVREBBE IMPARARE LA BUONA EDUCAZIONE: NON SI MANGIA GUARDANDO LA TELEVISIONE

VOLEVATE TOGLIERCI LA PASSIONE, CI AVETE TOLTO SOLO IL MINESTRONE

VOLETE FAMIGLIE E BAMBINI ALLO STADIO? PECCATO A QUEST'ORA MANGINO

(Genoa)

SCUSATE IL RITARDO... SIAMO ANCORA A TAVOLA

(Inter, che lascia una curva vuota in Inter-Parma)

NON SI CANTA A BOCCA PIENA

(Parma)

VINCIAMO ENTRO LE 14 CHE SIAMO INVITATI AL BATTESIMO DI MICHELE

(Juventus)

C'HO ANCORA LE CACCOLE ALL'OCCHI

(Roma)

12.30? SIAMO ALLA FRUTTA

(Samp)

IL DORCE L'AVETE PORTATO VOI?

E CIO' I PANINO SU I GOZZO

(Fiorentina)

TE PROSCIUTTO IO COTTO

Un fiorentino a Parma, stagione 2004/05.

MEGLIO CIUCCO
CHE CACCIUCCO

Due aste comasco. (Como-Livorno, finale di playoff C1 2000/01)

I DEBITI NON SONO NUTELLA

I senesi contro l'ipotesi del cosiddetto decreto "spalmadebiti". (Siena-Udinese 2003/04)

DI VIOLA
DI BUONO
C'È SOLO IL MIRTO

Due aste cagliaritano in un Fiorentina-Cagliari.

PERUGINO
FA SCHIFO ANCHE
IL CIOCCOLATINO

Due aste fiorentino esposto in Perugia-Fiorentina del giugno 2004, spareggio per la serie A.

POLENTA E TAFFERUGLI

Scritta degli Ultras Lecco 2020.

JUVE-PORTO PIZZA, BIRRA, CAFFÈ, RIGORE PER LA JUVE 10 EURO

Offerta di una pizzeria per gli ottavi di finale di Champions 2016/17.

OGGI SI MANGIA 4 SALTI IN PALERMO

Striscione catanese che ricorda il roboante successo esterno nel derby della settimana precedente.
(Catania-Siena 2008/09)

VE SE MAGNAMO TUTTI I PANDORI

Striscione romanista a Verona nella stagione 2000/01.

A VOI LE SVIZZERE, A NOI LE BISTECCHE

Empolesi in trasferta a Zurigo.
(Zurigo-Empoli, Coppa Uefa 2007/08)

SIETE COME L'OLIVE: SENZ'OSSO

I ternani si riferiscono alle arcinote olive all'ascolana.
(Ascoli-Ternana 2003/04)

Striscioni da Oscar

CAFONI SI NASCE
E TU LO NASCESTI

I salernitani contro l'Avellino. Da Totò, indimenticabile: "Signori si nasce, e io, modestamente, lo nacqui...". (1995/96)

SIETE SOLO ULTRÀ DA CINECITTÀ

I milanisti contro i romanisti. Lo striscione si riferisce al film *Ultrà* (1991), storia di un gruppo di tifosi della Roma in trasferta a Torino. La pellicola, interpretata dal tifoso giallorosso Claudio Amendola, ha suscitato parecchie critiche nel mondo ultrà.

GIORGI SÌ, MA ELEONORA

Striscione dei tifosi viola contro il proprio allenatore Bruno Giorgi, e a favore della bionda attrice. (1989/90)

VITTORIO LA FIORENTINA NON È IL BORGOROSSO

Striscione viola che fa riferimento al film *Il presidente del Borgorosso Football Club*, in cui Alberto Sordi eredita la squadra di calcio di un paesino romagnolo.
(Fiorentina-Reggina 1999/2000)

TERIBBBILE!!

Striscione laziale. Citazione del film a episodi *Fratelli d'Italia*, in cui Massimo Boldi interpreta uno sfegatato tifoso del Milan, in viaggio per assistere a Roma-Milan, che chiede un passaggio a due ultras romanisti, il cui tormentone è per l'appunto "Teribbile".
(Roma-Lazio 1993/94)

VOLA AL CINEMA CON MARLON BRANDAO

Striscione milanista. In quella stagione il brasiliano Marlon Brandão giocava nel Boavista, che aveva eliminato – anche grazie a un suo gol – l'Inter al primo turno in Coppa Uefa... Così gli interisti potevano approfittare degli sconti al cinema di mercoledì!
(Inter-Milan 1991/92)

RUUD C'ERAVAMO TANTO AMATI

Striscione milanista dedicato all'ex idolo Ruud Gullit (il riferimento è all'omonimo film di Scola del 1974). L'olandese, dopo cinque anni di trionfi sotto la Madonnina, era passato quell'anno alla Samp e "ripagò" la sua ex squadra segnando il gol del 3 a 2 nell'incontro di andata ed esultando smodatamente. (Milan-Sampdoria 1993/94)

VITTORIO FACCIA DI PICA... ZZO

Striscione appartenente al filone infinito delle lamentele viola nei confronti di Cecchi Gori. Si gioca col titolo del film *Faccia di Picasso*, del comico Massimo Ceccherini. Ironia della sorte, la pellicola è prodotta da Cecchi Gori e il titolo l'ha scelto proprio lui. (Fiorentina-Perugia 2000/01)

MA QUANTO COSTANO LE BANANE A PALERMO?

NON CI SOMIGLIATE X NIENTE

Striscioni viola contro il Palermo. I tifosi citano il Benigni di *Johnny Stecchino*. (Fiorentina-Palermo 1993/94)

IL FAVOLOSO MONDO DI AMELIA

Striscione livornese che prende spunto dal film francese del 2001 *Il favoloso mondo di Amélie*. (Livorno-Parma 2004/05)

BOLOGNESE DONNIE BRASCO

Striscione romanista. Nell'omonimo film del 1997 un agente dell'Fbi riesce a infiltrarsi in un clan mafioso e, dopo aver stretto amicizia col capoclan, denuncia tutti. I romanisti si riferiscono a una presunta delazione dei tifosi bolognesi. (Roma-Bologna 2002/03)

GRUPPO ORONZO CANÀ

Striscione veneziano. Oronzo Canà è il nome del personaggio di Lino Banfi nel film *L'allenatore nel pallone*. B-movie italiano del 1984, molto amato dai tifosi di tutta Italia, narra le vicissitudini di un allenatore chiamato a guidare una squadra neopromossa in serie A. Cameo d'eccezione per Liedholm, Pruzzo, Graziani, Ancelotti, tutti nella parte di... se stessi. Il personaggio di Banfi si rifà al vulcanico allenatore anni Sessanta – pugliese anche lui – Oronzo Pugliese, detto "il mago di Turi".

BRIGATA CALBONI

Pezza presente nella curva dell'Arezzo dal 2013. Il geometra Calboni, interpretato da Giuseppe Anatrelli, è un personaggio letterario e cinematografico della saga di Fantozzi.

RONALDO, RONALDINHO E KAKASENNO!

I romanisti presentano il nuovo tridente milanista. (Autunno 2009)

NATALE A CHELSEA. REGIA DI AURELIO DE LAMENTIS

Striscione bianconero. Il Napoli è uscito agli ottavi di Champions contro il Chelsea. Gli juventini propongono subito il relativo cinepanettone. (Juve-Napoli 2011/12)

MUTTI: VIA COL VENTO/BIANCHI: PER UN PUGNO DI DOLLARI/ GALEONE: TITANIC/LA SQUADRA: GHOST/MAZZONE: IL FUGGITIVO/ THE END/ANCHE A NAPOLI IL FESTIVAL DEL CINEMA

Striscione napoletano. Mutti, Mazzone e Galeone erano gli allenatori succedutisi alla guida del Napoli in quella disgraziatissima stagione terminata con appena 14 punti. Ottavio Bianchi era un dirigente. (Napoli-Sampdoria 1997/98)

DOVE ANDATE? QUANTI SIETE? UN FIORINO!

Striscione laziale che cita la celebre scena del film *Non ci resta che piangere*. Durante i lavori di rifacimento dello Stadio Olimpico in vista di Italia '90, toccò anche alla curva sud essere smantellata e non poter ospitare più di un migliaio di tifosi giallorossi. (Lazio-Roma 1988/89)

SE UN'OFFERTA ESISTE DAVVERO, FAI COME ROSELLA O'HARA... VIA COL VENTO

Striscione romanista di contestazione verso la presidente giallorossa Rosella Sensi. (Roma-Catania 2008/09)

QUALUNQUEMENTE VADA UN PIRDEMU U FILU, VIVA U PALERMO E VIVA U PILU

Striscione dei tifosi rosanero che cita Cetto La Qualunque, personaggio interpretato da Antonio Albanese. (Palermo-Inter, finale di Coppa Italia 2012)

IL DIAVOLO SVESTE PRAGA

Tifoso milanista in trasferta nella Repubblica Ceca. (Viktoria Plzen-Milan, Champions League 2011/12)

HO VISTO COSE CHE VOI COMASCHI NON POTRESTE IMMAGINARE

Striscione modenese. Ultima di campionato di C1. Il Modena sarà promosso e il Como è il suo principale inseguitore. Si cita il famoso monologo finale del replicante nel film *Blade Runner*. (Modena-Lecco 2000/01)

SCUSATE IL RITARDO

Striscione napoletano che cita l'omonimo film di Massimo Troisi, dopo la vittoria del primo Scudetto, nel 1987.

RICOMINCIO DA TRE

Passano i decenni, ma il grande Troisi viene utile per festeggiare anche il terzo Scudetto del maggio 2023.

Presagi e Gufate

MAI STATI IN C ... PER ORA

Striscione viola concepito per sfottere i bolognesi, già stati in C: l'anno dopo la Fiorentina disputerà il campionato di C2. (Fiorentina-Bologna 2001/02)

IL MILAN VINCE CON IL CULO, LA JUVE CON LE PALLE

Striscione juventino esposto prima di Chievo-Juventus 2004/05: ironia della sorte, in quella partita l'arbitro non vide un gol di Pellissier del Chievo che aveva varcato completamente la linea bianca.

CON TONI LO PIGLI IN CULO IN UN LAMPO

Striscione viola in Siena-Fiorentina 2005/06: Toni segnerà effettivamente dopo un minuto!

PRIMA VI PURGA SHEVA POI VI TOCCA KAKÀ

Striscione prima di Milan-Fiorentina 2005/06: segneranno veramente prima Sheva e poi Kakà…

TONI TÀ FATTO 30, FAI 31

Striscione viola. Il bomber Toni si presenta all'ultima giornata a quota 30 gol, con la rete al Chievo fanno 31. (Chievo-Fiorentina 2005/06)

CITY VENUT PE' NIENT

Napoli-Manchester City 2 a 1, Champions League 2011/12.

MANCHO, VEDI NAPOLI E POI… FUORI

Stesso match. L'allenatore del City – che poi sarà effettivamente eliminato – è Roberto Mancini. (Napoli-Manchester City 2 a 1, Champions League 2011/12)

FORZA IMPERATORE PUNISCI IL TRADITORE

Profetico striscione interista nel primo derby che vedeva Vieri appena passato dai nerazzurri ai rossoneri. Il gol vincente lo segnerà proprio Adriano – detto L'imperatore – vanamente contrastato da Vieri. (Inter-Milan 2005/06)

SE OGGI NON VINCETE CAMBIO NOME, BY VIOLA

Minaccia di una tifosa della Fiorentina. Funzionò. (Fiorentina-Cesena 2 a 0, 2011/12)

PARMA... COTTO IN 90 MINUTI

Striscione bianconero. (Juve-Parma 4 a 1, 2011/12)

SIAMO VERGINI, È LA NOSTRA PRIMA VOLTA ALLO STADIO, DEVE ESSERE INDIMENTICABILE

Tre tifose etnee in Catania-Genoa 2011/12. Risultato finale 4 a 0, direi obiettivo centrato.

SOFFIATA DI DONI E MAURI: TOTTI 1 ° MARCATORE

Due aste romanista prima di Roma-Chievo 2011/12. Incredibilmente la partita terminerà 2 a 0 con doppietta di Totti! (*NdA*: Doni e Mauri sono i capitani di Atalanta e Lazio, coinvolti nello scandalo del calcio scommesse).

BENVENUTI AL SUD: ZUPPA INGLESE O TRE BABBÀ?

Napoli-Chelsea 3 a 1, Champions League 2011/12.

REJA, OGNI DERBY 'NA SVEJA

Lazio-Roma ottobre 2011, striscione romanista. L'allenatore biancazzurro Reja ha perso i suoi primi quattro derby, ma quel Lazio-Roma terminerà 2 a 1.

NON TEMIAMO LE PULCI, FIGURIAMOCI I PIDOCCHI

Striscione milanista per i cugini nerazzurri. Il derby cade pochi giorni dopo la vittoria del Milan sul Barcellona di Messi, detto *la pulga*, la pulce (Inte-Milan 2012/13). Nel ritorno Leo Messi, con una doppietta, spianerà la strada alla *remuntada* blaugrana.

IT'S COMING ROME

Durante l'edizione 2021 degli Europei, in barba a qualsiasi scaramanzia, il verso "It's coming home" di una canzoncina inglese del '96 (Traduzione: "Sta tornando a casa", il calcio, inteso come sport nato appunto in Inghilterra) è diventato il motto e il coro più gettonato dai tifosi della Nazionale dei tre leoni. La sera della finale i tifosi azzurri, cambiando una semplice consonante, cambiano anche il corso della storia. (Italia-Inghilterra 4 a 3 d.c.r. Finale Euro 2021)

IT'S COMING HOME BUT NOT IN YOURS

Traduzione: "Sta tornando a casa ma non nella tua". Stessa partita.

PER CHI L'AVESSE DIMENTICATO FARE L'ULTRAS È REATO!

Striscione romanista dell'ottobre 2004. Nel marzo 2007 il decreto Amato stabilirà tra l'altro che alcuni reati, se compiuti allo stadio, prevedano pene fino a quattro volte superiori a quelle "normali". (Roma-Inter 2004/05)

GLI ARBITRI HANNO DATO IL VERDETTO: ALLA JUVE LO SCUDETTO

Gli interisti in Inter-Lecce 1997/98. Ancora ignari che, di lì a due mesi, ci sarebbe stata la famosa Juventus-Inter 1 a 0 in cui l'arbitraggio di Ceccarini di Livorno lasciò più di una perplessità…

JUVENTOPOLI

Polemico striscione interista affisso prima di Juve-Inter 1997/98 appunto, passata alla storia, nel giro di un paio d'ore, come una delle partite dalle controversie più discusse di sempre.

HO FATTO UN SOGNO CHE PAREVA VERO, BATTEVAMO ER MAN 3 A 0

Quattro giorni prima del ritorno dei quarti di Champions 2007, dopo aver perso in casa l'andata 0 a 2, i romanisti si affidano alle speranze oniriche. Il sogno si tramuterà in un incubo, la Roma sarà asfaltata dallo United 7 a 1.

A FRANCÈ, ER CUCCHIAJO ORMAI TE SERVE PE' ER BRODINO

Un bolognese in Bologna-Roma 2008/09. Per la cronaca, tra andata e ritorno Totti segnerà al Bologna 3 gol.

2 FISSO

Striscione nerazzurro. Tutti sanno come finì, soprattutto gli interisti. (Lazio-Inter, 5 maggio 2002)

LA LAZIO È MAGICA: GUARDATE COME SCOMPARE DALLA SERIE A

Striscione premonitore dei romanisti: quell'anno la Lazio retrocesse davvero! (Lazio-Roma 1984/85)

2-0 COME IL CACIO SUL MACCARONE

Due aste pistoiese esposto nella gara contro l'Empoli, di cui Maccarone era attaccante. Per la cronaca, il risultato fu 2 a 0, ma per l'Empoli...

SIRVIO 'UN VINCI NEMMENO SE ARBITRA FEDE

Striscione livornese in Livorno-Milan 2005/06. Vinse il Milan 0 a 3 e arbitrava Trefoloni...

SENZA ALZARE IL KILT VI MOSTRIAMO IL PIRLO

Striscione azzurro per gli scozzesi.
E Pirlo si mostrò davvero realizzando una doppietta.
(Italia-Scozia, marzo 2005)

AGAIN 1966

Striscione coreano esposto in Corea del Sud-Italia ai Mondiali 2002. I padroni di casa si auspicano una nuova *debacle* azzurra come in Inghilterra nel 1966 quando la Corea (lì era quella del Nord) ci sconfisse per 1 a 0. E nel 1966 non c'era l'arbitro Moreno.

PREVEDO PAREGGIO

Striscione premonitore affisso dai tifosi baresi all'inizio di Andria-Bari (1992/93).
La partita è terminata davvero 0 a 0...

Italia vs Resto del Mondo

VI LASCIAMO IN KILT

(Italia-Scozia, Milano, qualificazioni ai Mondiali
26 marzo 2005.

C'AVETE SOLO I GEYSER

(Italia-Islanda, Padova, amichevole 30 marzo 2005).

VI SI SMONTA L'IKEA

Italia-Svezia agli Europei 2004.

STOP PUTTING PINEAPPLE ON PIZZA

Tifosi italiani implorano gli inglesi: basta mettere l'ananas sulla pizza. (Italia-Inghilterra, finale Euro 2021)

VI RIMONTIAMO COME L'IKEA

Novembre 2017, Italia-Svezia, ritorno dello spareggio per accedere ai Mondiali di Russia. All'andata abbiamo perso 1 a 0. Finirà a reti bianche: eliminati.

VI SI TROMBA LA SIRENETTA

Italia-Danimarca agli Europei 2004.

BIONDE SVEDESI NON CHIAMATECI TRA NOVE MESI

Italia-Svezia, Euro 2016.

I CAVOLETTI DI BRUXELLES FANNO CAGARE

Italia-Belgio, Euro 2021.

GOD SAVE THE VINO

Italia-Inghilterra di rugby, febbraio 2012.

STOP CUTTING SPAGHETTI

Traduzione: "Smettetela di tagliare gli spaghetti".
(Italia-Svizzera, Euro 2021)

NOI CON VOI C'AVEMO PERSO SOLO QUANNO ERAVAMO ALLEATI

Due aste di un tifoso azzurro in occasione della semifinale degli Europei 2012 Italia-Germania, terminata 2 a 1 per noi.

NON RICORDIAMO LA FINALE DEI MONDIALI, RINFRESCATECI LA MEMORIA

Italia-Francia, settembre 2007, qualificazioni agli Europei.

ITALIAN LESSON, LISTEN AND REPEAT: CUCCHIAIO

Striscione azzurro esibito davanti agli inglesi due mesi dopo averli eliminati ai rigori ai quarti di finale di Euro 2012. Nella sequenza vincente Pirlo batté Hart con il colpo tanto caro a Francesco Totti. (Italia-Inghilterra, amichevole agosto 2012)

VINCETE OGNI MORTE DI REGINA

Quasi. Italia-Inghilterra, finale Euro 2021.

EURO 2012: MAGARI AVERLI NEL CONTO

(Italia-Irlanda, Euro 2012)

AMORE TRANQUILLA, A POZNAN SONO TUTTE BRUTTE

Tifoso azzurro in trasferta in Polonia.
(Italia-Irlanda, Euro 2012)

VE S'È SBIADITO ER TRICOLORE

Tifosi italiani a quelli irlandesi. Basta osservare attentamente le due bandiere. (Italia-Irlanda, Euro 2012)

MAMMA HO USATO UNA TOVAGLIA W L'ITALIA

Striscione azzurro. (Malta-Italia 2013, qualificazioni ai Mondiali)

LIBERTÉ, EGALITÉ, ELIMINÉ

Così fu. (Italia-Francia 2 a 0, Euro 2008)

DOMENECH ATTACCATI ALLA BAGUETTE

Striscione azzurro dedicato a quella sagoma dell'allenatore francese Raymond Domenech.
(Italia-Francia, Euro 2008)

LOW ANNUSACI IL CULO

Joachim Low, ct della Germania, è stato inquadrato più volte mentre si annusa le dita dopo essersele infilate nei pantaloni. (Italia-Germania, Euro 2016)

A VOI L'ARCO, A NOI IL TRIONFO

Striscione azzurro in Italia-Francia, valevole per il passaggio ai quarti di finale a Euro 2008 e terminata 2 a 0 per l'Italia.

PER LE NOSTRE MOROSE SIAMO VIA PER LAVORO. NON INQUADRATECI

Gruppetto di tifosi azzurri in Olanda-Italia a Berna, in occasione di Euro 2008.

PLEASE DO NOT FILM US. OUR WIVES THINK WE ARE FISHING IN WEST WALES

Traduzione: "Per favore non riprendeteci. Le nostre mogli pensano che siamo a pescare nel Galles dell'Ovest". Invece sono tutti a vedere la nazionale del Galles di rugby in tour in Sudafrica, nel 2014. Tutto il mondo è paese.

BRIGATA MAI 1 GIOIA

Striscione dei tifosi della Nazionale di San Marino, 2013.

MEJO UNA SCOZZESE IN DOCCIA CHE UNA DOCCIA SCOZZESE

Italia-Scozia di rugby febbraio 2008.

MEJO LA TORRES DE PISA

Striscione azzurro per esorcizzare lo spagnolo Fernando Torres in Spagna-Italia, durante i quarti di finale di Euro 2008.

SONO ALBANESE SENZA PERMESO E TIFO L'ITALIA LO STESO

(Italia-Francia, Euro 2008)

PER GUGLIELMO MILITELL, SPERIAMO CHE STASERA NON CE LO INFILINO NELLA MELA

(Italia-Romania, Euro 2008 a Zurigo)

TONIGHT ORANGE JUICE

Striscione italiano in Italia-Olanda terminata 0 a 3, a Euro 2008. Ci hanno spremuto loro.

TIRIAMO A CAMPARI

Striscione azzurro. (Italia-Croazia 2014)

W LA BERNA... RDA

Striscione azzurro avvistato a Berna per Paesi Bassi-Italia, conclusasi 3 a 0, a Euro 2008.

MEJO U PILU CHE A PAELLA

Italia-Spagna, Euro 2008.

– VOLVO + VULVA

Guanto di sfida azzurro per gli svedesi. Meno male che ci hanno risparmiato quell'altra sull'intercooler... (Italia-Svezia, Euro 2016)

MAMMA BUTTA LA PASTA

Qualcuno fiuta possa essere la nostra ultima partita
nella competizione, e si sente già pronto a mettersi
sulla via del ritorno, verso casa...
(Italia-Bulgaria, Guimarães, Campionato Europeo
22 giugno 2004)

L'ITALIA AL MONDIALE È UN PO' COME IL PRESEPE A NATALE

(Italia-Slovenia, Palermo, qualificazioni ai Mondiali
8 ottobre 2005).

TRAP È L'ORA DELL'ACQUA SANTA

Ai Mondiali in Corea di due anni prima il Trap
fu più volte inquadrato mentre maneggiava
una bottiglietta di acqua benedetta.
(Italia-Bulgaria, Guimarães, Campionato Europeo
22 giugno 2004)

SIAMO QUI SOLO PER LE BRASILIANE

Striscione di imbucati italiani in Argentina-Brasile
a Torino durante Italia '90.

SONO PIENO DI OMBRE (I'M FULL OF SHADOWS)

L'ombra è il tipico bicchierotto di vino veneto.
Lo striscione riporta anche la *english version*!
(Italia-Islanda, Padova, amichevole 30 marzo 2005)

A SPUTI E PAROLE CAMPIONI D'EUROPA

Si riferisce allo sputo di Totti al danese Poulsen nella prima partita dell'Europeo, che costò al fantasista romano una sonora squalifica.
(Italia-Bulgaria, Guimarães, Campionato Europeo 22 giugno 2004)

ITALIA 1, ISLANDA 0

La caratteristica di questo striscione è che la prima parte è costituita dal logo dell'emittente Italia 1!
(Italia-Islanda, Padova, amichevole 30 marzo 2005)

LIPPI: CONVOCA LE VELINE

Destabilizzante consiglio per l'allora ct azzurro.
(Italia-Moldova, Lecce, qualificazioni ai Mondiali 12 ottobre 2005)

DEI TITOLARI NEANCHE UNO, GIOCA L'ITALIA O L'UNDER 21?

Si criticano le convocazioni del ct Lippi per il match amichevole, evidentemente giudicate troppo sperimentali. (Italia-Islanda, Padova, amichevole 30 marzo 2005)

SPUTIAMO SUL 2-2. VAMOS ITALIA

Striscione italiano per esorcizzare il 2 a 2 tra svedesi e danesi, risultato che ci avrebbe estromesso matematicamente dalla competizione. Risultato poi regolarmente verificatosi... (Italia-Bulgaria, Guimarães, Campionato Europeo 22 giugno 2004)

2-2: THE NORDIK VICTORY

Striscione svedese visto a Torino durante i preliminari di Champions League 2004/05 tra la Juve e i danesi del Djurgårdens. Il riferimento è al 2 a 2 *biscottato* tra Svezia e Danimarca che eliminò matematicamente l'Italia agli Europei 2004.

L'ITALIA FA E TRAPATTONI DISTRUGGE

(Italia-Bulgaria, Guimaraes, Campionato Europeo 22 giugno 2004)

LIPPI DOVE SONO I FAMOSI? SULL'ISOLA?

A qualificazione ormai raggiunta, per quella partita Lippi imbottì la squadra di riserve.
(Italia-Moldova, Lecce, qualificazioni ai Mondiali 12 ottobre 2005)

NOW WE SHOW YOU HOW TO DRESS THE TROUSERS

Striscione azzurro. Traduzione: "Adesso vi mostriamo come si mettono i pantaloni".
(Italia-Scozia, Milano, qualificazioni ai Mondiali 26 marzo 2005)

TRAP GRAZIE DELL'IDEA, CI VOLEVA IN COREA

Striscione esposto nella partita in cui Trapattoni, dopo un'assenza durata cinque anni, convocò nuovamente Baggio in azzurro, quasi a furor di popolo, e che sancì in pratica l'addio di Roberto alla Nazionale.
(Italia-Spagna, Genova, amichevole 28 aprile 2004)

BAGGIO AI MONDIALI?
SÌ A CALDOGNO 2002

Striscione reggino antibresciano. Mentre tutta Italia faceva il tifo per la rentrée azzurra del Codino, a Reggio invece… Caldogno è il paese dove è nato e vive Baggio.
(Reggina-Brescia 2000/01)

GERMANIA 2006
W LE LUCCIOLE

Ognuno ha un suo buon motivo per andare a vedere il Mondiale; l'annunciata massiccia presenza di operatrici del sesso solletica un gruppo di empolesi.
(Empoli-Inter 2005/06)

LIBERTÉ EGALITÉ INCULATÉ

Striscione scorto nei festeggiamenti post Italia-Francia del Mondiale 2006.

RIDATECE LA GIOCONDA

Striscione per Italia-Francia.
(Finale Mondiale, Germania 2006)

POO-POPOPPOPO-POOO-PO

L'utilizzo primigenio di questo motivetto – sull'aria del brano *Seven Nation Army* del duo rock The White Stripes – è belga. Non tutti sanno però che la genesi di questo coro – diffusosi durante il Mondiale tedesco del 2006 praticamente a livello planetario – è un'eccellenza tutta italiana. Furono i tifosi della Nazionale al seguito dei ragazzi di Lippi a "esportare" il coro e a farlo diventare una sorta di inno non ufficiale di quel Mondiale, ma tutto nasce da una serata di Coppa di qualche mese prima. Febbraio 2006: a Bruges è in programma Bruges-Roma di Europa League. La società neroblu utilizza il riff del brano quando la squadra di casa segna, sparandolo a tutto volume dalle casse dell'impianto. Questo da quando gli ultrà belgi – innamoratisi del pezzo ascoltato per caso in un pub milanese prima di una sfida di Champions contro il Milan nel 2003 – l'hanno fatto proprio.

E così, quando il Bruges al 61° minuto pareggia il vantaggio romanista, il rito si ripete: i calciatori esultano e lo stadio canta all'unisono il motivetto. Tuttavia poco dopo la Roma, in dieci dal 27°, si riporta in vantaggio con Perrotta. A quel punto il settore romanista, galvanizzato – perculando i tifosi del Bruges – comincia a intonare il riff a nastro. Fino alla vittoria finale.

È fatta: complice la diretta su RaiDue (e nonostante da noi lo facessero già i perugini e gli stabiesi), da quel momento il coro si propagherà a macchia d'olio, in Italia e nel mondo. Ebbene sì, la fama del coro più gettonato degli ultimi anni si deve a uno sfottò!

Kids

MIA NONNA È MILANISTA PERCHÉ C'È BERLUSCONI

Striscione sorretto da due bambini.
(Milan-Bologna 2011/12)

È LA MIA PRIMA VOLTA ALLO STADIO, SE PERDETE ANCHE L'ULTIMA

Il giovane tifoso interista Mattia, appena arrivato passa subito ai ricatti. (Inter-Atalanta 2011/12.
Per la cronaca finita 0 a 0)

NONNO È PROPRIO VERO, SONO PIÙ ALTA DI GIOVINCO

Una bambina juventina dà ragione al nonno. Sebastian Giovinco, attaccante bianconero, è alto 160 centimetri.
(Juve-Lazio 2012/13)

PROF... LA GIUSTIFICAZIONE? MALATI DI... JUVE

Un ragazzino irride il corpo docente.
(Juve-Milan, Coppa Italia 2012/13)

PER DOMANI NON HO STUDIATO, MILITELLO SE MI INQUADRI SARÒ GIUSTIFICATO

Un giovane tifoso laziale ci prova. (Lazio-Lecce 2011/12)

ALEX CO' STO FREDDO TI SI GHIACCIA L'UCCELLINO

Giovani tifosi rossoneri. (Milan-Juve 2011/12)

HAI FATTO LA CACCA?

Due aste *nonsense* di un giovane tifoso interista.
(Inter-Atalanta 2012/13)

SIAMO JUVENTINI MA IL BIGLIETTO ERA GRATIS QUINDI GUFIAMO

Striscione apparso a San Siro in Inter-Samp 2012/13,
lo reggono alcuni piccoli fans bianconeri.

HO DA PATÌ TANTO

T-shirt viola, taglia XS. (Fiorentina-Basilea, Conference League 2022/23)

DOMANI ESCE ANCHE LA NOSTRA AUTOBIOGRAFIA. GIACOMO 8 ANNI, ROBERTA 11

Due piccoli milanisti sbeffeggiano l'interista Icardi, 23 anni, di cui recentemente è (già) uscita un'autobiografia. (Milan-Juve 2016/17)

CIAO MAMMA, IN CHIESA NON C'ERA POSTO MA TI GIURO CHE ANCHE QUA SI PREGA

Due piccoli tifosi del Cagliari. (Cagliari-Bologna 2017/18)

MAESTRE GIURO CHE FINO A IERI AVEVO LA FEBBRE

Due aste milanista. (Milan-Toro 2017/18)

FORZA MAURITO, IL PROF NAPOLETANO MI HA DATO 4 ADESSO TI PREGO FAGLIENE 3

Appello di un ragazzino interista per il bomber Icardi. (Inter-Napoli 2017/18)

SE NON VINCETE OGGI LA MAMMA NON MI PORTA PIÙ ALLO STADIO. PAPÀ TIFA MILAN. AIUTATEMI. VALENTINO, ROVIGO

Appello interista. (Inter-Bologna 2017/18)

Il 17 febbraio 2012 il piccolo tifoso interista Filippo – a seguito di un andazzo fin lì non esaltante – si presenta a San Siro con un due aste rivolto ai propri giocatori che recita:

POTETE VINCERE? ALTRIMENTI A SCUOLA MI PRENDONO IN GIRO. GRAZIE, FILIPPO

Nelle settimane seguenti parte un simpatico botta e risposta a suon di striscioni con piccoli fans di tutta Italia:

**ANCHE IO MI CHIAMO FILIPPO
MA NON DEVO CAMBIARE SCUOLA,
SONO JUVENTINO**

FILIPPO DATTI ALL'IPPICA

FILIPPO È COLPA DI TUO PAPÀ

(Juventus)

**FILIPPO È FORTUNATO,
LUI A SCUOLA 'UN C'È PIÙ ANDATO**

(Issato da mini tifosi viola)

**FILIPPO MEGLIO INTERISTA
CHE CIOCIARO**

(Latina)

**FILIPPO RISPARMIA L'UMILIAZIONE,
DOMANI A SCUOLA FAI FILONE**

(Napoli-Inter 1 a 0, il turno successivo)

FILIPPO TI LAMENTI TU
E IO CHE DEVO DIRE?

(Bari)

FILIPPO FACCI L'ABITUDINE

FILIPPO COME TI CAPISCO

(Bologna)

MILAN CONTINUA A VINCERE COSÌ
POSSO PRENDERE IN GIRO FILIPPO
A SCUOLA

(Milan)

FILIPPO O CAMBI SCUOLA
O CAMBI SQUADRA

FILIPPO PROVA CON LE SERALI

FILIPPO CHIAMA
IL TELEFONO AZZURRO

AGNELLI ADOTTA FILIPPO

(Juventus)

**FILIPPO MI SA CHE DOMANI
TI TOCCA BIGIARE**

(Juve-Inter 1 a 0)

**DOMANI FINALMENTE
FILIPPO TORNERÀ A SCUOLA.
DOVRÀ SOLO SPIEGARE
UN'ASSENZA DI DUE MESI**

(Milan; due sere prima l'Inter è tornata alla vittoria dopo sette turni senza i 3 punti)

FILIPPO SE VUOI TI AIUTO IO

(Sorretto da un tifoso milanista travestito da Gesù)

**FILIPPO LE PORTE DI NAPOLI
SONO SEMPRE APERTE:
CONVÈRTITI**

**POVERO FILIPPO,
SI È RITIRATO DALLA SCUOLA**

(Napoli)

PAPÀ QUANDO ARRIVO A CASA TI PROMETTO KE STUDIO

Juve-Palermo 2009/10

MAMMA SONO AL CIRCOLO

... mentre un tifoso viola ha detto le bugie.
(Milan-Fiorentina 2004/05)

MAMMA NON VUOLE MA VENGO LO STESSO

Due aste juventino 2003/04.

MAMMA, SE TORNO TORNO TARDI

Un giovane interista avvisa casa. (Inter-Hajduk Spalato, preliminari di Europa League 2012/13)

NONNO A 'STO GIRO TE LA SCELGO IO LA BADANTE

Striscione viola in trasferta in Romania.
(Pandurii-Fiorentina, Uefa League 2013/14)

Ringraziamenti

Faccio una *ola* da solo per:

I miei figli Anna e Filippo Romeo e i componenti della mia famiglia, per il tempo che si son visti sottrarre.

Elena Marmugi che, da quel giorno alle Crete senesi, mi fa luce col suo sorriso, anche quando è buio.

Il grande gruppo di lavoro di *Striscia la notizia*: dai cameraman con cui giro, ai ragazzi del montaggio e del suono che traducono in pratica le mie idee; dalla produzione, alla redazione, agli storici fiancheggiatori Lorenzo Beccati, Alessandro Meazza, Carlo Sacchetti; dai colleghi inviati ai conduttori; dal mio fido autore Dario Ferrigno fino ai miei collaboratori storici – tutti sempre più bravi – Francesco Carabelli e Andrea De Falco.

Il guru Antonio Ricci, anche per avermi saputo dosare in tutti questi anni di tv, contribuendo al fondamentale obbiettivo di non farmi cominciare a restare sulle palle al pubblico.

Radio R101, il boss Paolo Salvaderi, il *diretùr* Daniele Tognacca e il cast della *Banda di R101*: Paolo Dini, Leonardo Fiaschi, Peppino Milano, Riccardo Russo, Federica Salvia, Chiara Tortorella, con cui mi sveglio in allegria da quindici anni a questa parte.

«Ridens», la mia agenzia: Massimo Zoli, e poi Angelo, Elena, Margherita, Morena e Valeria.

Il buon Luca Ussia chiave di accensione dell'operazione.

Tiziana ed Elena di Cairo Editore (Sante subito), che certosinamente si sono adoperate a dipanare e ordinare con me e Luca il magmatico «mammozzone».

Gino & Michele.

Angela Lombardo (ancora palpabili gli influssi benefici del lavoro fatto insieme anni fa).

Elisabetta Sgarbi.

Roberto Biagi, Paolo Bianchi, Andrea Bonechi, Cristian Brodosi, Nicola Calzaretta, Andrea Camerini, Roberto Cioli, Mario Cottali, Giancarlo Falcini, Gabriele Guastella, Antonio Mantoan, Paolo Marchiori, Antonio Montoro, Flaviana Morelli, Emiliano Paperini, Simone Siniscalchi, Michele Spagnuolo, Lorenzo Tesi, Paula Veliscoiu, Roberto Vinciguerra.

Niki Giustini e Fabio Norcini che fanno finta di non esserci più.

La famiglia Martina di Lecce.

La famiglia Nannoni di Bologna, implacabile fucina di striscioni.

L'A.S.D Calcio Militello (CT) che mi ha donato la sciarpa.

E infine grazie a tutti i geniali artefici di questi capolavori di stoffa. Reprimere gli strumenti positivi di tifo – tamburi, torce, striscioni – con regole astruse a mio avviso non porta a nulla. Il tifoso deve esser messo in condizione di fare il tifo.

Indice analitico

Questo libro è stampato fabbricato da Grafica Veneta S.p.A.
con un processo di stampa e rilegatura certificato 100% carbon neutral
in accordo con PAS 2060 BSI

Finito di stampare nel mese di settembre 2023
per conto di RCS MediaGroup S.p.A.
da Grafica Veneta S.p.A., via Malcanton 2, Trebaseleghe (PD)
Printed in Italy